季羡林

自/传/文/集/系/列

学海泛槎

季羡林◎著

胡光利　姜永仁◎编

沈阳出版发行集团

沈阳出版社

图书在版编目（CIP）数据

学海泛槎/季羡林著；胡光利，姜永仁编.—沈

阳：沈阳出版社，2017.2

（季羡林自传文集）

ISBN 978-7-5441-8242-3

Ⅰ.①学… Ⅱ.①季… ②胡… ③姜… Ⅲ.①季羡林

（1911-2009）— 回忆录 Ⅳ.①K825.4

中国版本图书馆 CIP 数据核字（2017）第 034340 号

出版发行：沈阳出版发行集团 ｜ 沈阳出版社
　　　　　（地址：沈阳市沈河区南翰林路 10 号　　邮编：110011）

网　　址：http://www.sycbs.com
印　　刷：辽宁泰阳广告彩色印刷有限公司
幅面尺寸：165mm × 240mm
印　　张：19.625
字　　数：310 千字
出版时间：2017 年 8 月第 1 版
印刷时间：2017 年 8 月第 1 次印刷
责任编辑：沈晓辉
封面设计：润泽文化-杨雪
版式设计：杨　旭
责任校对：日　光
责任监印：杨　旭

书　　号：ISBN 978-7-5441-8242-3
定　　价：38.00 元

联系电话：024-24112447　024-62564922
E-m a i l：sy24112447@163.com

编者前言

值此季羡林先生 105 华诞暨北大东语系成立 70 周年之际，为纪念和缅怀一代宗师的丰功伟业，继承和弘扬他的为人为学精神，谨向广大读者和各界朋友献上《季羡林自传文集系列》丛书。现就这套丛书的编选作如下说明：

一、在迄今出版的季羡林先生全部著作中，唯有《清华园日记》《留德十年》《学海泛槎》《牛棚杂忆》《病榻杂记》五部属自传体著作，颇具特色，堪称珍品。季羡林先生生前虽然未曾留下完整的涵盖其一生的自传著作，但这五部作品恰好能够全面具体地勾画出他在各个历史时期的人生轨迹、事业成就、人情冷暖、悲欢离合；真实生动地记录了不同时代的世象万千、学苑风情、历史沧桑、波澜沉浮，既向读者展示了一位学术巨匠、国学大师百载非凡人生的浩浩长卷，又演绎出具有历史纵深感的史诗般画面。

二、这五部自传体著作故事性强，生活气息浓，史料价值高，教育意义大，既能传承中华民族的优秀传统文化，又能适应新时代、新思想、新潮流的发展趋势，是季羡林先生著作中兼具历史性和时代性双重意义的作品，历久弥珍。

三、这五部自传体著作语言质朴，内容翔实，思想深刻，主题鲜明，读来如临其境，生动感人，贴近现实，贴近生活，雅俗共赏，老少咸宜。正如有学者评论的那样：季老的自传很低调，但是很真实，从中可以了解中国近代的一些风俗民情，世事沧桑，也可以通晓一些中国的人事现象与学术风气。季老的文字很洗练，想快读都不成，哪一段也舍不得跳过去，很耐看，读后深有感触，很有收获。

四、令人非常遗憾的是，这五部著作均为季羡林先生生前出版的单行本，虽然后来有的糅合进其他性质的文集中，但至今没有以自传体丛书的形式问世。我们认为，目前很有必要以新思路、新视角、新高度、新样式出版一套前所未有的《季羡林自传文集系列》丛书，将这五部著作收录其中，从而形成一套系统完整、独具风格的季羡林回忆录，填补国内外图书市场之空白。此举是有识之士与广大读者的共同心愿，也是作为季老弟子责无旁贷的迫切任务。

经过长期酝酿和精心策划，同时征得季承先生的同意并正式书面授权，在沈阳出版社出版该自传文集系列，以期满足广大读者的阅读需求，为激励和鞭策广大青少年艰苦奋斗，励志成才，培育和践行社会主义核心价值观，促进和推动精神文明建设发挥积极的作用。

胡光利

2015 年 10 月 24 日

前 言

年前，敏泽先生写信给我，要我写一部关于学术研究的"自述"，而且是越长越好。这本来是一个很有趣的题目，也很有意义。但是，当时我的二十四卷本的《文集》还没有编完，找不出时间来写，只答应考虑。现在《文集》编完了。敏泽先生又打来电话，旧事重提。我答应他立即着手来写。

我毕生从事教书和研究工作，至今已届望九之年。在这样长的时间内，要说一点经验和教训都没有，那是说不过去的。要说有什么，有多少了不起的经验，那也不是事实。我的确是一匹老马，识一点途也是应当的。但是识的途是否正确，我却没有把握。我平生不喜欢说谎话，现在既然要写，我就照实直说，我决不夸大，也不矫情做谦虚状。如果有什么不妥之处，那是受了水平的限制，决非有意为之。这一点希望读者能理解。总之，一句话：希望读者，特别是年轻的读者，对我这一部《自述》不要抱过大的希望，不要抱不切实际的期望。古人说："鸳鸯绣出从君看，不把金针度与人。"我根本没有什么金针，即使我想度与人，也无物可度。如果年轻的读者能从我的经验和教训中获得了什么有用的东西，那是靠他们自己的悟性或主观能动性，不能把功劳记在我的账本上。

以上算是"前言"。

1997 年 12 月

目 录
CONTENTS

编者前言 / 胡光利

前言

学术研究的发轫阶段
（1930～1934 年）

报考大学…………………………………003

清华大学西洋文学系…………………………006

受用终生的两门课…………………………013

负笈德意志
（1935～1945 年）

进入哥廷根大学…………………………017

我所选修的课程…………………………020

梵文和巴利文的学习…………………………024

吐火罗文的学习…………………………032

其他语言的学习…………………………038

博士论文…………………………040

最早的几篇德文论文…………………………044

十年回顾…………………………054

回到祖国

1946～1949 年…………………………063

1950～1956 年…………………………074

1957～1965 年…………………………086

1966～1977 年…………………………092

1978～1993 年…………………………094

总　结

关于本书的撰著…………………………209

关于学术研究……………………………212

关于治学主张……………………………217

附　录

回眸五十年………………………………241

《季羡林学术论著自选集》自序…………244

《赋得永久的悔》自序……………………253

原始佛教的语言问题……………………256

三论原始佛教的语言问题………………265

学术研究的发轫阶段

（1930～1934 年）

清华园

报考大学

我少无大志，从来没有想到做什么学者。中国古代许多英雄，根据正史的记载，都颇有一些豪言壮语，什么"大丈夫当如是也！"什么"彼可取而代也！"又是什么"燕雀安知鸿鹄之志哉？"真正掷地作金石声，令我十分敬佩，可我自己不是那种人。

在我读中学的时候，像我这种从刚能吃饱饭的家庭出身的人，唯一的目的和希望就是——用当时流行的口头语来说——能抢到一只"饭碗"。当时社会上只有三个地方能生产"铁饭碗"：一个是邮政局，一个是铁路局，一个是盐务稽核所。这三处地方都掌握在不同国家的帝国主义分子手中。在那半殖民地社会里，"老外"是上帝。不管社会多么动荡不安，不管"城头"多么"变幻大王旗"，"老外"是谁也不敢碰的。他们生产的"饭碗"是"铁"的，砸不破，摔不碎。只要一碗在手，好好干活，不违"洋"命，则终生会有饭吃，无忧无虑，成为羲皇上人。

我的家庭也希望我在高中毕业后能抢到这样一只"铁饭碗"。我不敢有违严命，高中毕业后曾报考邮政局。若考取后，可以当一名邮务生。如果勤勤恳恳，不出娄子，干上十年二十年，也可能熬到一个邮务佐，算是邮局里的一个芝麻绿豆大的小官了；就这样混上一辈子，平平安安，无风无浪。幸乎？不幸乎？我没有考上。大概面试的"老外"看我不像那样一块料，于是我名落孙山了。

在这样的情况下，我才报考了大学。北大和清华都录取了我。我同当时众多的青年一样，也想出国去学习，目的只在"镀金"，并不是想当什么学者。"镀金"之后，容易抢到一只饭碗，如此而已。在出国方面，我以为清华条件优于北大，所以舍后者而取前者。后来证明，我这一宝算是押中了。这是后事，暂且不提。

清华是当时两大名牌大学之一，前身叫留美预备学堂，是专门培养青年到美国去学习的。留美若干年镀过了金以后，回国后多为大学教授，有的还做了大官。在这些人里面究竟出了多少真正的学者，没有人做过统计，我不敢瞎说。同时并存的清华国学研究院，是一所很奇特的机构，仿佛是西装革履中一袭长袍马褂，非常不协调。然而在这个不起眼的机构里却有名闻宇内的四大导师：梁启超、王国维、陈寅恪、赵元任。另外有一名年轻的讲师李济，后来也成了大师，担任了台湾中央研究院的院长。这个国学研究院，与其说它是一所现代化的学堂，毋宁说它是一所旧日的书院。一切现代化学校必不可少的烦琐的规章制度，在这里似乎都没有。师生直接联系，师了解生，生了解师，真正做到了循循善诱，因材施教。虽然只办了几年，梁、王两位大师一去世，立即解体，然而所创造的业绩却是非同小可。我不确切知道究竟毕业了多少人，估计只有几十个人，但几乎全都成了教授，其中有若干位还成了学术界的著名人物。听史学界的朋友说，中国 20 世纪 30 年代后形成了一个学术派别，名叫"吾师派"，大概是由某些人写文章常说的"吾师梁任公"、"吾师王静安"、"吾师陈寅恪"等衍变而来的。从这一件小事也可以看到清华国学研究院在学术界影响之大。

吾生也晚，没有能亲逢国学研究院的全盛时期。我于 1930 年入清华时，留美预备学堂和国学研究院都已不再存在，清华改成了国立清华大学。清华有一个特点，新生投考时用不着填上报考的系名，录取后，再由学生自己决定入哪一个系；读上一阵，觉得不恰当，还可以转系。转系在其他一些大学中极为困难——比如说现在的北京大学，但在当时的清华，却真易如反掌。可是根据我的经验：世上万事万物都具有双重性。没有入系的选择自由，很不舒服；现在有了入系的选择自由，反而更不舒服。为了这个问题，我还真伤了点脑筋。系科盈目，左右掂量，好像都有点吸引力，究竟选择哪一个系呢？我一时好像变成了莎翁剧中的 Hamlet 碰到了 To be or not to be–That is the question。我是从文科高中毕业的，按理说，文科的系对自己更适宜。然而我却忽然一度异想天开，想入数学系，真是"可笑不自量"。经过长时间的考虑，我决定入西洋文学系（后改名外国语文系）。这一件事也证明我"少无大志"，我并没有明确的志向，想当哪一门学科的专家。

当时的清华大学的西洋文学系，在全国各大学中是响当当的名牌。原因据说是由于外国教授多，讲课当然都用英文，连中国教授讲课有时也用英文。用英文讲课，这可真不得了呀！只是这一条就能够发聋振聩，于是就名满天下了。我当时未始不在被振发之列，又同我那虚无缥缈的出国梦联系起来，我就当机立断，选了西洋文学系。

从 1930 年到现在，六十七个年头已经过去了。所有的当年的老师都已经去世了。最后去世的一位是后来转到北大来的美国的温德先生，去世时已经活过了一百岁。我现在想根据我在清华学习四年的印象，对西洋文学系做一点评价，谈一谈我个人的一点看法。我想先从古希腊找一张护身符贴到自己身上："吾爱吾师，吾尤爱真理。"有了这一张护身符，我就可以心安理得，能够畅所欲言了。

清华大学西洋文学系

　　我想简略地实事求是地对西洋文学系的教授阵容作一点分析。我说"实事求是"，至少我认为是实事求是，难免有不同的意见，这就是平常所谓的"仁者见仁，智者见智"了。我先从系主任王文显教授谈起。他的英文极好，能用英文写剧本，没怎么听他说过中国话。他是莎士比亚研究的专家，有一本用英文写成的有关莎翁研究的讲义，似乎从来没有出版过。他隔年开一次莎士比亚的课，在堂上念讲义，一句闲话也没有。下课铃一摇，合上讲义走人。多少年来，都是如此。讲义是否随时修改，不得而知。据老学生说，讲义基本上不做改动。他究竟有多大学问，我不敢瞎说。他留给学生最深的印象是他充当冰球裁判时那种脚踏溜冰鞋似乎极不熟练的战战兢兢如履薄冰的神态。

　　现在我来介绍温德教授。他是美国人，怎样到清华来的，我不清楚。他教欧洲文艺复兴文学和第三年法语。他终身未娶，死在中国。据说他读的书很多，但没见他写过任何学术文章。学生中流传着有关他的许多轶闻趣事。他说，在世界上所有的宗教中，他最喜爱的是伊斯兰教，因为伊斯兰教的"天堂"很符合他的口味。学生中流传的轶闻之一就是：他身上穿着五百块大洋买来的大衣（当时东交民巷外国裁缝店的玻璃橱窗中摆出一块呢料，大书"仅此一块"。被某一位冤大头买走后，第二天又摆出同样一块，仍然大书"仅此一块"。价钱比平常同样的呢料要贵上五至十倍），腋下夹着十块钱一册的《万人丛书》（Everyman's Library）（某一国的老外名叫 Vetch，在北京饭店租了一间铺面，专售西书。他把原有的标价剪掉，然后抬高四五倍的价钱卖掉），眼睛上戴着用八十块大洋配好但把镜片装反了的眼镜，徜徉在水木清华的林荫大道上，昂首阔步，醉眼蒙眬。

现在介绍翟孟生教授。他也是美国人，教西洋文学史。听说他原是清华留美预备学堂的理化教员。后来学堂撤销，改为大学，他就留在西洋文学系。他大概是颇为勤奋，确有著作，而且是厚厚的大大的巨册，在商务印书馆出版，书名叫 A Survey of European Li-terature。读了可以对欧洲文学得到一个完整的概念。但是，书中错误颇多，特别是在叙述某一部名作的故事内容中，时有张冠李戴之处。学生们推测，翟老师在写作此书时，手头有一部现成的欧洲文学史，又有一本 Story Book，讲一段文学发展的历史事实；遇到名著，则查一查 Story Book，没有时间和可能尽读原作，因此名著内容印象不深，稍一疏忽，便出讹误。不是行家出身，这种情况实在是难以避免的。我们不应苛责翟孟生老师。

现在介绍吴可读教授。他是英国人，讲授中世纪文学。他既无著作，也不写讲义。上课时他顺口讲，我们顺手记。究竟学到了些什么东西，我早已忘到九霄云外去了。他还讲授当代长篇小说一课。他共选了五部书，其中包括当时才出版不太久但已赫赫有名的《尤里西斯》和《追忆逝水年华》。此外还有托马斯·哈代的《还乡》，吴尔芙和劳伦斯各一部。第一、第二部谁也不敢说完全看懂。我只觉迷离模糊，不知所云。根据现在的研究水平来看，我们的吴老师恐怕也未必能够全部透彻地了解。

现在介绍毕莲教授。她是美国人。我也不清楚她是怎样到清华来的。听说她在美国教过中小学。她在清华讲授中世纪英语，也是一无著作，二无讲义。她的拿手好戏是能背诵英国大诗人 Chaucer 的 Canterbury Tales 开头的几段。听老同学说，每逢新生上她的课，她就背诵那几段，背得滚瓜烂熟，先给学生一个下马威。以后呢？以后就再也没有什么新花样了。年轻的学生们喜欢品头论足，说些开玩笑的话。我们说：程咬金还能舞上三板斧，我们的毕老师却只能砍上一板斧。

下面介绍两位德国教授。第一位是石坦安，讲授第三年德语。不知道他的专长何在，只是教书非常认真，颇得学生的喜爱。此外我对他便一无所知了。第二位是艾克，字锷风。他算是我的业师，他教我第四年德文，并指导我的学士论文。他在德国拿到过博士学位，主修的好像是艺术史。他精通希腊文和拉丁文，偏爱德国古典派的诗歌，对于其名最初隐而不彰后来却又大彰的诗人薛德林（Hölderlin）情有独钟，经常提到他。艾克先生教书并不认真，也不愿费力。有一次我们几个学生请他用德文讲授，不用英文。他便用最快的速度讲了一通，最后问我们："Verstehen Sie etwas davon?"（你们听懂了什么吗？）我们瞪目结舌，敬谨答曰："No！"从此天下太平，再也没有人敢提用德文讲授的事。他学问是有的，曾著有一部厚厚的《宝塔》，是用英文写的，利用了很丰富的资料和图片，专门讲中国的塔。这一部书在国外汉学界颇有一些名气。他的另外一部专著是研究中国明代家具的，附了很多图表，篇幅也相当多。由此可见他的研究兴趣之所在。他工资极高，孤身一人，租赁了当时辅仁大学附近的一座王府，他就住在银安殿上，雇了几个听差和厨师。他收藏了很多中国古代名贵字画，坐拥画城，享受王者之乐。1946年，我回到北京时，他仍在清华任教。此时他已成了家，夫人是一位中国女画家，年龄比他小一半，年轻貌美。他们夫妇请我吃过烤肉。北京一解放，他们就流落到夏威夷。艾锷风老师久已谢世，他的夫人还健在。

我在上面提到过，我的学士论文是在艾锷风老师指导下写成的，是用英文写的，题目是 The Early Poems of F. Hölderlin。英文原稿已经遗失，只保留下来了一份中文译文。一看这题目，就能知道是受到了艾先生的影响。现在回忆起来，我当时的德文水平不可能真正看懂薛德林的并不容易懂的诗句。当然，要说一点都不懂，那也不是事实。反正是半懂半不懂，囫囵吞枣，参考了几部《德国文学史》，写成了这一篇论文，分数是 E（Excellent，优）。我年轻时并不缺少幻想力，这是一篇幻想力加学术探讨写成的论文。本章的题目是"学术研究的发轫阶段"。如果这就算学术研究的话，说它是"发轫"，也未尝不可。但是，这个"轫"发得并不辉煌，里面并没有什么"天才的火花"。

现在再介绍西洋文学系的老师,先介绍吴宓(字雨僧)教授。他是美国留学生,是美国人文主义大师白璧德的弟子,在国内不遗余力地宣传自己老师的学说。他反对白话文,更反对白话文学。他联合了一些志同道合者,创办了《学衡》杂志,文章一律是文言。他自己也用文言写诗,后来出版了《吴宓诗集》。在中国文坛上,他属于右倾保守集团,没有什么影响。他给我们讲授两门课:一门是"英国浪漫诗人",一门是"中西诗之比较"。在美国他入的是比较文学系。在中国,他是提倡比较文学的先驱者之一。但是,他在这方面的文章却几乎不见。就以我为例,"比较文学"这个概念当时并没有形成。如果真有文章的话,他并不缺少发表的地方,《学衡》和天津《大公报·文学副刊》都掌握在他手中。留给我印象最深的只是他那些连篇累牍的关于白璧德人文主义的论述文章。在"英国浪漫诗人"这一堂课上,我记得最清楚的是他让我们背诵那些浪漫诗人的诗句,有时候要背得很长很长。理论讲授我一点也回忆不起来了。在"中西诗之比较"这一堂课上,除了讲点西方的诗和中国的古诗之外,关于理论我的回忆中也是一片空白。反之,最难忘的却是:他把自己一些新写成的旧诗也铅印成讲义,在堂上散发。他那有名的《空轩诗》就是在这种情况下发到我们手中的。雨僧先生生性耿直,古貌古心,却流传着许多"绯闻"。他似乎爱过追求过不少女士,最著名的一个是毛彦文。他曾有一首诗,开头两句是:"吴宓苦爱○○○,三洲人士共惊闻。"隐含在三个○里面的人名,用押韵的方式呼之欲出。"三洲"指的是亚、欧、美。这虽是诗人的夸大,知道的人确实不少,这却是事实。他的《空轩诗》被学生在小报《清华周刊》上改写为打油诗,给他开了一个不大不小的玩笑。第一首的头两句被译成了"一见亚北貌似花,顺着秫秸往上爬。""亚北"者,指一个姓欧阳的女生。关于这一件事,我曾在发表在香港《大公报·文学副刊》上的一篇谈叶公超先生的散文中写到过,这里不再重复。回头仍然讲吴先生的"中西诗之比较"这一门课。为这一门课我曾写过一篇论文,题目忘记了,是师命或者自愿,我也忘记了。内容依稀记得是把陶渊明同一位英国浪漫诗人相比较,当然不会比出什么东西来的。我在最近几年颇在一些文章和谈话中，对比较文学的"无限可比性"有所指责。X 和 Y，任何两个诗人或其他作家都可以硬拉过来一比，有人称之为"拉郎配"，是一个很形象的说法。焉知六十多年前自己就是一个"拉郎配"者或始作俑者。自己向天上吐的唾沫最终还是落到自己脸上，岂不尴尬也哉！然而这个事实我却无法否认。如果这样的文章也能算科学研究的"发轫"的话，我的发轫起点实在是很低的。但是，话又说了回来，在西洋文学系教授群中，讲真有学问的，雨僧先生算是一个。

下面介绍叶崇智（公超）教授。他教我们第一年英语，用的课本是英国女作家 Jane Austen 的《傲慢与偏见》。他的教学法非常离奇，一不讲授，二不解释，而是按照学生的座次——我先补充一句，学生的座次是并不固定的——从第一排右手起，每一个学生念一段，依次念下去。念多么长，好像也并没有一定之规，他一声令下：Stop！于是就 Stop 了。他问学生："有问题没有？"如果没有，就是邻座的第二个学生念下去。有一次，一个同学提了一个问题，他大声喝道："查字典去！"一声狮子吼，全堂愕然、肃然，屋里静得能听到彼此的呼吸声。从此天下太平，再没有人提任何问题了。就这样过了一年。公超先生英文非常好，对英国散文大概是很有研究的。可惜他惜墨如金，从来没见他写过任何文章。

在文坛上，公超先生大概属于新月派一系。他曾主编过——或者帮助编过一个纯文学杂志《学文》。我曾写过一篇散文《年》，送给了他。他给予这篇文章极高的评价，说我写的不是小思想、小感情，而是"人类普遍的意识"。他立即将文章送《学文》发表。这实出我望外，欣然自喜，颇有受宠若惊之感。为了表示自己的感激之情，兼怀有巴结之意，我写了一篇《我是怎样写起文章来的？》送呈先生。然而，这次却大出我意料，狠狠地碰了一个钉子。他把我叫了去，铁青着脸，把原稿掷给了我，大声说道："我一个字都没有看！"我一时目瞪口呆，赶快拿着文章开路大吉。个中原因我至今不解。难道这样的文章只有成了名的作家才配得上去写吗？此文原稿已经佚失，我自己是自我感觉极为良好的。平心而论，我在清华四年，只写过几篇散文:《年》《黄昏》《寂寞》《枸杞树》,一直到今天,还是一片赞美声。清夜扪心,这样的文章我今天无论如何也写不出来了。我一生从不敢以作家自居,而只以学术研究者自命。然而具有讽刺意味的是:如果说我的学术研究起点很低的话,我的散文创作的起点应该说是不低的。

公超先生虽然一篇文章也不写,但是,他并非懒于动脑筋的人。有一次,他告诉我们几个同学,他正考虑一个问题:在中国古代诗歌中人的感觉——或者只是诗人的感觉的转换问题。他举了一句唐诗:"静听松风寒。"最初只是用耳朵听,然而后来却变成了躯体的感受"寒"。虽然后来没见有文章写出,却表示他在考虑一些文艺理论的问题。当时教授与学生之间有明显的鸿沟:教授工资高,社会地位高,存在决定意识,由此就形成了"教授架子"这一个词儿。我们学生只是一群有待于到社会上去抢一只饭碗的碌碌青年。我们同教授们不大来往,路上见了面,也是望望然而去之,不敢用代替西方"早安"、"晚安"一类的致敬词儿的"国礼":"你吃饭了吗?""你到哪里去呀?"去向教授们表示敬意。公超先生后来当了大官:台湾的外交部长。关于这一件事,我同我的一位师弟—— 一位著名的诗人有不同的看法。我曾在香港《大公报·文学副刊》上发表过的一篇文章中提到此事。此文上面已提到。

现在再介绍一位不能算是主要教授的外国女教授,她是德国人华兰德小姐,讲授法语。她满头银发,闪闪发光,恐怕已经有了一把子年纪,终身未婚。中国人习惯称之为"老姑娘"。也许正因为她是"老姑娘",所以脾气有点变态。用医生的话说,可能就是迫害狂。她教一年级法语,像是教初小一年级的学生。后来我领略到的那种德国外语教学方法,她一点都没有。极简单的句子,翻来覆去地教,令人从内心深处厌恶。她脾气却极坏,又极怪,每堂课都在骂人。如果学生的卷子答得极其正确,让她无辫子可抓,她就越发生气,气得简直浑身发抖,面红耳赤,开口骂人,语无伦次。结果是把百分之八十的学生全骂走了,只剩下我们五六个不怕骂的学生。我们商量"教训"她一下。有一天,在课堂上,我们一齐站起来,对她狠狠地顶撞了一番。大出我们所料，她屈服了。从此以后，天下太平，再也没有看到她撒野骂人了。她住在当时燕京大学南面军机处的一座大院子里，同一个美国"老姑娘"相依为命。二人合伙吃饭，轮流每人管一个月的伙食。在这一个月中，不管伙食的那一位就百般挑剔，恶毒咒骂。到了下个月，人变换了位置，骂者与被骂者也颠倒了过来。总之是每月每天必吵。然而二人却谁也离不开谁，好像吵架已经成了生活的必不可缺的内容。

我在上面介绍了清华西洋文学系的大概情况，绝没有一句谎言。中国古话：为尊者讳，为贤者讳。这道理我不是不懂。但是为了真理，我不能用撒谎来讳，我只能据实直说。我也决不是说，西洋文学系一无是处。这个系能出像钱钟书和万家宝（曹禺）这样大师级的人物，必然有它的道理。我在这里无法详细推究了。

受用终生的两门课

专就我个人而论，专从学术研究发轫这个角度上来看，我认为，我在清华四年，有两门课对我影响最大：一门是旁听而又因时间冲突没能听全的历史系陈寅恪先生的"佛经翻译文学"，一门是中文系朱光潜先生的"文艺心理学"，是一门选修课。这两门不属于西洋文学系的课程，我可万没有想到会对我终生产生了深刻而悠久的影响，决非本系的任何课程所能相比于万一。陈先生上课时让每个学生都买一本《六祖坛经》。我曾到今天的美术馆后面的某一座大寺庙里去购买此书。先生上课时，任何废话都不说，先在黑板上抄写资料，把黑板抄得满满的，然后再根据所抄的资料进行讲解分析；对一般人都不注意的地方提出崭新的见解，令人顿生石破天惊之感，仿佛酷暑饮冰，凉意遍体，茅塞顿开。听他讲课，简直是最高最纯的享受。这同他写文章的做法如出一辙。当时我对他的学术论文已经读了一些，比如《四声三问》等等。每每还同几个同学到原物理楼南边王静安先生纪念碑前，共同阅读寅恪先生撰写的碑文，觉得文体与流俗不同，我们戏说这是"同光体"。有时在路上碰到先生腋下夹着一个黄布书包，走到什么地方去上课，步履稳重，目不斜视，学生们都投以极其尊重的目光。

朱孟实（光潜）先生是北大的教授，在清华兼课。当时他才从欧洲学成归来。他讲"文艺心理学"，其实也就是美学。他的著作《文艺心理学》还没有出版，也没有讲义，他只是口讲，我们笔记。孟实先生的口才并不好，他不属于能言善辩一流，而且还似乎有点怕学生，讲课时眼睛总是往上翻，看着天花板上的某一个地方，不敢瞪着眼睛看学生。可他一句废话也不说，慢条斯理，操着安徽乡音很重的蓝青官话，讲着并不太容易理解的深奥玄虚的美学道理，句句仿佛都能钻入学生心中。他显然同鲁迅先生所说的那一类，在外国把老子或庄子写成论文让洋人吓了一跳，回国后却偏又讲康德、黑格尔的教授，完全不可相提并论。他深通西方哲学和当时在西方流行的美学流派，而对中国旧的诗词又极娴熟。所以在课堂上引东证西或引西证东，触类旁通，头头是道，毫无扞格牵强之处。我觉得，这才是真正的比较文学，比较诗学。这样的本领，在当时是风毛麟角，到了今天，也不多见。他讲的许多理论，我终生难忘，比如 Lipps 的"感情移入说"，到现在我还认为是真理，不能更动。

陈、朱二师的这两门课，使我终生受用不尽。虽然我当时还没有敢梦想当什么学者，然而这两门课的内容和精神却已在潜移默化中融入了我的内心深处。如果说我的所谓"学术研究"真有一个待发的"轫"的话，那个"轫"就隐藏在这两门课里面。

负笈德意志
（1935～1945 年）

德国哥廷根大学

进入哥廷根大学

在清华大学毕业以后，我万般无奈回到济南省立高中，当了一年国文教员。当时有一个奇怪的逻辑：写上几篇散文什么的，就算是作家；只要是作家，就能教国文。我就是在这样逻辑的支配下走上了国文讲台的。我能吃几碗干饭，我自己心里有底儿。留学镀金之梦未成，眼前手中的饭碗难捏，因此终岁郁郁寡欢。谁料正在这个关键时刻，命运之神——如果有这样一位神灵的话——又一次来叩我的门：我考上了清华大学同德国协议互派的交换研究生。这第二次机遇的意义决不下于第一次。如果没有这一次机遇的话，我终生大概只能当一个手中饭碗随时都摇摇欲坠的中学教员。至于什么学术研究，即使真如我在上面所说的那样有一个"韧"，这个"韧"即使发了，科研之车走不了几步，也会自动停下来的。

我于1935年夏取道西伯利亚铁路到了德国柏林，同年深秋到了哥廷根，入哥廷根大学读书。哥廷根是一座只有十万多人口的小城，但是大学却已有五六百年的历史，历代名人辈出，是一座在世界上有名的大学。这一所大学并没有一个固定而集中的校址，全城各个角落都有大学的学院或研究所。全城人口中约有五分之一是流转不停的大学生。

德国大学有很多特点，总的精神是绝对自由。根本没有入学考试，学生愿意入哪个大学就入哪个。学习期限也没有规定，也无所谓毕业，只要博士学位拿到手，就算是毕了业。常见或者常听说，中国某大学的某教授是德国某大学毕业的，我觉得非常好笑，不知道他的

"毕业"指的是什么。这只能蒙蔽外行人而已。一个学生要想拿到博士学位，必须读三个系：一个主系，两个副系。这些系全由学生自己选定，学校不加干涉。任何与主系不相干的系都可以作为副系。据说当年有一个规定：想拿哲学博士学位，三个系中必须有一个是哲学。我去的时候，这个规定已经取消了。听说汉堡有一位学数学的中国留学生，主系当然是数学，两个副系确实有点麻烦。为省力计，他选汉学当副系之一。他自以为中国话说得比德国教授要好，于是就掉以轻心，不把德国教授看在眼中。论文写成后，主系教授批准他口试。口试现场，三系教授都参加。汉学教授跟他开了一个小小的玩笑，开口问他："杜甫与莎士比亚，谁早谁晚？"大概我们这一位青年数学家对中国文学史和英国文学史都不太通，只朦朦胧胧地觉得杜甫在中国属于中世纪，而莎士比亚在英国则似乎属于茫昧的远古。他回答说："莎士比亚早，杜甫晚。"汉学教授没有再提第二个问题，斩钉截铁地说："先生，你落第了！"可怜一个小玩笑，断送功名到白头。

学生上课，也是绝对自由的，可以任意迟到，任意早退。教授不以为忤，学生坦然自若。除了最后的博士论文口试答辩以外，平常没有任何考试。在大课堂上，有的课程只需在开始时请教授在"学习簿"（Studienbuch）上签一个名，算是"报到"（Anmeldung），以后你愿听课，就听；不愿意听，就不必来。听说，有的学生在"报到"之后，就杳如黄鹤，永远拜拜了。有的课程则需要"报到"和课程结束时再请教授签字，叫作 Abmeldung（注销），表示这个课程你自始至终地学习完了。这样的课程比较少，语言课都属于此类。学生中只"报到"而不"注销"者大有人在。好在大学并不规定结业年限。因此，德国大学中有一类特殊人物，叫作 Ewiger Student（永恒的学生），有的都有了十年、二十年学习的历史，仍然照常"报到"不误。

当一个学生经过在几所大学游学之后最后选定了某一所大学、某一个教授，他便定居下来，决定跟这位教授作博士论文。但是，到了此时，教授并不是任何一个学生都接受的，他要选择、考验。越是出名的教授，考验越严格，学生必须参加他的讨论班（Seminar）。教授认为他孺子可教，然后才给他出博士论文的题目。如果认为他没有培养前途，则坦言拒绝。博士论文当然也有高低之分，但是起码必须有新东西、新思想、新发现；不管多大多小，必须有点新东西，则是坚定不可移的。在世界上许多国家，都有买博士论文的现象，但我在德国十年，还没有听说过，这是颇为难得的。博士论文完成时间没有规定，这是符合客观规律的。据我看，无论是文科，还是理科，要有新发现，事前是无法制订计划的。中国大学规定博士论文必须按期完成，这是不懂科研规律的一种表现，亟须加以改正，以免贻笑方家。

我所选修的课程

　　入哥廷根大学是我一生，特别是在学术研究方面的一个巨大的转折点。我不妨把学习过程叙述得详细一点。我想先把登记在"学习簿"上的课程逐年逐项都抄在下面，这对了解我的学习过程会有极大的用处。时隔半个世纪，我又多次迁徙，中间还插入了一个"文化大革命"，这一本"学习簿"居然能够完整地保留下来，似有天助，实出我意料，真正是喜出望外。

　　我这一本"学习簿"，封面上写着"全国编号：A/3438"；"大学编号：/A167"。发给时间是 1935 年 11 月 9 日。"专业方向"（Studium，Fachrichtung）最初写的是"德国语文学"，后来改为"印度学"。可见我初到哥廷根大学时，还不甚了解全校课程安排情况。开始想学习德国语文学，第二学期才知道有梵文，所以改为印度学。我现在按年代顺序把我所有选过的课程都一一抄在下面，给读者一个全面而具体的印象，抄完以后，再稍加必要的解释。哥廷根大学毕竟是我的学术研究真正发轫的地方，所以我不厌其详。

1935 年 ~ 1936 年冬学期（Winter–Halbjahr）

Prof. Neumann	中世纪早期德国文学创作和德国著作
Dr. Lugowski	17 世纪德国文学创作史
Prof. Wilde	新英语语言史
Dr. Rabbow	初级希腊文（实际上没去上课）

1936 年夏学期（Sommer-Halbjahr）

Prof. Neumann　　　　德国骑士文学的繁荣时期

Prof. Wilde　　　　　 1880 年至目前的英国文学

Prof. May　　　　　　较新的德国文学的分期问题

Prof. Unger　　　　　 1787 年以后的席勒

Dr. Lugowski　　　　 人文主义和宗教改革时期的德国文学创作
　　　　　　　　　　（没有上）

Prof. Roeder　　　　　乔叟的语言和诗艺（没有上）

Dr. Weber　　　　　　英美留学生的德语课程

Prof. Waldschmidt　　初级梵文语法

1936 年～1937 年冬学期

Prof. Waldschmidt　　梵文简单课文

Prof. Waldschmidt　　译德为梵的翻译练习

Prof. Waldschmidt　　印度艺术和考古工作（早期）

Prof. Wilde　　　　　 直至莎士比亚的英国戏剧史

Prof. Wilde　　　　　 英国语言的结构形成

Prof. May　　　　　　19 世纪的德国文学创作

1937 年夏学期

Prof. Waldschmidt　　马鸣菩萨的佛所行赞

Prof. Waldschmidt　　巴利文

Prof. von Soden　　　 初级阿拉伯文

1937 年～1938 年冬学期

Prof. Waldschmidt　　印度学讨论班：梨俱吠陀

Prof. Waldschmidt　　南印度的土地和民族的基本特征

Prof. von Soden　　　 简易阿拉伯文散文

1938 年夏学期

Prof. Waldschmidt　　艺术诗（Kunstgedicht）（迦梨陀娑）

Prof. Waldschmidt	印度学讨论班：Bṛhadārraṇyaka–Upaniṣad
Prof. von Soden	阿拉伯文散文
Prof. Haloun	汉学讨论班：早期周代的铭文

1938 年 ~ 1939 年冬学期

Prof. Waldschmidt	巴利文：长阿含经
Prof. Waldschmidt	印度学讨论班：东土耳其斯坦的梵文佛典
Prof. Waldschmidt	印度风俗与宗教
Dr. Von Grimm	初级俄文练习

1939 年夏学期

Prof. Waldschmidt	梵文 Chāndogyopani ṣat
Prof. Waldschmidt	印度学讨论班：Lalitavistara（普耀经）
Prof. Wilde	英国的德国观
Dr. Barkas	J. M. Synge 剧本讲解
Prof. Braun	斯拉夫语言结构的根本规律
Dr. von Grimm	高级俄文练习

1939 年秋学期

Prof. Sieg	印度学讨论班：Dandin 的十王子传
Prof. Sieg	梨俱吠陀选读
Prof. Braun	斯拉夫语句型学和文体学
Prof. Braun	俄国与乌克兰
Prof. Braun	塞尔维亚·克罗地亚文
Dr. von Grimm	高级俄文练习

1939 年 ~ 1940 年冬学期

Prof. Sieg	讨论班：Kāśikā讲读
Prof. Sieg	梨俱吠陀选读
Prof. Braun	19 世纪俄国文学史

| Prof. Braun | 斯拉夫语言的主要难点 |
| Dr. von Grimm | 高级俄文练习 |

1940 年夏学期

Prof. Sieg	吠陀散文
Prof. Sieg	讨论班：Bhāravi 的 Kirātārjun īya 讲读
Prof. Roeder	向大自然回归时期的英国文学史
Prof. Braun	俄罗斯精神史中的俄罗斯和欧洲问题
Dr. von Grimm	高级俄文练习

我的学习簿就到此为止，自 1935 年起至 1940 年止，共十一个学期。

在下面我加几条解释。

一、我在上面已经提到，我原来本想以德国语文学为主系，后来改为印度学。为什么我在改了以后仍然选了这样多的德国语言和文学的课程呢？我原来又想以此为副系，后来又改了。

二、以英文为副系是我的"既定方针"，因为我在国内清华大学学的就是这一套，这样可以驾轻就熟，节省出点精力来。

三、为什么我又选了阿拉伯文，而且一连选了三个学期呢？原来我是想以阿拉伯文作为第二个副系的。

四、一直到第七个学期，我才改变主意，决定以斯拉夫语文学做第二个副系，因此才开始选这方面的课。

五、按规定，不管是以斯拉夫语文学为主，还是为副系，只学一门斯拉夫文是不行的，必须学两种以上才算数。所以我选了俄文，又选了塞尔维亚·克罗地亚文。因为只有我一个学生选此课，所以课就在离我的住处不远的 Prof. Braun 家里上。我同他全家都很熟，他的两个小男孩更是我的好友。他还给我画过一幅像。Prof. Braun 是一个多才多艺的人，他跟我学过点汉文，念过几首诗。

六、梵文和巴利文学习下面专章谈。

七、吐火罗文学习下面专章谈。

梵文和巴利文的学习

　　我初到哥廷根大学时，对大学的情况了解得非常少，因此才产生了上面提到的最初想以德国语文学为主系的想法。我之所以选了希腊文而又没有去上课的原因是，我一度甚至动了念头，想以欧洲古典语文学为主系。后来听说，德国文科高中毕业生一般都学习过八年拉丁文和六年希腊文。我在这方面什么时候能赶上德国高中毕业生的程度呢？处于绝对的劣势，我怎么能够同天资相当高的德国大学生去竞争呢？我于是立即打消了那个念头，把念头转向德国语文学。我毕竟还是读过 Hölderlin 的诗的中国大学生嘛。

　　正在彷徨犹疑之际，1936 年的夏学期开始了。我偶尔走到了大学教务处的门外，逐一看各系各教授开课的课程表。我大吃一惊，眼睛忽然亮了起来：我看到了 Prof. Waldschmidt 开梵文的课程表。这不正是我多少年来梦寐以求而又求之不得的那一门课程吗？我在清华时曾同几个同学请求陈寅恪先生开梵文课。他回答说，他不开。焉知在几年之后，在万里之外，竟能圆了我的梵文梦呢？我喜悦的心情，简直是用语言文字无论如何也表达不出来的，实不足为外人道也。

　　于是我立即决定：选梵文。

　　这一个决定当然与我在清华大学旁听陈寅恪先生的"佛经翻译文学"这一件事是分不开的。没有当时的那一个因，就不会有今天这个果。佛家讲"因缘和合"，谁又能违抗冥冥中这一个规律呢？我不是佛教徒，我也并不迷信；但是我却认为，因缘关系或者缘分——哲学家应该称之为偶然性吧——是无法抗御的，也是无法解释的。

如果说我毕生的学术研究真有一个发轫的话，这个选择才是真正的发轫。我多次说过，我少无大志，干什么事情都是后知后觉。学术研究何独不然！此时距大学毕业已经一年又半，我的年龄已经到了二十五岁，时间是 1936 年 5 月 13 日，学习簿上有准确的记载。

　　上第一堂梵文课是在 5 月 26 日，地点是大学图书馆对门的著名的 Gauss-Weber-Haus，是当年两个伟大的德国科学家 Gauss 和 Weber 第一次试验、发明电报的地方。房子有三层楼，已经十分古旧，也被称为"东方研究所"，因为哥廷根大学的几个从事东方学研究的研究所都设在这里。一楼是古埃及文研究所和巴比伦亚述文以及阿拉伯文研究所。二楼是印度学研究所、中东语言（波斯文和土耳其文）研究所、斯拉夫语言研究所。印度学研究所虽然在楼上，上课却有时在楼下。所有这一些语言，选的学生都极少，因此教室也就不大。

　　梵文课就在楼下的一间极小的教室里上。根据我的"学习簿"上的记载，我 Anmeldung 的时间是 1936 年 5 月 26 日，这也就是第一堂课开始的日子，也是我开始学习梵文的时候。选这一门课的只有我一个学生，然而教授却照上不误。教授就是我毕生的恩师 Ernst Waldschmidt。他刚从柏林大学的讲师位置上调来哥廷根大学充任正教授。他的前任 Emil Sieg 教授也是我终生难忘的恩师，刚刚由于年龄关系离任退休。Waldschmidt 很年轻，看样子也不过三十七八岁。他的老师是梵学大师、蜚声全球的 Heinrich Lüders 教授。Lüders 在梵文研究的许多方面都有突出的划时代的贡献，在古代梵文碑铭研究方面，是一代泰斗。印度新发现了碑铭，本国的梵文学者百读不通，总会说："到德国柏林大学去找 Lüders！"我的老师陈寅恪先生在柏林留学时也是 Lüders 的弟子，同 Waldschmidt 是同门，Waldschmidt 有时会对我提起此事。在德国梵文学者中，Waldschmidt 也享有崇高的威望。Sieg 就曾亲口对我说过："Der Lüders ist ganz fabelhaft！"（这个 Lüders 简直是"神"了！）Waldschmidt 继承师门传统，毕生从事中国新疆出土的古代梵文典籍的研究。这些梵典基本上都属于佛教，间亦有极少数例外。此外，他对中亚和新疆古代艺术也有精深的研究。

　　在这里，我想插入一段话，先讲一讲德国，特别是哥廷根大学对一般东方学，特别是对梵文研究的历史和一般情况，这对于了解我的研究过程会有很大的帮助。德国朋友有时对我说："德国人有一个特点，也可以算是民族性吧，越离他们远的东西，他们越感兴趣。"据我个人的观察，这话真是八九不离十，是符合实际情况的。古代希腊和罗马，从时间上来看，离开他们很远，所以他们感兴趣；因此，欧洲古典语文学的研究，德国堪称独霸。从空间和时间上来看，古代东方对他们很遥远，所以他们更感兴趣；因此，德国的东方学也称霸世界。后来一些庸俗的政治学家，专门从政治上，从德国一些统治者企图扩张领土的野心方面来解释这个问题，虽不能说一点道理都没有，实际上却是隔靴搔痒，没有说到点子上。在研究学问方面，民族的心理因素决不能低估。

德国立国的时间并不太长，统一成一个大帝国，时间就更短。可是从一开始，德国人就对东方感兴趣，这可以算是东方学的萌芽吧。许多德国伟大的学者都对东方感兴趣，主要是对中国和印度。Leibniz（1646～1710）通晓中国和印度等东方主要国家的典籍和学问。Hegel（1770～1831）、Arthur Schopenhauer（1788～1860）等都了解东方学术，后者的哲学思想深受印度的影响，是众所周知的。德国最伟大的诗人歌德（Goethe，1749～1832），对东方国家，主要是中国和印度文学艺术以及哲学思想推崇备至，简直到了迷信的程度。读一读他的文学作品，就能够一清二楚。他的杰作《浮士德》一开头就模仿了印度剧本的技巧。他又作诗歌颂印度古诗人迦梨陀娑的《沙恭达罗》，想把这个印度剧本搬上德国舞台。再读一读他同艾克曼的《谈话录》，经常可以读到他对中国或印度文学的赞美之辞。他晚年对一部在中国文学史上根本占不到什么地位的才子佳人小说《好逑传》的高度赞扬，也是人们所熟知的。

德国的梵文研究是什么情况呢？在欧洲，梵文研究起步很晚，比中国要晚上一千多年。原因很明显，由于佛教在汉代就已传入中国，对梵文的研究以后就跟踪而起；虽然支离破碎，不成什么气候，但毕竟有了开端。而欧洲则不然，直至英国殖民主义者侵入印度，才开始有梵学的研究。"近水楼台先得月"，按理说，英国应当首开其端。英国人walliam Jones确实在18世纪末就已把印度名剧《沙恭达罗》由梵文译为英文，在欧洲引起了强烈的震动；但是真正的梵学研究并未开端。开始的地点是在法国巴黎。一些早期的德国梵文学者——从他们的造诣来看，可能还算不上真正的学者——比如早期的浪漫诗人 Friedrich Schlegel（1772～1829）就曾到巴黎去学过梵文。印欧语系比较语言学的创立者 Franz Bopp（1791～1867），是一个德国学者，他也学过梵文。传统的比较语言学都是以梵文、古希腊文和拉丁文为最坚实的基础的。因为在所有的印欧语言中，这几种古老的语言语法变化最复杂、最容易解剖分析。后来的语言语法变化日趋简单，原始的形式都几乎看不出来了，这大大地不利于解剖分析，难于追本溯源以建立语言发展规律。一直到今天，相沿成习，研究比较语言学的专家学者，都或多或少必须具备梵文知识。德国有的大学中，梵文讲座和比较语言学讲座，集中在一位教授身上。此外，建立比较文学史的学者 Th. Benfey（1809～1881）也是一个德国人。他对印度古代梵文名著《五卷书》（后来传到了波斯和阿拉伯国家，改名为《卡里来和笛木乃》）进行了追踪研究，从而形成了一门新学科：比较文学史，实际上也可以算是比较文学的前身。他当然也是一个梵文学者。19世纪，世界梵文研究的中心在德国，比较语言学的中心也在德国。当时名家辈出，灿如繁星。美国的梵学研究的奠基人 Whitney 是德国留学生。英国最伟大的梵文学者 Max Müller（1823～1900），是《梨俱吠陀》梵文原本的校订出版者，他也是德国人。

至于哥廷根大学的梵文研究，也是有一段非常辉煌的历史的。记得 Th. Benfey 就曾在这里呆过。被印度学者称为"活着的最伟大的梵文学家"的 Wackernagel 也曾在哥廷根大学呆过。他那一部《古代印度文文法》（Altindische Grammatik）蜚声世界学坛。他好像是比较语言学的教授。真正的梵文讲座的第一任教授是在印度呆了很长时间的 F. Kielhom，他专治梵文语法学。他的《梵文文法》有德文和英文两个本子，在梵学界享有极高的权威。他的接班人是 H. Oldenberg，是一位博学多能的印度学家，研究的范围极广，既涉及梵文，又涉及巴利文；既涉及佛教，又涉及印度教（婆罗门教）。他既是一个谨严的考证学家，又是一个极富有文采的作家。他的那一部名著《佛陀》，德文原文印行了二十多版，又被译为多种外国语言出版，其权威性至今仍在。Oldenberg 的接班人是 Emil Sieg 教授。在梵文方面，Sieg 的专长是《吠陀》波你尼语法和《大疏》（Mahābhāṣya）。德国考古学家在中国新疆发掘出来了大量用婆罗米字母写的残卷，其中有梵文，由 Lüders、Waldschmidt、Hoffmann 等学人加以校订出版，影响了全世界的梵学研究。这个传统由 Waldschmidt 带到了哥廷根大学，至今仍然是研究重点之一。除了整理研究残卷本身，还出版了一部《吐鲁番梵文残卷字典》。这些残卷，虽然是用同一种字母写成的，但却不是同一种语言。除梵文外还有一些别的语言，吐火罗文 A（焉耆文）和 B（龟兹文）都包括在里面。详细情况下面再谈。在治梵文的同时，Sieg 教授又从事吐火罗文的解读工作。Sieg 先生的接班人就是 waldschmidt 先生，换届时间正是我来到哥廷根的时候。

上面我简略地谈了谈德国的梵学研究的历史以及哥廷根大学梵学研究的师承情况。山有根，水有源，有了这样一个历史背景，才能了解我自己学习梵文的师承来源。上面这一篇很冗长又颇为显得有点节外生枝的叙述，决非无用的废话。

现在回头再来谈我第一次上课的情况。因为只有我一个学生，而且还是一个"老外"，我最初颇为担心，颇怕教授宣布不开课。我听说，国内外都有一些大学规定：如果只有一个学生选课，教授可以宣布此课停开。Waldschmidt 不但没有宣布停开，而且满面笑容地先同我寒暄了几句，然后才正式开课。课本用的是 Stenzler 的《梵文基础读本》（Elementarbuch des Sanskrit）。提起此书，真正是大大地有名。至今已有一百多年的历史，在德国已经出了十七版，还被译成了许多外语出版。1960 年，我在北京大学开梵文课时，采用的就是这一本书。原文是德文，我用汉文意译，写成讲义。一直到今天还活跃在中国学坛上的七八位梵文学者，都是用这本书开蒙的。梵文语法变化极为复杂，但是这一本薄薄的小书，却能用极其简练的语言、极其准确地叙述了那一套稀奇古怪的语法变化形式，真不能不使人感到敬佩。顺便说一句，此书已经由我的学生段晴和钱文忠，根据我的讲义，补充完整，在北京大学出版社出版。Waldschmidt 的教学法是典型的德国方法。第一堂课先教字母读音，以后的"语音"、"词形变化"等等，就一律不再讲解，全由我自己去阅读。我们每上一堂课，都在读附在书后的练习例句。19 世纪德国一位东方学家说，教学生外语，拿教游泳来做比方，就是把学生带到游泳池旁，一下子把学生推入水中，倘不淹死，即能学会游泳，而淹死的事几乎是绝无仅有的，甚至是根本不可能的。"文化大革命"期间，这方法被批判为"德国法西斯的教学方法"，为此我还多挨了几次批斗。实际上却是行之有效的。学习外语，让学生一下子就跟外语实际接触，一下子就进入实践，这比无休无止地讲解分析效果要好得多。不过这种方法对学生要求极高，每周两小时的课，我要费上一两天的时间来备课。在课堂上，学生念梵文，又将梵文译为德文，教授只从旁帮助改正。一个教授面对一个学生，每周两小时的课，转瞬就过。可是没想到这么一来，从五月二十六日 Anmeldung 到六月三十日 Abmeldung，不到四十天的工夫，这一个夏学期就过去了，我们竟把《梵文基础读本》的练习例句几乎全部念完，一整套十分复杂的梵文文法也讲完了。今天回想起来，简直像是一个奇迹。

这里还要写上一个虽极简短但却极为重要的插曲。在最后一堂课结束时，waldschmidt 忽然问我："你是不是决定以印度学为主系呢？"我立即回答说："是的。"这就决定了我一生要走的学术道路。大概他对我的学习还是满意的。

到了 1936 年至 1937 年冬学期，我当然又选了梵文。Anmeldung 的时间，也就是本学期第一堂上课的时间是 1936 年 12 月 7 日。Abmeldung 的时间是 1937 年 2 月 19 日，共上课两个月加十二天。念的课文是 Stenzler 书上附录的"阅读文选"、大史诗《摩诃婆罗多》中的一个故事《那罗传》。这也是德国梵文教学的传统做法。记得是从这学期开始，班上增加了一个学生，名叫 Heinrich Müller，是一个以历史为主系的德国学生。他已经是一个老学生，学历我不十分清楚，只知道他已经跟 Sieg 教授学过两个学期的梵文。他想以印度学为副系，所以又选了梵文，从此就结束了我一个人独霸讲堂的局面。一直到 1939 年第二次世界大战爆发，他被征从军，才又离开了课堂。他初来时，我对他真是肃然起敬，他毕竟比我早学两个学期。可是，后来我慢慢地发现，他虽有希腊文和拉丁文的基础，可他并不能驾驭梵文那种既复杂又奇特的语法现象。有时候在翻译过程中，老师猛然提出一个语法问题，Müller 乍听之下，立即慌张起来，瞠目结舌，满脸窘态可掬。Waldschmidt 并不是脾气很好的人，很容易发火。他的火越大，Müller 的窘态越厉害，往往出现难堪的局面。后来我教梵文时，也碰到过这样的学生。因此我悟到，梵文虽不神秘，可决不是每一个人都能学通的。Müller 被征从军后，还常回校来看我，聊一些军营中的生活。一直到我在哥廷根呆了十年后离开那里时，Müller 依然是一个大学生。我上面曾提到德国的特产"永恒的学生"，Müller 大概就是一个了。

以后班上又陆续增添了两名学生：一名是哥廷根附近一个乡村里的牧师；一名是靠送信打工上学的 Paul Nagel，他的主系是汉学，但没见他选过汉学的课。后来汉学教授 Gustav Haloun 调往英国剑桥大学去任正教授，哥廷根大学有很长一段时间根本没有汉学教授。Nagel 曾写过一篇相当长的讨论中国音韵学的论文，在国际上负有盛名的《通报》上发表。但是他自己却也成了一个"永恒的学生"了。

我跟 waldschmidt 学的课程都见于上面我开列的"学习簿"上的课程表中，这里不再细谈。到了 1939 年的秋学期，第二次世界大战爆发，Waldschmidt 被征从军。久已退休的 Sieg 又走回课堂，代他授课。我的身份也早有了变化。清华大学同德国约定的交换期只有两年。到了 1937 年，期限已届，我本打算回国的。但是这一年发生了日军侵华的七七事变，不久我的故乡就被占领，我是有家难归，只好留在德国了。为了维持生活，我接受了大学的聘任，担任了汉文讲师。有一段时间，在战争最激烈的时候，我曾奉命兼管印度学研究所和汉学研究所两所的事情。一进大学的各个建筑和课堂，几乎是清一色的女学生，人们仿佛走进"女人国"了。

在 Sieg 先生代 Waldschmidt 授课以前我就认识他了。他虽已逾古稀之年，但身体看上去很硬朗，身板挺直，走路不用手杖，是一位和蔼、慈祥得像祖父一样的人物。他开始授课以后，郑重地向我宣告：

他决心把他的全套本领都一一毫无保留地传授给我这个异域的青年。看来他对把德国印度学传播到中国来抱有极大的信心和希望。我们中国人常说："学术乃天下之公器。"然而在中国民间童话中却有猫做老虎的老师的故事。老虎学会了猫的全套本领，心里却想：如果我把猫吃掉的话，我不就成了天下第一了吗？正伸爪子想抓猫时，猫却飞身爬上了树。爬树这一招是猫预先准备好不教给老虎的最后的护身之招。如果它不留这一招的话，它早已被老虎吞到肚子里去了。据说中国教武术的老师，大都留下一招，不教给学生，以作护身之用。然而，在德国，在被中国旧时代的顽固保守分子视作"蛮夷之邦"的地方，情况竟迥乎不同。Sieg 先生说得到，也做得到。在他代课的三个学期中，他确实把他最拿手的《梨俱吠陀》和《大疏》(Mahābhāṣya) 都把着手教给了我。关于吐火罗文，下面再谈。一直到今天，我对我这一位祖父般的恩师还念念不忘，一想到他，我心中便油然漾起了幸福之感与感激之情。可惜我自己已经到了望九之年了。

吐火罗文的学习

我在上面已经说到 Sieg 先生读通了吐火罗文的事情。事实上，Sieg 后半生的学术生涯主要是与吐火罗文分不开的。他同 Prof. Siegling，再加上柏林大学印欧语系比较语言学的教授 W. Schulze 三位学者通力协作，费了二十多年的工夫，才把这一种原来简直被认为是"天书"的文字读通；一直到 1931 年，一册皇皇巨著《吐火罗文文法》（Tocharische Grammatik）才正式出版。十年以前，在 1921 年，Sieg 和 Siegling 已经合作出版了《吐火罗文残卷》（Tocharische Sprachreste）。第一册是原文拉丁字母的转写，第二册是原卷的照相复制，即影印本。婆罗米字母，不像现在的西方语言那样每个字都是分开来书写的，而是除了一些必须分开来书写的字以外，都是连在一起或粘在一起书写的。如果不懂句子的内容，则根本不知道如何把每个字都分拆开来。1921 年，这两位著名的吐火罗文破译者在拉丁字母的转写中已经把一个个的字都分拆开来。这就说明，他们已经基本上懂了原文的内容。我说"基本上"，意思是并不全懂。一直到今天，我们仍然不能全懂，还有很多词的含义不明。

吐火罗文，根据学者的研究，共有两个方言，语法和词汇基本相同，但又有不少的区别。根据残卷出土的地点，学者分之为两种方言，前者称之为吐火罗文 A，或焉耆文；后者称之为吐火罗文 B，或龟兹文。当年这两个方言就分别流行在焉耆和龟兹这两个地区。上面讲到的 Sieg、Siegling 和 Schulze 共同合作写成的书主要是讲吐火罗文 A 焉耆文，间或涉及 B 方言。原因是 B 方言的残卷主要贮存在法国巴黎。Sieg 和 Siegling 并非不通吐火罗文 B 方言。Sieg 也有这方面的著作，只是在最初没有集中全力去研究而已。一直到 1952 年，世界上第一部研究吐火罗文 B 方言龟兹文的文法，还是出自一个德国学者之手，这就是哥廷根大学的比较语言学教授 W. Krause 的《西吐火罗文文法》（Westtocharische Grammatik）。"西吐火罗文"就是 B 方言，是相对于处于东面的 A 方言焉耆文而言的。我在哥廷根大学时，Krause 好像还没有进行吐火罗文的研究。后来不知从什么时候起才开始此项研究，估计仍然是受教于 Sieg。Krause 双目失明而能从事学术界号称难治的比较语言的研究，也算是一大奇事。Krause 简直是一个天才，脑子据说像照相机一样，过耳不忘。上堂讲课，只需事前让人把讲义读上一遍，他就能滔滔不绝地讲上两个钟头，一字不差。他能在一个暑假到北欧三国去度假，学会了三国的语言。

吐火罗文的发现与读通，在世界语言学界，特别是在印欧语系比较语言学界，是一件石破天惊的大事。在中国，王静庵先生和陈寅恪先生都曾讲过，有新材料的发现才能有新学问的产生。征之中国是如此，征之世界亦然。吐火罗文的出现，使印欧语系这个大家族增添了一个新成员，而且还不是一般的成员，它给这个大家庭带来了新问题。印欧语系共分为两大支派：西支叫作 centum，东支叫作 satəm。按地理条件来看，吐火罗文本应属于东支，但实际上却属于西支。这就给学者们带来了迷惑：怎么来解释这个现象呢？这牵涉到民族迁徙的问题，到现在也还没有得到解决。最近在新疆考古发掘，发现了古代印欧人的尸体。这当然也引起了有关学者的关注。

现在来谈我的吐火罗文的学习。

先谈一谈我当时的学习情况。根据我的"学习簿"，我选课的最后一个学期是 1940 年的夏学期。上 Sieg 先生的课，Anmeldung 的日期是这一年的 6 月 25 日，Abmeldung 是在 7 月 27 日。这说明，我的博士论文写完了，而且教授也通过了。按照德国大学的规定，我可以参加口试答辩了。三个系的口试答辩一通过，再把论文正式印刷出来，我就算是哲学博士了。由于当时正在战争中，正式印刷出版这一个必经的手续就简化了，只需用打字机打上几份（当时还没有复印机）

交到文学院院长办公室，事情就算完了。因为 Waldschmidt 正在从军，我的口试答辩分两次举行。第一次是两个副系（Nebenfach）：英国语文学和斯拉夫语文学。前者主试人是 Prof. Roeder，后者是 Prof. Braun。完全出我意料，我拿了两个"优"。到了 1941 年春天，Waldschmidt 教授休假回家，我才又补行口试答辩，加上博士论文，又拿了两个"优"，这倒没有出我意料。我一拿就是四个"优"，算是没给祖国丢人。

我此时已经不用再上课，只是自己看书学习，脑筋里想了几个研究题目，搜集资料，准备写作。战争还正在激烈地进行着，Waldschmidt 还不能回家，Sieg 仍然代理。有一天，他忽然找到了我，说他要教我吐火罗文。世界上第一个权威要亲自教我，按道理说，这实在是千金难买、别人求之不得的好机会。可我听了以后，在惊喜之余，又有点迟疑。我觉得，自己的脑袋容量有限，现在里面已经塞满了不少稀奇古怪的语言文字，好像再也没有空隙可以塞东西了，因此才产生了迟疑。但是，看到 Sieg 老师那种诚挚认真的神色，我真受到了感动，我当即答应了他。老人脸上漾起了一丝微笑，至今栩栩如在眼前，这是我永世难忘的。

正在这个时候，一位比利时的青年学者，赫梯文的专家 Walter Couvreur 来到哥廷根，千里寻师，想跟 Sieg 先生学习吐火罗文。于是 Sieg 便专为两个外国学生开了一门不见于大学课程表上的新课：吐火罗文。上课地点就在印度学研究所。我的"学习簿"上当然也不会登记上这一门课程。我们用的课本就是我在上面提到的 Sieg 和 Siegling 的《吐火罗文残卷》拉丁字母转写本。如果有需要也可对一下吐火罗文残卷的原本的影印本。婆罗米字母老师并不教，全由我们自己去摸索学习。语法当时只有一本，就是那三位德国大师著的那一本厚厚的《吐火罗文文法》。这些就是我们这两个学生的全部"学习资料"。老师对语法只字不讲，一开头就念原文。首先念的是《吐火罗文残卷》中的前几张。我在这里补充说一个情况。吐火罗文残卷在新疆出土时，每一张的一头都有被焚烧的痕迹。焚烧的面积有大有小，但是没有一张是完整的。我后来发现，甚至没有一行是完整的。读这样真正"残"的残卷，其困难概可想见。Sieg 的教法是，先读比较完整的那几张。Sieg 屡屡把这几张称之为 Prachtstücke（漂亮的几张）。这几张的内容大体上是清楚的，个别地方和个别字含义模糊。从一开始，主要就是由老师讲。我们即使想备课，也无从备起。当然，我们学生也绝不轻松，我们要翻文法，学习婆罗米字母。这一部文法绝不是为初学者准备的，简直像是一片原始森林，我们一走进去，立即迷失方向，不辨天日。老师讲过课文以后，我们要跟踪查找文法和词汇表。由于原卷残破，中间空白的地方颇多。老师根据上下文或诗歌的韵律加以补充。这一套办法，在我后来解读吐火罗文 A《弥勒会见记剧本》时，完全使用上了。这是我从 Sieg 老师那里学来的本领之一。这一套看来并不稀奇的本领，在实践中却有极大的用处。没有这一套本领，读残卷是有极大困难的。

我们读那几张 Prachtstücke，读了不久我就发现，这里面讲的故事就是中国大藏经中的《福力太子因缘经》中讲的故事。我将此事告诉了 Sieg 先生，他大喜过望。我曾费了一段时间就这个问题用德文写了一篇相当长的文章，我把我在许多语言中探寻到的同经的异本择其要者译成了德文。Sieg 先生说，这对了解吐火罗文原文有极大的帮助，对我奖誉有加。这篇文章下面再谈。

我现在已经记不清楚我们开始学习吐火罗文的准确时间，也记不清楚每周的时数。大概每周上课两次，每次两小时。因为不是正课，所以也不受学期的限制。根据我那一本《吐火罗文残卷》中的铅笔的笔记来看，我们除了读那几张 Prachtstücke 之外，还读了大量的其他残卷。当时 Sieg 先生对原文残缺部分建议补充的字，我都有笔记。根据现在的研究水平来看，这些补充基本上都是正确的，由此可见 Sieg 先生造诣之博大精深。我现在也记不清我们学习时间究竟用了多长，反正时间是不会短的。

读完了吐火罗文 A，又接着读吐火罗文 B，也就是龟兹文，或西吐火罗文。关于吐火罗文 B，当时德国还没有现成的资料和著作。因此，Sieg 先生只能选用法国学者的著作。他选用的一本是法国东方学者烈维（Sylvain Lévi）的 Fragments de Textes Koutchéens, Udānavarga,

Udānastotra, Udānālaṁkāra et Karmavibhaṅga, publiés et traduits avec unevocabulaire et une introduction sur le "Tokharien"(《库车（龟兹）文残卷》，包含着 Udānavarga 等四种佛典，有一个词汇表和一篇论"吐火罗文"的导论），出版时间是 1933 年，巴黎 Imprimerie Nationale。在这里，我要加入一段话。第一，"吐火罗文"这个名称是德国学者、首先是 Sieg 等坚持使用的。法国学者还有一些其他国家的学者是反对的。为此事还引发了一场笔战，Sieg 撰文为此名辩护。第二，德国学者不大瞧得起欧美其他国家的东方学者。在闲谈中，Sieg 也经常流露出轻蔑之意。但他们对英国学者 H. W. Bailey 表示出相当大的敬意，这几乎是唯一的一个例外。在迫不得已的情况下，Sieg 使用了烈维这一本书。学习时，更是我们只听 Sieg 先生一个人讲，因为当时还没有吐火罗文 B 的文法可供参考。Sieg 从这一本书里选了一些章节来念，并没有把全书通读。每次上课时，他总是先指出烈维读婆罗米字母读错的地方，这样的地方还真不算太少。Sieg 老师是一个老实厚道的德国学者，我几乎没有听到他说过别人的坏话，他总是赞美别的学者，独独对于烈维这一本书，他却忍不住经常现出讽刺的微笑。每一次上课总是说："先改错！"我们先读的是 Udānavarga，后来又读 Karmavibhaṅga。原文旁边有我当时用铅笔写的字迹，时隔半个多世纪，字迹多已漫漶不清，几乎没有法子辨认了。

我在上面已经说过，学习吐火罗文的确切时间已经记不清了。我觉得，确切时间并不是重要问题。我现在也没有时间去仔细翻检我的日记，就让它先模糊一点吧。留在我的回忆中最深刻难忘的情景，是在冬天的课后。冬天日短，黄昏早临，雪满长街，寂无行人。我一个人扶掖着我这位像祖父般的恩师，小心翼翼地踏在雪地上，吱吱有声。我一直把他送到家，看他进了家门，然后再转身回我自己的家。此情此景，时来入梦，是我一生最幸福、最愉快的回忆之一。有此一段回忆，我就觉得此生不虚矣。我离开了德国以后，老人于 50 年代初逝世。由于资料和其他条件的限制，我回国后长期没有能从事吐火罗文的研究。这辜负了恩师的期望，每一念及，辄内疚于心，中夜辗转反侧，难以安睡。幸而到了 80 年代，新疆博物馆的李遇春先生躬自把在新疆新出土的四十四张、八十八页用婆罗米字母写成的吐火罗文 A 残卷送到我手里。我大喜过望，赶快把多年尘封的一些吐火罗文的资料和书籍翻了出来，重理旧业，不久就有了结果。我心里感到了很大的安慰，我可以告慰恩师在天之灵了。我心中默祝："我没有辜负了你对我殷切的希望！"然而我此时已经到了耄耋之年，我的人生历程结束有日了。

其他语言的学习

我在哥廷根大学除了学习梵文和吐火罗文外，还学习了一些别的语言。我在上面已经提到过，从 1937 年夏学期开始，不知为什么，我忽然异想天开，想以阿拉伯文为副系之一，选了 Prof. von Soden 的课：初级阿拉伯文。上课的地方就在 Gauss-weber-Haus 楼下。这一次不是我一个学生了，还有一个名叫 Bartels 的德国学生，他的主系是经济学。他人长得英俊漂亮，又十分聪明，很有学语言的天才。他的俄文非常好。有一次我们闲谈，他认为阿拉伯文很难，而俄文则很容易。我则认为阿拉伯文容易，而俄文则颇难。我想，原因大概是，俄文虽然语法复杂，但毕竟同德文一样是一个印欧语系的语言，所以 Bartels 觉得容易。我的母语是汉语，在欧洲人眼中，是一种稀奇古怪的语言。阿拉伯文对他们来说也同样是稀奇古怪的。我习惯于稀奇古怪的语言，两怪相遇，反而觉得不怪了。在第一学期，我们读了一本阿拉伯文法，念了许多例句。教学方法也是德国式的，教授根本不讲语法，上来就读例句。第二学期，我们就读《古兰经》，没感到有多大困难。阿拉伯文是一种简洁明了的语言，文体清新简明，有一种淳朴的美。我只选了两个学期的阿拉伯文。后来不知为什么，自己又忽然灵机一动，心血来潮，决定放弃阿拉伯文的学习，改以斯拉夫语文学为副系了。

以斯拉夫语文学为副系，除了俄文以外，还必须学习另外一种斯拉夫语言。我选了塞尔维亚·克罗地亚文。虽然写入学习簿，实际上没有在研究所上课。Prof. Braun 的家同我住的地方只隔一条街，就在他家里上课。他给我选了一本语法，照样是一字不讲，全由我自己去读。我们读的东西不算太多。我恐怕只能算是勉强进了门。这种语言的特点是有声调，不像汉文有四声或者更多的声，而只有两个声调：升和降。这种情况在欧洲其他语言中是没有的。

语言这种东西不是学了就一成不变、永远不忘的，而是很容易忘掉的。就是自己的母语，如果长时间不用也会忘掉的。1946年我回到上海时，长之就发现我说的汉语有点别扭，这一点我自己也略有所感觉。

学习阿拉伯文和塞尔维亚·克罗地亚文，也是用了不少的精力的；可是到了今天，这两种语言对我的研究工作一点用处都没有，早已几乎全部交还给了老师，除了长了点知识以外，简直等于"竹篮子打水一场空"。人在一生中难免浪费一些时间，难免走一点弯路的。如果从小学起就能决定自己一生研究学问的方向，所学的东西都与这个方向有关，一点时间也不浪费，一点弯路也不走，那该有多好啊！然而这样的人恐怕是绝无仅有的。现在社会上用非所学的大有人在。有些人可能浪费的时间比我要长，走的弯路比我要多。

博士论文

梵文学习了几个学期以后，Waldschmidt 教授大概认为我"孺子可教"，愿意把我收为门下弟子，便主动找我谈博士论文的事情。他征求我的意见，问我有什么想法。我直率地告诉他，论文题目决不能同中国有任何牵连。我在国内时就十分瞧不起那一些在国外靠中国老祖宗老子、庄子等等的威名写出论文，回国后又靠西方诸大师的威名两头吓唬人的所谓学者。这引得 Waldschmidt 也笑了起来。一般说来，德国教授并不勉强把论文题目塞给学生。他在研究工作中，觉得他这门学问中还有哪一部分需要补充研究，他就把自己的意思告诉学生，征求学生的意见。学生如果同意，题目就算定下来了。Waldschmidt 问我的兴趣何在，我回答说：在研究佛典梵语的语法。早期佛典，除巴利文佛典外，还有许多是用"混合梵文"写成的，不是纯粹的古典梵文，而是搀杂了许多方言成分。方言分东部、西部、西北部等等不同地区，语法变化各有特点。这些佛典原来可能就是方言写成的，在"梵文化"的大趋势下，各个向梵文转化，但转化的程度极不相同，转化所处的阶段也各个不同，从中可以探求一部佛典的原产地。这对印度佛教史的研究有重要意义。我同教授商量的结果是，他把一部分量非常大的混合梵文的佛典交给我去研究。因为其量过大，不可能把全部书的语法现象都弄清楚，于是首先限制在动词上。就是这样，其量也还是过大，于是又限定在限定动词上。这一部大书就是 Mahāvastu（《大事》）。全书用散文和诗歌（伽陀 Gāthā）混合写成。散文部分梵文化的程度较深，因为散文不受韵律限制，容易梵文化，而诗歌部分则保留原来的方言成分较多。我的论文题目定为 Die Konjugation des finiten Verbums in den Gāthās des Mahāvastu（《〈大事〉中伽陀部分限定动词的变化》）。Mahāvastu 一书厚厚的三巨册，校刊出版者是法国梵文学家 E. Senart。从此以后，我每天课余就都在读这一本书。我每天的生活程序是：凌晨起床，在家里吃过早点，就穿过全城从城东走到城西的梵文研究所；中午不回家，在外面饭馆里吃过午饭，仍回研究所，浏览有关的杂志，从来没有什么午睡；一直工作到六点，才回家吃晚饭。天天如此，像刻板一样。只要有书可读，我从来没有感到单调或寂寞，乐也融融。

这一部大书并不容易读。我要查好多字典，梵文的、巴利文的都有，还要经常翻阅 R. Pischel 那一部著名的《俗语语法》。边读边把所有的动词形式都写成卡片，按字母顺序排列起来。遇到困难问题，我从来不找教授。因为这种古怪的文字，对教授来说，也会是陌生的。Senart 的法文注释，也可以参考。主要是靠自己来解决。一时解决不了，就放一放。等到类似的现象发现多了，集拢起来，一比较，有的困难问题自然能得到解决。

写论文的过程，实际上就是学习的过程。我读 Mahāvastu 共用了两年多的时间。同时当然也读了许多与此有关的参考书。书读完后，卡片也做完了，就开始分类编排，逐章逐段写成文章。论文主体写完，又附上了一篇 Anhang：Über die Endung-matha（附录：《论词尾 -matha》），还附上了一个详细的动词字根表。我这一篇博士论文的框架就是如此。

我现在讲一讲"导论"（Einleitung）的问题。论文主体完成以后，我想利用导论来向教授显示一下自己的才华。我穷数月之力，翻阅了大量的专著和杂志，搜集有关混合梵文的资料以及佛典由俗语逐渐梵文化的各种不同的说法。大学图书馆就在印度研究所对面，借书非常方便，兼之德国人素以细致、彻底、效率高闻名全世界，即使借一本平常几乎没有人借阅的古旧的杂志，都不用等很长时间，垂手可得。这也给我提供了写作的便利。结果写成了一篇洋洋万言的"导论"，面面俱到，巨细不遗，把应该或者甚至不太应该、只有点沾亲带故的问题，都一一加以论列。写完以后，自我感觉非常良好，沾沾自喜，把全部论文请 lrmgard Meyer 小姐用打字机打好，等到 Waldschmidt 休假时，亲自呈送给他，满以为他会大大地把自己褒奖一番的。然而，事与愿违。过了几天，他把我叫了去，并没有生气，只是面带笑容地把论文稿子交给了我。对其余部分他大概还是非常满意的，只是我的心肝宝贝，那一篇"导论"却一字未动，只在文前画了一个前括号，在最后划了一个后括号，意思很明显，就是统统删掉。这完全出我期望，几乎一棍子把我打晕。他慢慢地对我解释说："你讨论这个问题，面面俱到。其实哪一面也不够充实、坚牢。人家如果想攻击你，从什么地方都能下手。你是防不胜防！"他用了"攻击"这个字眼儿，我至今忆念不忘。我猛然省悟，心悦诚服地接受了他这一"棒喝"，把"导论"一概不要，又重新写了一篇相当短而扎实得多的"导论"，就是现在出版的这一篇。在留德十年中，我当然从这位大师那里学习了不少的本领、不少的招数。但是，给我留下印象最深的还是这一篇"导论"，我终生难忘。以后我教我的学生时也经常向他们讲这个故事。写学术论文，千万不要多说废话，最好能够做到每一句话都有根据。我最佩服的中外两个大学者 Heinrich Lüders 和陈寅恪就是半句废话也不说的典范。可惜有时候我自己也做不到，我的学术论文中还是有废话的。

现在再谈一谈论文的附录：Über die Endung-matha 的问题。这一个动词第一人称复数的词尾，不见于其他佛典内。Senart 也觉得奇怪，他想把它解释为 -ma atha。但是，我把 Mahāvastu 全书中所有有 -matha 这个词尾的动词形式都搜集到一起，明确无误地证明了 -matha 只能是一个完整的动词词尾，Senart 的解释是完全站不住脚的。虽然我也意识到这是我的一个新发现，所以才以"附录"的形式让它独立出来；但是，由于我对印欧语系比较语言学钻研不深，我还不能理解这个新发现的重要意义。上面提到的 Krause 教授，我的论文一写完，就让人读给他听。当他听到关于 -matha 的这一段时，大为惊喜，连声说："这是一个了不起的发现！"原来同样或者类似的词尾在古代希腊文中也有。一个西方的希腊，一个东方印度的 Mahāvastu，相距万里，而竟有同样的词尾，这会给印欧语系比较语言学的研究带来新问题，给予新启发。他逢人便讲，至少在 Gauss–Weber–Haus里，颇引起了一点轰动。连专攻斯拉夫语文学的 Böchucke 小姐，见面时也对我提起此事。

最早的几篇德文论文

一、Parallelversionen zur tocharischen Rezension des Puṇyavanta-Jātaka（《吐火罗文本的〈佛说福力太子因缘经〉诸异本》）

博士论文结束以后，脑筋里就考虑如何进一步再读一些书，写一些论文。我一向习惯于同时进行多篇论文的写作，不喜欢单打一。当时正在跟 Sieg 教授读吐火罗文。第一篇读的就是《福力太子因缘经》。我当时整天翻看汉译《大藏经》，首先发现，我们正在读的吐火罗文在《大藏经》中有多种平行的异本。其中最重要的就是《福力太子因缘经》。汉文以外，在许多其他的语言中也能找到与吐火罗文故事相仿的故事，比如藏文、于阗文、梵文等等。Mahāvastu 中就有这个故事。我在上面曾说过，吐火罗文残卷残得非常厉害，解释起来非常困难。同一个故事，同一种佛经，倘能在其他我们能读懂的文字中找到哪怕是内容接近的本子，对于解释吐火罗文也会有极大的帮助。Sieg 和 Siegling 之所以能读通吐火罗文，主要使用的也是这种方法。但是，找这种内容相同或相近的异本也并非易事，有时简直是可遇而不可求。在读《福力太子因缘经》时，因为我对汉译佛典比较熟一些，所以我找起来就比较容易。拿这一点来要求西方的吐火罗文学者，是不公平的、不切实际的。在读的过程中，我陆续发现了汉文异本，有的与整个故事相同，有的同大故事中的小故事相同或者相似。原来吐火罗文中有一些不认识的字，经过同汉文一对比，立即可以认识了。我只举几个例子。《吐火罗文残卷》中 Prachtstücke 就是《福力太子因缘经》。其中 No. 1，反面第一行 1yom，原来不知何意；同汉文一对，确切知道它的含义是"泥"。反面第三行 iṣanäs，原来也不知何意；同汉文一对比，可以肯定它的含义是"堑"，也就是"护城河"。类似的例子还有不少，都是多少年来让两位学者迷惑不解的。现在一旦有了汉文的平行异本，困难和迷惑就涣然冰释，豁然开朗。这一位已届垂暮之年的老教授，其心中狂喜的程度概可想见了。他立即敦促我把找到的资料写成文章。我从汉译佛典中选出了一些经文，译成了德文，加上了必要的注释。这样对以后的研究者会有很大的好处。(全文请参阅拙著《印度古代语言论集》，中国社会科学出版社，1982 年，133～187 页。又见《季羡林文集》)

二、Die Umwandlung der Endung -aṃ in -o und -u im Mittelindischen (《中世纪印度语言中语尾 -aṃ 变为 -o 和 -u 的现象》)

我在阅读用混合梵文写成的佛典时，在不少地方发现语尾 -aṃ 变成了 -o 和 -u 的现象，这是一个不寻常的音变。于是我就留意搜集资料，准备做一番比较彻底的探讨。我在阿育王碑铭里找到这个现象，在比较晚的用佉卢字母 (一种由右向左写的字母) 写成的碑铭里，在中国新疆尼雅 (Niya) 地区发现的俗语文书里，在和阗俗语里，在 Dutreuilde Rhins 所搜集到的残卷里，在用混合梵文所写成的佛典里，在 Apabhraṃsa 里，甚至在于阗塞种语、窣利语和吐火罗文 B (龟兹文) 等等里面，都发现了这种现象。这个音变现象延续的时间很长，传布的地区很广，很值得深入研究。

我在这里顺便插入一段话，讲一讲确定印度古代俗语的地域的办法。根据 Heinrich Lüders 在很多文章中讲到的观点，我认为，比较可靠的确定地域的办法是利用阿育王碑。Lüders 说，阿育王统治的版图，在印度古代史上，是前无古人的。他制定了一些敕令，其中多半是一些道德教条和有利于自己统治的规定。他命令大臣用他的首都所在地的东部的方言写成敕令，他不用梵文。Lüders 称阿育王使用的语言为"古代半摩揭陀语"。这种方言显然不能流通于他所统治的天下，而他偏又想使所有地域的人民都能明白他的敕令的内容。于是他就让人把用古代半摩揭陀语写成的敕令翻译——有时候并不是严格的直译——成各地的方言，刻在石碑或石柱上，便于普天之下的臣民阅读。因此，他在全国许多地方所竖立的石碑的语言是不相同的。把这些不相同的语言——本来是来自同一种语言的——排列在一起，其不同之处昭然可见。用这种办法来探讨各地方言语法特点，是行之有效的，是无可非议的。

我就是用这种办法来确定语尾 –aṃ 变为 –o 和 –u 的地域性的（读者如有兴趣，请参阅《印度古代语言论集》189～190页我所列的表。看了这个表，就一目了然）。–aṃ 变成 –o 是印度古代西北部方言的特点。事实俱在，实际上是无可争议的。这个方言特点从印度西北部一直传布到与之接壤的中国新疆，这也是完全合情合理的。我在这一篇论文里，非常慎重地、非常细致地考察了几种佛典，比如《妙法莲华经》等等，从中找到了一些证据，证明一些佛典由原来的古代半摩揭陀语向西北方言转化，然后或者同时梵文化（具体的叙述，请参阅那一篇论文）。我自谓，自己的做法是步步为营，稳扎稳打，似乎是无懈可击了。然而以美国梵文学者爱哲顿（Franklin Edgerton）为代表的几个不同国家的梵文学者却提出了异议，不同意我的说法。研究学问有异议，是一个非常好的现象。真理愈辩愈明，不要怕争论，不要怕异议。但是，古今中外都有一些学者，总想用从鸡蛋里挑刺的办法，来显示自己的高明和权威。在 –aṃ >o 和 u 这个问题上，爱哲顿就是这样一位学者。可惜他的论证本身就不能自圆其说，矛盾层出。这个问题，下面我还会谈到，这里就先不提了。

三、Pāli Āsīyati

这是一篇比较短的论文，但是对巴利文āsīyati 这个词的来源，却做出了可以肯定是正确的答案。许多巴利文学者都对这个词的来源提出了自己的看法。但是，他们的目光都为巴利文所限。我是第一个冲破这个限制的。我在混合梵文里找到了这个词，而且根据上下文，提出了我的看法。

四、Die Verwendung des Aorists als Kriterium für Alte und Ursprung buddhistischer Texte（《应用不定过去时的使用以断定佛典的产生时间和地区》）

这是我在哥廷根大学继博士论文之后最长的一篇论文，用了我几年的时间。我原来的题目是 In den Mittelindischen Aoristen（《论中世纪印度语言中的不定过去时》），发表时，我的老师 Waldschmidt 教授改为现在这个题目。

我原来并无意写这样一篇文章。但是，多少年来，在阅读许多用混合梵文写成的佛典时，我逐渐注意到了不定过去时这个通常并不太常见的语法形式，做了一些笔记和卡片。积久渐多，综合起来一看，顿时觉得其中大有文章可做。于是就对不定过去时这个语法形式认真严肃地注意起来。我把我自己所能找到的梵文原文的佛典统统搜集到一起，仔细阅读，特别注意不定过去时。有的同一部佛典，最初的文本可能只有一种，后来由于梵文化的原因，文字有了改变。专就不定过去时而论，有的被保留了下来，有的就被替换掉。这是一个非常有趣的语法现象。为什么会出现这种情况呢？这就是我要探讨的问题。

有不少用混合梵文写成的佛典，明显地可以分出两种文体来：早一点的和晚一点的。佛典的编纂者几乎都"代圣人立言"，把自己编的经说成是"佛说"。《大藏经》里面有大量的"佛说这种经"、"佛说那种经"，都根本不是"佛说"的。还有一种常见的现象：一个和尚在写一部经，他眼前有现成的古本，于是他就从古本抄一段，自己又加上一段。他就这样编写下去。如果他肯用一点心的话，他至少应当把书本的文体和他自己的文体统一一下，把分歧很大的地方抹抹平。但是有时这一点力他们也不想费，尽量抄开，抄开。因此有不少留传下来的佛典在文体上有明显的分歧。要区分新旧文体，有的简直易如反掌。

在佛经中还有一种情况：有时，一段古经——即使是古经，也很难说就是从"原始佛典"（Urkanon）抄来的。关于"原始佛典"的问题，有人主张有，有人坚决否认，我属于前者——后来被许多用不同文字纂成的佛典辗转抄录，抄录一遍，文字改动一点。改动的原因有的是由于方言的不同，有的是由于地域的不同，有的可能就属于"梵文化"的问题。不管怎样，文字反正是改动了。如果细心注意这种改动，就能发现一些新问题。

我注意到这种改动了，我发现新问题了。新问题中最突出的就是不定过去时的改动。我的探讨是从 Mahāvastu 开始的。H. Oldenberg 写过一篇关于 Mahāvastu 的论文。他明确无误地在这一部佛典中分出了两种文体：一老，一新。证据确凿，无可怀疑。我从中引了几段，用与之相对应的古本，比如 Mahāvagga、Dīghanikāya 等来对比。结果是，新本里面几乎没有不定过去时，旧本里则有不少。这些老本里面的不定过去时，到了新本里，则被其他形式所代替，有的是过去时，有的是未完成时。这同样的现象我又在其他佛典中发现，比如 Divyāvadāna、Lalītavistara 等等。之后，我又考察了许多佛典，包括巴利文佛典、大乘佛典在内，专门探讨不定过去时这个语法现象。结果是一样的。我的结论是：老的佛典中不定过去时多，而新的佛典则少，甚至根本没有。

以上讲的是时间问题，佛典产生的地域有没有问题呢？我的极其肯定的回答是：有的。这里就牵涉到印度佛教史上的一个重大问题：有没有一种所谓 Urkanon（"原始佛典"，Lüders 常用这个词）呢？西方梵文学者对此有完全针锋相对的意见，一派说有，一派说无。前者的代表人物是 Heinrich Lüders，后者则以一部分德国学者和一部分法国学者为代表，人数上占绝对优势。我自附于 Lüders 一派。真理并不决定于人数的多少，有时候，特别是一种新学说初出现时，真理是掌握在少数人，甚至一两人手中的。我认为，Urkanon 就是如此。Lüders 曾在很多地方讲到"原始佛典"的问题。他逝世后由他的徒弟，我的老师 Waldschmidt 把他生前想写而且也确实写成了的关于 Udānavarga 的文章（此文由于战争关系已丢失）的侥幸留下的卡片等东西编纂整理成了一部书《原始佛典语言的观察》（Beobachtung über die Sprache des buddhistischen Urkanon），充分说明了佛教原始经典的语言特点。有这样一部原始佛典存在，是无可争议的。

在这里，我想插上一段闲话，绝对不是"嘉话"或者"佳话"，而是不"佳"的话。Lüders 毕生著作等身，几乎篇篇著作都有新发现或新见解。据说他一生用力最勤、自己也最为看重的一部书，就是研究 Udānavarga 的。然而在第二次世界大战中丢失了的却偏偏就是这一部分的稿子。这是无论如何也无法挽回的一个损失。然而，无独有偶，在中国抗日战争时期，衣冠南渡，陈寅恪师以毕生精力，经过了几十年的时间，为《世说新语》写注。在他丢失的书籍中，偏偏有这一部书，这也是无论如何也无法弥补的损失。东西两位大师遭受同样的厄运。我们真不知道怎样说好。

现在仍然谈"原始佛典"问题。据我的看法，Lüders 所说的佛典决不是像后来的包括经、律、论三大部分的整整齐齐的经典。"原始佛典"的形成，应该同中国的《论语》差不多。孔子向弟子们说的一些话，弟子们牢牢记了下来，结果就形成了《论语》这样一部书。释迦牟尼的情况大概也差不多。他经常向弟子们说的一些话，弟子们记在脑子里。与孔子时代不同的是，释迦牟尼时代印度还没有文字，弟子们只能依靠记忆。佛祖最初讲的不出他在菩提树悟道时想到的那些"道"，不出十二因缘、四圣谛一类。他经常讲，弟子们记在心中。以后就以此为基础，像滚雪球那样越滚越大，最后才形成了具备经、律、论的《大藏经》。西方一些学者反对"原始佛典"的一些说法，说明他们根本不了解我在上面想象的那一个非常合情合理的过程，硬说释迦牟尼刚涅槃以后不久不可能有完备的佛典。Lüders 从来没有说过有完全成一套的佛典。我同意 Lüders 的说法，我要捍卫他的说法。在欧洲一些国家，只有少数德国梵文学者反对这种说法。在法国和比利时，则几乎所有的梵文学者都反对。我发现，欧洲梵文学者中，门户之见还是相当严重的。我并不是因为在德国留学才成为"德国派"的，我的无上标准就是真理。我总感觉到，欧美一些梵文学者，方法不严密，偏见。根深蒂固；同他们写文章辩论，好像是驴唇对不上马嘴。

由于反对"原始佛典"，他们也就反对"原始佛典"最初是用东部方言，Lüders 称之为"古代半摩揭陀语"纂成的。Lüders 在上面提到的那一部大著中以及在许多论文里，都十分明确地讲到东部方言的特点（详细的例子请参阅该书）。其中最明显的，简直是无法驳倒的，我认为就是名词阳性复数的体格和业格，甚至阴性名词也包括在里面。古典梵文名词阳性复数的语尾体格是 āḥ，业格是 ān，而在东部方言里则变成了 āni，体、业相同。如果仅有少数几个例子，可能解释为词类变换，由阳性变为中性，因为中性名词是这样变化的。但是例子极多，多到无法用词类变换来解释的程度。一个崇尚实事求是的学者本应该承认这个事实的。然而不然，有一些学者，举不出理由，硬是坚决不承认。

我是笃信有一个最初用东部方言纂成的（还不能说"写"成，因为当时还没有发明文字）"原始佛典"的。我在同一部佛典的较古的部分中找到许多东部方言的特点。我在上面已经说到，"原始佛典"的语言是东部方言，古代半摩揭陀语。我着重寻找了古典梵文阳性和阴性名词复数体格和业格的语尾是 āni 的单词，数量颇大（请参看《印度古代语言论集》，281~290 页）。这样大量的例子，西方一些梵文学者硬是视而不见，殊不可解。抱这种态度来研究学问，真不免令人忧心忡忡。

总之，一句话在这些有东部方言特点的较古的部分中，不定过去时也就多。到了东部方言特点逐渐消失了的新的部分，不定过去时也逐渐为其他语法形式所取代。因此，结论就在眼前：不定过去时这个语法形式最初流行于东部方言纂成的接近"原始佛典"的一些佛典中。在晚出的一些佛典中就构成了两部分中的较古部分；在较晚的或者较新的部分中则逐渐消失。我个人认为这个结论是持之有据、言之成理的。

对我这一篇论文，我就说这么多。

我还想借这个机会谈几点离题不太远的问题。首先是做文章选题。在这里无非有两种形式，一个是别人出题，你写文章。过去的八股文，都是试官出题。后来的学校考试，也都是学校命题。此外，还有不少事情是别人出题的。某个部分或科学院的某一个所或某一个学校，要制定科学研究规划，都必须先有题目，然后作文。其结果是众所周知的。一千多年的科举考试，几乎没有一篇优秀的文章流传下来。其原因并不难找。别人出题，应试者非按题作文不行，毫无兴趣，毫无灵感，这样怎么能出好文章？我最反对科研制定规划（从宏观上规定研究范围，是可以的），然而言者谆谆，听者藐藐。这样主持科研的人，为数颇多，贻害亦大。

另外一种方式是自己选题。选题的契机是多种多样的。"从杂志缝里找题目"，是其中之一。过去在极"左"思想流毒的时期，"以论带史"被视为天经地义；从杂志缝里找题目，则被批判，被嘲笑，滔滔者天下皆是也。真正懂科学研究的人，新题目往往是从杂志缝里找来的。所谓"杂志缝里"指的是别人的文章。读别人的文章时，往往顿时发现其中的不足之处，或者甚至错误之处，灵机一动，自己提起笔来，写一篇文章，加以补充，或加以纠正。补充与纠正都是进步。我们人文社会科学研究者，除了那些非说不行的假、大、空、废四话之外，说真话才能有真文章。离开了别人的论文，你就难以知道真话在什么地方。

　　我认为，我的这一篇关于不定过去时的论文，就是从"杂志缝里"找到的题目。

　　其次，我还想借题发挥一下我研究印度古代混合语言佛典的一些特点。关于这个问题，我在上面已经零零星星地讲到过了，现在再归纳起来讲一讲。世界上几个大宗教都有自己的圣经宝典，比如伊斯兰教的《古兰经》，天主教和基督教的《新约》《旧约》等。佛教则不然，它没有仅仅一两部大家公认的宝典，而是有不知多少部。在梵文佛典写成以前，除了巴利文大藏经之外，用混合梵语写成的佛典也大量存在。这些佛典原来方言俗语成分多，或者净是纯粹的方言俗语，以后逐渐梵文化，这我在上面已经提到过。方言俗语有时间的不同，有地域的不同。研究这些方言俗语的原型和梵文化，就能大体上确定一部佛典产生的时间和地域，以及它在流布中吸收其他方言俗语的情况。我觉得这个方法是可靠的。研究印度古代佛教史，不能不研究佛教的部派，而部派除了各自在教义上有某一些特点外，在语言上也各有各的经堂语。因此，研究佛教史，决不能忽视语言问题。

　　再次，我想谈一谈研究方法问题。我始终认为当年胡适之先生提出来的十字方针"大胆的假设，小心的求证"，是不刊之论。在极"左"思潮泛滥时期，许多学者奉命批判胡适，不知道列举了他多少罪状，大多捕风捉影，牵强附会，栽赃诬陷，玩弄刀笔。抓住一点——还不一定是有把握的一点——无限上纲。学术要为政治服务，自古已然，司马光的《资治通鉴》是一个著名的例子。但是，为政治服务，并不等于抹煞真理。如果以抹煞真理为代价而为政治服务，必然会给政治帮倒忙。殷鉴不远，中国当代史上的极"左"时期，就是一个最鲜明的例子。其结果只能扼杀学术，而破坏经济。胡适之先生的一生功过自有公论，这里不是谈这个问题的地方。专就他这个十字方针而论，我认为是放之天下而皆准的。无论是人文社会科学，还是自然科学，莫不皆然。研究一个问题，你总会有初步的想法的，总会有初步的假设的。除非你是奉命为文，结论早已经有了，你只是用做八股文的办法，"代圣人立言"。写这种文章，用不着什么假设，你只需东抄西抄，生搬硬套，然后寻摘几句语录。因此，写这种文章连脑筋都用不着。有谁会认真读，会真相信这样的文章呢？只有天晓得。胡先生提出了"大胆的假设"，我再补充一点：假设越大胆越好。想当年，人们都说太阳绕地球而行，而哥白尼偏偏假设地球绕太阳而行，这个胆可谓大矣。假设大小与对科学既成学说的突破成正比。缩手缩脚地来假设，成不了大气候。但是，胡先生的第二句话："小心的求证"，更为重要。我在这里也补充一句：求证越小心越好。求证必须以万分认真的态度，不厌其烦，不厌其难，打破砂锅问到底，上下四周，前后左右，眼观四面，耳听八方，来搜寻证据。这里还必须有足够的学术良心。自己的假设，不管自己多么喜爱，多么认为是神来之笔、石破天惊，倘遇到过硬的证据，证明这个假设不能成立，或者部分不能成立，自己必须当机立断，抛弃全部或者一部分假设。然后再奋勇前进，锲而不舍，另立新的假设，或者补充旧的假设。这种舍弃与补充有时可能循环往复，重复上很多遍，最终才能达到符合实际的，也就是符合真理的结论。这才是真正的科学研究。

我在写关于不定过去时这一篇论文时，经过多次修改或补充自己初步的假设，最后才得出了现在这个结论。不管什么人，也不管出于什么动机，曾反对过这一篇论文的某一部分。但是到今天，已经过了半个多世纪，我真诚地检阅全文，我的结论并无破绽，还是正确的。在下面我还将再谈这个问题。

但是，我不敢骄傲自满——那不是我的本性。我经常想到，论文里面还有一个重大问题有待于解决，这就是：为什么巴利文中不定过去时特别多？巴利文一向被视为一种西部方言，本来不该有这样多的不定过去时的。我的初步考虑是，对巴利文的归属问题还有待于重新探讨。按照印度的传统说法，巴利文是摩揭陀方言，也就是东部方言。西方学者中也有这样主张的，德国学者 Wilhelm Geiger 就是其中之一。将来如能有充足的时间，找到充分的资料，我还准备写这样一篇论文的。

最后，我还想补充一点。上面讲到的文章，第一篇关于吐火罗文《福力太子因缘经》的那一篇，由 Sieg 先生推荐，发表在著名的《德国东方学会的杂志》（Zeitschrift der Deutschen Morgenländischen Gesellschaft）上。第二篇 –am >o 和 u 那一篇和第四篇关于不定过去时的那一篇，前一篇由 Sieg 先生推荐，后一篇由 waldschmidt 先生推荐，刊登在哥廷根科学院的院刊上。熟悉德国学术界情况的人都知道，科学院院刊都是享有至高无上的权威的刊物，在上面发表文章者多为院士一级的学者。我以一个二十多岁至三十岁出头的毛头小伙子，竟能在上面发表文章，极为罕见。我能滥竽其中，得附骥尾，不能不感到光荣。可惜由于原文是德文，在国内，甚至我的学生和同行，读过那几篇论文的，为数甚少。介绍我的所谓"学术成就"的人，也大多不谈。说句老实话，我真感到多少有点遗憾，有点寂寞。

在德国十年的学术回忆，就到此为止。

十年回顾

自己觉得德国十年的学术回忆好像是写完了。但是，仔细一想，又好像是没有写完，还缺少一个总结回顾，所以又加上了这一段。把它当作回忆的一部分，或者让它独立于回忆之外，都是可以的。

在我一生六十多年的学术研究的过程中，德国十年是至关重要的关键性的十年。我在上面已经提到过，如果我的学术研究有一个发轫期的话，真正的发轫不是在清华大学，而是在德国哥廷根大学。

但是，这个十年并不是一个简单的十年，有它辉煌成功的一面，也有它阴暗悲惨的一面。所有这一切都比较详细地写在我的《留德十年》一书中，读者如有兴趣，可参阅。我在上面写的我在哥廷根十年的学术活动，主要以学术论文为经，写出了我的经验与教训。我现在想以读书为纲，写我读书的情况。我辈知识分子一辈子与书为伍，不是写书，就是读书，二者是并行的，是非并行不可的。

我已经活过了八个多十年，已经到了望九之年。但是，在读书条件和读书环境方面，哪一个十年也不能同哥廷根的十年相比。在生活方面，我是一个最枯燥乏味的人，所有的玩的东西，我几乎全不会，也几乎全无兴趣。我平生最羡慕两种人：一个是画家，一个是音乐家。而这两种艺术是最需天才的，没有天赋而勉强对付，决无成就。可是造化小儿偏偏跟我开玩笑，只赋予我这方面的兴趣，而不赋予我那方面的天才。《汉书·董仲舒传》说："古人有言曰：'临渊羡鱼，不如退而结网。'"我极想"退而结网"，可惜找不到结网用的绳子，一生只能做一个羡鱼者。我自己对我这种个性也并不满意。我常常把自己比做一盆花，只有枝干而没有绿叶，更谈不到有什么花。

在哥廷根的十年，我这种怪脾气发挥得淋漓尽致。哥廷根是一个小城，除了一个剧院和几个电影院以外，任何消遣的地方都没有。我又是一介穷书生，没有钱，其实也是没有时间冬夏两季到高山和海滨去旅游。我所有的仅仅是时间和书籍。学校从来不开什么会，有一些学生会偶尔举行晚会跳舞。我去了以后，也只能枯坐一旁，呆若木鸡。这里中国学生也极少，有一段时间，全城只有我一个中国人。这种孤独寂静的环境，正好给了我空前绝后的读书的机会。我在国内不是没有读过书，但是，从广度和深度两个方面来看，什么时候也比不上在哥廷根。

我读书有两个地方，分两大种类，一个是有关梵文、巴利文和吐火罗文等等的书籍，一个是汉文的书籍。我很少在家里读书，因为我没有钱买专业图书，家里这方面的书非常少。在家里，我只在晚上临睡前读一些德文的小说，Thomas Mann 的名著 Buddenbrooks 就是这样读完的。我早晨起床后在家里吃早点，早点极简单，只有两片面包和一点黄油和香肠。到了后来，第二次世界大战爆发后，首先在餐桌上消逝的是香肠，后来是黄油，最后只剩一片有鱼腥味的面包了。最初还有茶可喝，后来只能喝白开水了。早点后，我一般是到梵文研究所去，在那里一呆就是一天，午饭在学生食堂或者饭馆里吃，吃完就回研究所。整整十年，不懂什么叫午睡，德国人也没有午睡的习惯。

我读梵文、巴利文、吐火罗文的书籍，一般都是在梵文研究所里。因此，我想先把梵文研究所图书收藏的情况介绍一下。哥廷根大学的各个研究所都有自己的图书室。梵文图书室起源于何时、何人，我当时就没有细问。可能是源于 Franz Kielhorn，他是哥廷根大学的第一个梵文教授。他在印度长年累月搜集到的一些极其珍贵的碑铭的拓片，都收藏在研究所对面的大学图书馆里。他的继任人 Hermann Oldenberg 在他逝世后把大部分藏书都卖给了或者赠给了梵文研究所。其中最珍贵的还不是已经出版的书籍，而是零篇的论文。当时 Oldenberg 是国际上赫赫有名的梵学大师，同全世界各国的同行们互通声气，对全世界梵文研究的情况了如指掌。广通声气的做法不外一是互相邀请讲学，二是互赠专著和单篇论文。专著易得，而单篇论文，由于国别太多，杂志太多，搜集颇为困难。只有像 Oldenberg 这样的大学者才有可能搜集比较完备。Oldenberg 把这些单篇论文都装订成册，看样子是按收到时间的先后顺序装订起来的，并没有分类。皇皇几十巨册，整整齐齐地排列书架上。我认为，这些零篇论文是梵文研究所的镇所之宝。除了这些宝贝以外，其他梵文、巴利文一般常用的书都应有尽有。其中也不乏名贵的版本，比如 Max Müller 校订出版的印度最古的典籍《梨俱吠陀》原刊本，Whitney 校订的《阿闼婆吠陀》原刊本。Boehtlingk 和 Roth 的被视为词典典范的《圣彼得堡梵文大词典》原本和缩短本，也都是难得的书籍。至于其他字典和工具书，无不应有尽有。

我每天几乎是一个人坐拥书城，"躲进小楼成一统"，我就是这些宝典的伙伴和主人，它们任我支配，其威风虽南面王不易也。整个 Gauss-Weber-Haus 平常总是非常寂静，里面的人不多，而德国人又不习惯于大声说话，干什么事都只静悄悄的。门外介于研究所与大学图书馆之间的马路，是通往车站的交通要道；但是哥廷根城还不见汽车，于是本应该喧阗的马路，也如"结庐在人境，而无车马喧"。这真是一个读书的最理想的地方。

除了礼拜天和假日外，我每天都到这里来。主要工作是同三大厚册的 Mahāvastu 拼命。一旦感到疲倦，就站起来，走到摆满了书的书架旁，信手抽出一本书来，或浏览，或仔细阅读。积时既久，我对当时世界上梵文、巴利文和佛教研究的情况，心中大体上有一个轮廓。世界各国的有关著作，这里基本上都有。而且德国还有一种特殊的购书制度，除了大学图书馆有充足的购书经费之外，每一个研究所都有自己独立的购书经费，教授可以任意购买他认为有用的书，不管大学图书馆是否有复本。当 Waldschmidt 被征从军时，这个买书的权利就转到了我的手中。我愿意买什么书，就买什么书。书买回来以后，编目也不一定很科学，把性质相同或相类的书编排在一起就行了。借书是绝对自由的，有一个借书簿，自己写上借出书的书名、借出日期；归还时，写上一个归还日期就行了。从来没有人来管，可是也从来没有丢过书，不管是多么珍贵的版本。除了书籍以外，世界各国有关印度学和东方学的杂志，这里也应有尽有。总之，这是一个很不错的专业图书室。

我就是在这样的情况下畅游于书海之中。我读书粗略地可以分为两类：一类是细读的，一类是浏览的。细读的数目不可能太多。学梵文必须熟练地掌握语法。我上面提到的 Stenzler 的《梵文基础读本》，虽有许多优点，但是毕竟还太简略；入门足够，深入却难。在这时候必须熟读 Kielhorn 的《梵文文法》，我在这一本书上下过苦功夫，读了不知多少遍。其次，我对 Oldenberg 的几本书，比如《佛陀》等等都从头到尾细读过。他的一些论文，比如分析 Mahāvastu 的文体的那一篇，为了写论文，我也都细读过。Whitney 和 Wackernagel 的梵文文法，Debruner 续 Wackernagel 的那一本书，以及 W. Geiger 的关于巴利文的著作，我都下过功夫。但是，我最服膺的还是我的太老师 Heinrich Lüders，他的书，我只要能得到，就一定仔细阅读。他的论文集 PhilologicaIndica 是一部很大的书，我从头到尾仔细读过一遍，有的文章读过多遍。像这样研究印度古代语言、宗教、文学、碑铭等的对一般人来说都是极为枯燥、深奥的文章，应该说是最乏味的东西。喜欢读这样文章的人恐怕极少极少，然而我却情有独钟；我最爱读中外两位大学者的文章，中国是陈寅恪先生，西方就是 Lüders 先生。这两位大师实有异曲同工之妙。他们为文，如剥春笋，一层层剥下去，愈剥愈细；面面俱到，巨细无遗；叙述不讲空话，论证必有根据；从来不引僻书以自炫，所引者多为常见书籍；别人视而不见的，他们偏能注意；表面上并不艰深玄奥，于平淡中却能见神奇；有时真如“山重水复疑无路”，转眼间“柳暗花明又一村”；迂回曲折，最后得出结论，让你顿时觉得豁然开朗，口服心服。人们一般读文学作品能得到美感享受，身轻神怡。然而我读两位大师的论文时得到的美感享受，与读文学作品时所得到的迥乎不同，却似乎更深更高。也许有人会认为这是我个人的怪癖；我自己觉得，这确实是“癖”，然而毫无“怪”可言。“此中有真意，欲辩已忘言”，实不足为外人道也。

上面谈的是我读梵文著作方面的一些感受。但是，当时我读的书绝不限于梵文典籍。我在上面已经说到，哥廷根大学有一个汉学研究所。所内有一个比梵文研究所图书室大到许多倍的汉文图书室。为什么比梵文图书室大这样多呢？原因是大学图书馆中没有收藏汉籍，所有的汉籍以及中国少数民族的语言，如藏文、蒙文、西夏文、女真文之类的典籍都收藏在汉学研究所中。这个所的图书室，由于 Gustav Haloun 教授的惨淡经营，大量从中国和日本购进汉文典籍，在欧洲颇有点名气。我曾在那里会见过许多世界知名的汉学家，比如英国的 Athur Waley 等等。汉学研究所所在的大楼比 Gauss-Weber-Haus 要大得多，也宏伟得多；房子极高极大。汉学研究所在二楼上，上面还有多少层，我不清楚。我始终也没有弄清楚，偌大一座大楼是做什么用的。十年之久，我不记得，除了打扫卫生的一位老太婆，还在这里见到过什么人。院子极大，有极高极粗的几棵古树，样子都有五六百年的树龄，地上绿草如茵。楼内楼外，干干净净，比梵文研究所更寂静，也更幽雅，真是读书的好地方。

我每个礼拜总来这里几次，有时是来上课，更多地是来看书。我看得最多的是日本出版的《大正新修大藏经》。有一段时间，我帮助 Waldschmidt 查阅佛典。他正写他那一部有名的关于释迦牟尼涅槃前游行的叙述的大著。他校刊新疆发现的佛经梵文残卷，也需要汉译佛典中的材料，特别是唐义净译的那几部数量极大的"根本说一切有部的律"。至于我自己读的书，则范围广泛。十几万册汉籍，本本我都有兴趣。到了这里，就仿佛回到了祖国一般。我记得这里藏有几部明版的小说。是否是宇内孤本，因为我不通此道，我说不清楚。即使是的话，也都埋在深深的"矿井"中，永世难见天日了。自从 1937 年 Gustav Haloun 教授离开哥廷根大学到英国剑桥大学去任汉学讲座教授以后，有很长一段时间，汉学研究所就由我一个人来管理。我每次来到这里，空荡荡的六七间大屋子就只有我一个人，万籁俱寂，静到能听到自己心跳的声音。在绝对的寂静中，我盘桓于成排的大书架之间，架上摆的是中国人民智慧的结晶，我心中充满了自豪感。我翻阅的书很多；但是我读得最多的还是一大套上百册的中国笔记丛刊，具体的书名已经忘记了。笔记是中国特有的一种著述体裁，内容包罗万象，上至宇宙，下至鸟兽虫鱼，以及身边琐事、零星感想，还有一些历史和科技的记述，利用得好，都是十分有用的资料。我读完了全套书，可惜我当时还没有研究"糖史"的念头，很多有用的资料白白地失掉了。及今思之，悔之晚矣。

我在哥廷根读梵、汉典籍，情况大体如此。

回到祖国

季羡林先生在书房

1946～1949 年

　　我于 1945 年秋，在呆了整整十年之后，从哥廷根到了瑞士，等候机会回国；在瑞士 Fribourg 住了几个月，于 1946 年春夏之交，经法国马塞和越南西贡，又经香港，回到祖国。先在上海和南京住了一个夏天和半个秋天。当时解放战争正在激烈进行，津浦铁路中断，我有家难归。当时我已经由恩师陈寅恪先生介绍，北大校长胡适之先生、代理校长傅斯年先生和文学院院长汤锡予（用彤）先生接受，来北大任教。在上海和南京住的时候，我一点收入都没有。我在上海卖了一块从瑞士带回来的自动化的 Omega 金表。这在当时国内是十分珍贵、万分难得的宝物。但因为受了点骗，只卖了十两黄金。我将此钱的一部分换成了法币，寄回济南家中。家中经济早已破产，靠摆小摊，卖炒花生、香烟、最便宜的糖果之类的东西，勉强糊口。对于此事，我内疚于心久矣。只是阻于战火，被困异域。家中盼我归来，如大旱之望云霓。现在终于历尽千辛万苦回来了，我焉能不首先想到家庭！家中的双亲——叔父和婶母，妻、儿正在嗷嗷待哺哩。剩下的金子就供我在南京和上海吃饭之用。住宿，在上海是睡在克家家中的榻榻米上；在南京是睡在长之国立编译馆的办公桌上，白天在台城、玄武湖等处游荡。我出不起旅馆费，我还没有上任，根本拿不到工资。

　　在这样的情况下，我无书可读，无处可读。我是多么盼望能够有一张哪怕是极其简陋的书桌啊！除了写过几篇短文外，一个夏天，一事无成。一个人的生命是有限的。古人说："一寸光阴一寸金，寸金难买寸光阴。"我自己常常说，浪费时间，等于自杀。然而，我处在那种环境下，又有什么办法呢？我真成了"坐宫"中的杨四郎。

我于 1946 年深秋从上海乘船北上，先到秦皇岛，再转火车，到了一别十一年的故都北京。从山海关到北京的铁路由美军武装守护，尚能通车。到车站去迎接我们的有阴法鲁教授等老朋友。汽车经过长安街，于时黄昏已过，路灯惨黄，落叶满地，一片凄凉。我想到了唐诗"落叶满长安"，这里的"长安"，指的是"长安城"，今天的"西安"。我的"长安"是北京东西长安街。游子归来，古城依旧，而岁月流逝，青春难再。心中思绪万端，悲喜交集。一转瞬间，却又感到仿佛自己昨天才离开这里。叹人生之无常，嗟命运之渺茫。过去十一年的海外经历，在脑海中层层涌现。我们终于到了北大的红楼。我暂时被安排在这里住下。

按北大当时的规定，国外归来的留学生，不管拿到什么学位，最高只能定为副教授。清华大学没有副教授这个职称，与之相当的是专任讲师。至少要等上几年，看你的教书成绩和学术水平，如够格，即升为正教授。我能进入北大，已感莫大光荣，焉敢再巴蛇吞象有什么非分之想！第二天，我以副教授的身份晋谒汤用彤先生。汤先生是佛学大师。他的那一部巨著《汉魏两晋南北朝佛教史》，集义理、辞章、考据于一体，蜚声宇内，至今仍是此道楷模，无能望其项背者。他的大名我仰之久矣。在我的想象中，他应该是一位面容清癯、身躯瘦长的老者；然而实际上却恰恰相反。他身着灰布长衫，圆口布鞋，面目祥和，严而不威，给我留下了十分深刻的印象。暗想在他领导下工作是一种幸福。过了至多一个星期，他告诉我，学校决定任我为正教授，兼文学院东方语言文学系的系主任。这实在是大大地出我意料。要说不高兴，那是过分矫情；要说自己感到真正够格，那也很难说。我感愧有加，觉得对我是一种鼓励。不管怎样，副教授时期之短，总可以算是一个记录吧。

思想斗争

我在这里讲的"思想斗争"，不是后来我们所理解的那一套废话，而是有关我的学术研究的。我曾多次提到，在印度学领域内，我的兴趣主要在印度古代及中世佛典梵文上，特别是在"混合梵文"上。上述我的博士论文以及我在哥廷根写的几篇论文可以为证。然而做这样的工作需要大量的专业的专著和杂志。哥廷根大学图书馆和梵文研究所图书室是具备这个条件的。在哥廷根十年，我写论文用了上千种专著和杂志，只有一次哥廷根缺书而不得不向普鲁士国家图书馆去借，可见其收藏之富。反观我国，虽然典籍之富甲天下，然而，谈到印度学的书刊，则几乎是一片沙漠。这个问题，我在离开欧洲时已经想到了。我的所谓"思想斗争"就是围绕着这个问题而开始萌动的。

我虽少无大志，但一旦由于天赐良机而决心走上学术研究的道路，就像是过河卒子，只能勇往向前，义无反顾。可是我要搞的工作，不是写诗，写小说，只要有灵感就行，我是需要资料的，而在当时来说，只有欧洲有。而我现在又必须回国，顾彼失此，顾此失彼，"我之进退，实为狼狈"。正像哈姆莱特一样，摆在我眼前的是：走呢，还是不走？That is a question。在激烈的思想斗争之余，想到祖国在灾难中，在空前的灾难中，我又是亲老、家贫、子幼。如果不回去，我就是一个毫无良心的、失掉了人性的人。如果回去，则我的学术前途将付诸东流。最后我想出了一个折中的方案：先接受由 G. Haloun 先生介绍的英国剑桥大学的聘约，等到回国后把家庭问题处理妥善了以后，再返回欧洲，从事我的学术研究。这实在是在万般无奈的情况下想出来的一个办法。

一回到祖国，特别是在 1947 年暑假乘飞机返回已经离开十二年的济南以后，看到了家庭中的真实情况，比我想象的还要严重得多，我立即忍痛决定，不再返回欧洲。我不是一个失掉天良的人，我为人子、为人夫、为人父的责任，必须承担起来。我写信给 Haloun 教授，告诉了他我的决定，他回信表示理解和惋惜。有关欧洲的"思想斗争"，就这样结束了。

然而，新的"思想斗争"又随之而起。我既然下定决心，终生从事研究工作，我的处境已如京剧戏言中所说的："马行在夹道内，难以回马"。研究必有对象，可是我最心爱的对象印度古代混合梵文已经渺如海上三山，可望而不可及了。新的对象在哪里呢？我的兴趣一向驳杂，对好多学问，我都有兴趣。这更增加了选择的困难。只因有了困难，才产生了"思想斗争"。这个掂一掂，那个称一称，久久不能决定。我必须考虑两个条件：一个是不能离开印度，一个是国内现成的资料不够充足。离开了印度，则我十年所学都成了无用之物。资料不够充足，研究仍会遇到困难。我的考虑或者我的"思想斗争"，都必须围绕着这两个条件转。当时我初到一个新的环境中，对时间的珍惜远远比不上现在。"斗争"没有结果，就暂时先放一放吧。

终于找到了出路

当时北大文学院和法学院的办公室都在沙滩红楼后面的北楼。校长办公室则在孑民纪念堂前的东厢房内，西厢房是秘书长办公室。所谓"秘书长"，主要任务同今天的总务长差不多，处理全校的一切行政事务。秘书长以外，还有一位教务长，主管全校的教学工作。没有什么副校长。全校有六个学院：文、理、法、农、工、医。这样庞大的机构，管理人员并不多，不像现在大学范围内有些嘴损的人所说的：校长一走廊，处长一讲堂，科长一操场。我无意宣扬旧时代有多少优点，但是，上面这个事实确实值得我们深思。

北大图书馆就在北楼前面，专门给了我一间研究室。我能够从书库中把我所用的书的一部分提出来，放在我的研究室中。我了解到，这都是出于文学院院长汤锡予先生和图书馆馆长毛子水先生的厚爱。现在我在日本和韩国还能见到这情况，中国的大学，至少是在北大，则是不见了。这样做，对一个教授的研究工作，有极大的方便。汤先生还特别指派了一个研究生马理女士做我的助手，帮我整理书籍。马理是已故北大国文系主任马裕藻教授的女儿，赫赫有名的马珏的妹妹。

北大图书馆藏书甲大学的天下。但是有关我那专门研究范围的书，却如凤毛麟角。全国第一大图书馆北京图书馆，比较起来，稍有优越之处；但是，除了并不完整的巴利文藏经和寥寥几本梵文书外，其他重要的梵文典籍一概不见。燕京大学图书馆是注意收藏东方典籍的。可是这情况是1952年院系调整后才知道的，新中国成立前，我毫无所知。即使燕大收藏印度古代典籍稍多，但是同欧洲和日本的图书馆比较起来，真如小巫见大巫，根本不可能同日而语。

在这样的情况下，我真如虎落平川、龙困沙滩，纵有一身武艺，却无用武之地。我虽对古代印度语言的研究恋恋难舍，却是一筹莫展。我搞了一些翻译工作，翻译了马克思论印度的几篇论文，翻译了德国女作家安娜·西格斯的短篇小说。我还翻译了恩格斯的用英文写成的《英国工人阶级状况》，只完成了一本粗糙的译稿，后来由中共中央马列著作翻译局拿了去整理出版，收入《马克思恩格斯全集》中。这些工作都不是我真正兴趣之所在，不过略示一下我是一个闲不住的人而已。

这远远不能满足我那种闲不住的心情。当时的东方语言文学系，教员不过五人，学生人数更少。如果召开全系大会的话，在我那只有十几平方米的系主任办公室里就绰绰有余。我开了一班梵文，学生只有三人。其余的蒙文、藏文和阿拉伯文，一个学生也没有。我"政务"清闲，天天同一位系秘书在办公室里对面枯坐，既感到极不舒服，又感到百无聊赖。当时文学院中任何形式的会都没有，学校也差不多，有一个教授会，不过给大家提供见面闲聊的机会，一点作用也不起的。

汤用彤先生正开一门新课《魏晋玄学》。我对汤先生的道德文章极为仰慕。他的著作虽已读过，但是，我在清华从未听过他的课，极以为憾。何况魏晋玄学的研究，先生也是海内第一人。课堂就在三楼上，我当然不会放过。于是征求了汤先生的同意，我每堂必到。上课并没有讲义，他用口讲，我用笔记，而且尽量记得详细完整。他讲了一年，我一堂课也没有缺过。汤先生与胡适之先生不同，不是口若悬河的人。但是他讲得细密、周到，丝丝入扣，时有精辟的见解，如石破天惊，令人豁然开朗。我的笔记至今还保存着，只是"只在此室中，书深不知处"了。此外，我因为感到自己中国音韵学的知识欠缺，周祖谟先生适开此课，课堂也在三楼上，我也得到了周先生的同意去旁听。周先生比我年轻几岁，当时可能还不是正教授。别人觉得奇怪，我则处之泰然。一个系主任教授随班听课，北大恐尚未有过，但是，这有什么关系呢？能者为师。在学问上论资排辈，为我所不取。

然而我心中最大的疙瘩还没有解开：旧业搞不成了，我何去何从？在哥廷根大学汉学研究所图书室阅书时，因为觉得有兴趣，曾随手从《大藏经》中，从那一大套笔记丛刊中，抄录了一些有关中印关系史和德国人称之为"比较文学史"（Vergleichende Literaturgeschichte）的资料。当时我还并没有想毕生从事中印关系史和比较文学史的研究工作，虽然在下意识中觉得这件工作也是十分有意义的，非常值得去做的。回国以后，尽管中国图书馆中关于印度和比较文学史的书籍极为匮乏，但是中国典籍则浩瀚无量。倘若研究中印文化关系史和比较文学史，至少中国这一边的资料是取之不尽、用之不竭的，而且这个课题至少还同印度沾边，不致十年负笈，前功尽弃。我反复思考，掂斤播两，觉得这真是一个极为灵妙的主意。虽然我心中始终没有忘记印度古代语言的研究，但目前也只能顺应时势，有多大碗吃多少饭了。

我终于找到了出路。

出路的表现

对于一个搞学术研究的人来说，出路只能至少是主要表现在论文上。我检查了一下从1946年到1949年所写的文章，我必须根据论文实际写作的情况，来探寻我那出路的轨迹。有一点我必须首先在这里说明白。我现在写的是"学术自述"，而不是别的。什么叫"学术"？可能每个人都有自己的理解。我只能根据我自己的理解来决定去取。凡是文学创作，比如写点散文什么的，都不包括在内。连写一些杂文一类的东西，也不包括在内。

就根据这个标准，我把这四年的回忆依照时间顺序写在下面。

1946 年

这一年一大半是在旅途中度过，一直到年末，才算是得到了安定。但是，在车船倥偬中，竟然写了一些文章，殊出我意料。但是，按照我在上面给"学术"下的定义，真正够格的只有两篇。

1.《一个故事的演变》

这个故事流传的时间极长，地域极广。小学教科书里面都用它来作教材。后来我在《梅硐诗话》里又读到了引用东坡诗注的一段话，讲的也是这个故事。《诗话》引刘后村的诗："辛苦谋身无瓮算，殷勤娱耳有瓶声。""瓮算"指的就是这个故事。江盈的《雪涛小说》中也有这个故事，内容大同而小异。印度《嘉言集》和《五卷书》中也找到了同样的故事，内容请参阅我的原作，这里不赘述。我只想指出一点，中国的那两部书就是我在哥廷根读到的。当时万没有想到，后来竟派上了用场。

2.《梵文〈五卷书〉——一部征服了世界的寓言童话集》

这一篇文章是根据德国"比较文学史"的创立者 Th. Benfey 的关于《五卷书》的一篇长文介绍的。严格说起来，它不能算是一篇学术论文。但是，后来兴起的比较文学中的影响研究，我认为，创始人不是别人，正是 Benfey。所以我把它列在这里。

1947 年

这一年文章的数量不算少，符合学术条件的有以下几篇。

1.《一个流传欧亚的笑话》

这也属于比较文学史的范围。比较文学史与民间文学有密切的联系，二者简直可以成为一体。《五卷书》里面的故事，我认为，基本上都属于民间文学。普通老百姓创造故事的能力是无与伦比的。

这个笑话是我在德国听到的。内容极简单：一个白人与一个黑人同住旅舍中的一间屋内。夜里，黑人把白人的脸用墨涂黑，偷了他的东西，溜之大吉。白人醒来，看到自己的东西都已不见，照了照镜子，惊诧地说道："原来黑人在这里，可我到哪里去了呢？"在哥廷根汉学研究所翻阅杂书时，读到《续说郛》中收的刘元卿的《应谐录》，发现里面有几乎完全相同的笑话，只不过把黑人换成和尚而已。

2.《木师与画师的故事》

这同样属于比较文学史的范围，是中印两国的民间故事流传的一个例证。

3.《从比较文学的观点上看寓言和童话》

这仍然属于比较文学史的范围。我径直称之为"比较文学"，由此可见我当时对"比较文学史"和"比较文学"的看法。

在这篇文章里，我介绍了几个跨越国界、流传时间又极长的故事。第一个就是著名的"曹冲称象"的故事。它堂而皇之地见诸中国的正史《三国志·魏志》中，它的真实性由此得到了加强。实则同样内容只换了人名的故事，却见于汉译《大藏经》中。我介绍的第二个故事是狼与鹤的故事。这个故事见于古希腊的《伊索寓言》中。印度也有，见于巴利文《本生经》及其他不少的佛典中。关于称象的故事，日本也有，有名的"一休传说"中就有这个故事。（请参阅陈寅恪先生的《三国志曹冲华佗传与佛教故事》）

在这篇文章里，我讨论寓言和童话起源的问题。这个问题在许多书中和论文中都曾谈到过。从理论上来讲，不外是一元产生论和多元产生论。我个人认为，多元产生是不能想象的。只有一元产生才是合情合理的。剩下的只有一元产生，也就是最初产生在一个国家、一个地域，然后向外辐射扩散。这一个国家或地域究竟在哪里呢？恐怕不能笼而统之地说，所有的寓言和童话都产生在一个国家和地域内，那是不可能的。但是，如果讲大多数的寓言和童话都产生在一个国家和地域内，则是近情近理的。现在的问题是：这一个国家和地域究竟是哪一个呢？西方国家的学者谈到的不出两个：一个印度，一个希腊。他们的意思并不一致。据我的观察，Winternitz 依违于印度、希腊之间。Benfey 则说得清楚而坚定："世界上一切童话和故事的老家是印度，一切寓言的老家是希腊。"他同样依违于印、希两国之间，但把童话和寓言区分开来。这个区分是十分牵强的，因为二者从根本上是难以区分的，决不是泾渭分明的。我个人则倾向于印度，因为印度的民族性极善幻想，有较其他民族丰富得多的、深邃得多的幻想力。鲁迅先生在 1926 年写成的《〈痴华鬘〉题记》中一开头就说："尝闻天竺寓言之富，如大林深泉，他国艺文，往往蒙其影响，即翻为华言之佛经中，亦随在可见"。我认为，鲁迅的意见是根据事实立论，极可信赖。

4.《柳宗元〈黔之驴〉取材来源考》

柳宗元的《黔之驴》是一篇非常著名的文章，读古文者恐怕没有人不读的。但是，迄今我还没有见到有人探索这篇文章来源的文章。我个人提出了一个看法：它的来源也与印度有关。我在印度许多书中找到了类似的故事：《五卷书》第四卷，第七个故事；《嘉言集》中也有一个类似的故事。可是，在古希腊柏拉图的《对话》中有所暗示，完整的故事存在于《伊索寓言》中。在法国拉封丹的《寓言》中也有这个故事。可见这个故事，至少是它的母题，传布时间之长和地域之广。

1948 年

1.《〈儒林外史〉取材的来源》

在这篇文章中，我想指出，虽然吴敬梓的书多有历史事实的根据；但是，他是在写小说，因此他从其他书中也抄来了一些材料。

2.《从中印文化关系谈到中国梵文的研究》

这里我明确地提出了中印文化关系，表示我正在寻求出路中的一些想法。

3.《"猫名"寓言的演变》

这篇文章也属于比较文学史的范围。我先在明刘元卿的《应谐录》中发现了"猫名"的寓言。这当然也是在哥廷根大学汉学研究所图书室中读书的收获。接着在日本的书中找到了这个寓言。最后，又在印度的许多书中找到了它，这些书包括《故事海》、《五卷书》、《说薮》等等。在世界上其他国家同样有这个故事。

4.《佛教对于宋代理学影响之一例》

这一篇文章属于中印文化交流的范围。

5.《论梵文td的音译》

这是我到北大后三年内写得最长的一篇学术论文，是为纪念北京大学建校五十周年校庆而做。当时北大教授写了不少纪念论文，总名之曰"论文集"，实则都是单篇印行，没有成"集"。

这篇论文讨论的主要是利用佛典中汉文音译梵文的现象来研究中国古音。钢和泰（A. von Staël-Holstein）先生想用音译来构拟中国古音，但必须兼通古代印度俗语才能做到。

梵文的顶音 t 和 d 在汉译佛典中一般都是用舌上音知彻澄母的字来译。t 多半用"吒"字，d 多半用"荼"字。但是在最古的译本中却用来母字来对梵文的 t 和 d。这就有了问题，引起了几位有名的音韵学家的讨论和争论。罗常培先生、周法高先生、陆志韦先生、汪荣宝先生等都发表了意见，意见颇不一致。我习惯于"在杂志缝里找文章"，这一次我又找到了比较满意的正确的答案。

原来上述诸位先生仅仅从中国音韵学上着眼，没有把眼光放大，看一看 t 和 d 在古代印度和中亚以及中国新疆地区演变的规律；没有提纲，当然无法挈领。在古代印度和中亚一带，有一个简单明了的音变规律：t>d>l>l。用这一条规律来解释汉译佛典中的音变现象，涣然冰释。我在文章中举了大量的例证，想反驳是不可能的。

罗常培先生对此文的评价是："考证谨严，对斯学至有贡献"。

1949 年

《列子与佛典》

《列子》是一部伪造的书，这久成定论，无人反对。但是伪造的时间和人究竟是何时和何人，却缺乏深入的探讨。我在《列子》和竺法护译的《生经》中都找到了《国王五人经》的故事，前者抄袭后者，决无可疑。《生经》译出时间是能确定的，因此伪造《列子》的时间也就随之而能确定。《生经》译于西晋太康六年（285 年），因此《列子》的成书不会早于这一年。至于《列子》的作者，就是故弄玄虚的张湛。

胡适之先生写信给我说："《生经》一证，确凿之至。"

出路主流中的一个小漩涡——《浮屠与佛》

初回到北京，我根本没有考虑吐火罗文的问题，我早已在思想上把它完全放弃了。我偶然读《胡适论学近著》，里面有谈到汉译"浮屠"与"佛"字谁先谁后的文章，而且与陈援庵（垣）先生关于这个问题有所争论，好像双方都动了点感情。这一下子引起了我的兴趣。我想到吐火罗文 ptāñkät 这个词，也写作 pättāñkät；这个词是由两部分或两个字组成的，前一半是 ptā 或 pättā，后一半是 ñkät。ñkät 是"神"，旧译"天"，ptā 或 pättā 是梵文 Buddha 的吐火罗文写法。中国过去有些人总以为 Buddha 的音译是"浮屠"、"佛陀"等等，而"佛"字只是"佛陀"的省略。可是在中国古代汉译佛典中，"佛"字先出，而"佛陀"则后出，说前者不可能是后者的省略，毋宁说后者是前者的延伸。那么，"佛"字应该说首先出于吐火罗文的 pät，因为最初佛教并不是直接由印度传来的，而是通过月支的媒介。在这样的考虑下，我就写成了这一篇论文《浮屠与佛》。文中也不是没有困难。对应汉文"佛"字的应该是以浊音 b 开头，而不是清音 p。为此我还颇伤了一番脑筋，特别请周祖谟先生为我解决了这个问题。当时我眼界不宽，其实是"天下本无事，庸人自扰之"。到了几十年以后，这个问题才终于得到了圆满的解决（见下面回忆）。

文章虽写了，我却并没有自信。乘到清华园晋谒陈寅恪师之便，向他读了一遍我的论文，他当时眼睛已完全失明。蒙他首肯，并推荐给了当时学术地位最高的"中央研究院"历史语言研究所集刊，发表在第二十本上。

1950～1956 年

陷入会议的漩涡中

1949 年迎来了解放。当时我同北大绝大多数的教授一样，眼前一下子充满了光明，心情振奋，无与伦比。我觉得，如果把自己的一生分为两段或者两部分的话，现在是新的一段的开始。当时我只有三十八岁，还算不上中年，涉世未深，幻想特多，接受新鲜事物，并无困难。

我本来是一个性格内向的人，最怕同人交际；又是一个上不得台面的人。在大庭广众中、在盛大的宴会或招待会中，处在衣装整洁、珠光宝气的男女社交家或什么交际花包围之中，浑身紧张，局促不安，恨不得找一个缝钻入地中。看见有一些人应对进退，如鱼得水，真让我羡煞。但是命运或者机遇却偏偏把我推到了行政工作的舞台上；又把我推进了社会活动的中心，甚至国际活动的领域。

人民政府一派人来接管北大，我就成了忙人。一方面处理系里的工作。有一段时间，由于国家外交需要东方语言的人才，东语系成为全校最大的系。教员人数增加了十倍，学生人数增加了二百多倍，由三四人扩涨到了八百人。我作为系主任，其工作之繁忙紧张，概可想见。另一方面，我又参加了教授会的筹备组织工作，并进一步参加了教职员联合会的筹备组织工作。看来党组织的意图是成立全校的工会。但是，到了筹建教职员联合会这个阶段遇到了巨大的阻力：北大工人反对同教职员联合。当时"工人阶级必须领导一切"的口号喊得震天价响。教职员被认为是资产阶级的，哪里能同工人平起平坐呢？这样一来，岂不是颠倒了领导者与被领导者的地位！这哪里能行！在工人们眼中，这样就是黄钟毁弃，瓦釜雷鸣，是绝对不行的。幸而我国当时的最高领导人之一及时发了话："大学教授不是工人，而是工人阶级。"有了"上头的"指示，工人不敢再顶。北大工会终于成立起来了。我在这一段过程中是活跃分子。我担任过北大工会组织部长、秘书长、沙滩分会主席，出城以后又担任过工会主席。为此我在"文化大革命"中还多被批斗了许多次。这是对我非圣无德行为的惩罚，罪有应得，怪不得别人。此是后话，暂且不谈了。

当时北大常常请一些革命老前辈到沙滩民主广场来做报告，对我们进行教育。陈毅元帅就曾来过，受到全校师生极其热烈的欢迎。其次给我留下印象最深刻的是周扬同志的报告，记得不是在民主广场，而是在一个礼堂中。他极有风趣地说："国民党的税多，共产党的会多。"他这一句话，从许多人口中都听到过，它确实反映了实际情况。一直到今天，半个世纪快要过去了，情况一点没有改变。有许多次领导上号召精简会议，然而收效极微。暂时收敛，立即膨胀，成为一个极难治疗的顽症。

学校秩序还没有十分安定，中央领导立即决定，在全国范围内开展"三反"、"五反"、思想改造运动。

在北大，在奉行极"左"路线的年代，思想改造，教授几乎是人人过关。自我检查，群众评议。这种自我检查，俗名叫"洗澡"。"洗澡"有"大盆"、"中盆"、"小盆"之别。校一级领导，以及少数同国民党关系比较亲密的教授们，自然必然是"大盆"。换言之，就是召开全校大会，向全校师生做自我检查。检查得深刻才能过关。深刻与否，全由群众决定。一次过不了关，再来第二次、第三次，一直检查到声泪俱下，打动了群众的心，这个"澡"才算洗完。有一位就在自己的检查稿上加上旁注："哭！再哭！"成为一时的"美谈"。

我，作为一个知识分子，当然是"有罪"的。可惜罪孽还不够深重，地位也不够高，只能凑合着洗一个"中盆"。检查两次就通过了。我检查稿上没有注上"哭！"我也没有真哭，这样通过，算是顺利的了。

自己洗完了"澡"以后,真颇觉得神清气爽,心中极为振奋。我现在已经取得了资格,可以参加领导东语系的思想改造运动了;后来甚至于成了文、法两个学院的领导小组组长。秘书或副组长是法学院院长秘书余叔通同志,他曾是地下党员,是掌握实权的人物。这样一来,我当然更加忙碌了,表现出来就是开会越来越多了。白天开会,晚上开会,天天开会。

我真正陷入了会议的漩涡里了。

开了三四十年的会以后,我曾对人说过:我现在的专业是开会,专门化也是开会。可惜大学里没有开设"开会学"这一门课,如果开的话,我是最理想的主讲教授。我对开会真正下了功夫,费了时间。从上到下,从里到外,从大到小,从长到短,从校内到校外,从国内到国外,形式不同,内容各异,我都能应付裕如,如鱼在水,提其纲而挈其领,钩其要而探其玄,理论和实践,都达到了极高的水平。如果教委和国务院学位委员会批准建立"开会学"博士点,我相信,我将是第一个合格的"博导"。

对 1949 年再做一点补充

在这一年,我写了两篇可以算是学术性的文章。其中一篇《列子与佛典》,上面已经谈过。如果把 1949 年分为两半的话,还有一篇文章可以说是属于后一半,这篇文章是:《三国两晋南北朝正史与印度传说》。

在中国历史上,为了迷惑和欺骗人民大众,最高统治者皇帝——我看首先是他们那一批专会阿谀奉承的奴才们——想方设法,编造神话,增加自己的神秘性,以利于统治。他们往往首先从统治者的躯体上做文章,说他们生得怎样怎样与普通人不同,说他们是上天派下来专门做统治者的。这样的例子极多,特别是对创业开国之主,更是如此。我在这里只举一个例子,以概其余。《史记·高祖本纪》说:"高祖为人隆准而龙颜,美须髯,左股有七十二黑子。"这一个地痞流氓出身的皇帝居然也有"异相"了。

这是佛教传入前的情况，可以说是"土法"。佛教传入中国以后，又来了"洋法"，当时应该说是"胡法"或者"海法"。《三国演义》这一部家喻户晓的小说中说，刘备"两耳垂肩，双手过膝"，表明他与普通人不同的贵相，这是一个开国英主不能不具备的。我们平常人只知道，猪才能"两耳垂肩"，猿猴才能"双手过膝"，世界上哪能有这样的人呢？此即所谓"贵人福相"也。后来我又在许多正史里发现了类似的情况——《三国志·魏书·明帝纪》《三国志·蜀书·先主纪》《晋书·武帝纪》《陈书·高祖纪》《陈书·宣帝纪》《三国志·魏书·太祖纪》《北齐书·神武纪》《周书·文帝纪》等等中都能够找到。

这是什么原因呢？上面提到的这一段历史时期，正是印度佛教汹涌澎湃地向中国传入时期，找影响来源，必然首先想到印度。当然，在中国古代类似的情况也是有的，但不这样集中。

印度别的宗教先不谈，只谈佛教一家。他们认为，释迦牟尼不是常人，而是一个"大人物"（mahāpuruṣa），"大人物"当然与平常人不同，他身体上有三十二"相"八十种"好"，"相"和"好"都指的是特异之处。"相"，在梵文中叫 lakṣaṇa，"好"叫 anuvyañjana。一一列举，过于烦琐。只举三十二相（Mahāpuruṣalakṣaṇa）中的几相，给大家一点具体的印象。三十二相，各经排列顺序不尽相同。按照《翻译名义大集》的顺序，第一相为"首具肉髻相"，第十八相为"正立不屈手过去（膝）相"等等。再举一个"好"的例子。第六十八"好"为"耳厚修长"等等。由此可见，刘备身上那两个特异之处，原来都来自印度佛典。

三国两晋南北朝的正史上许多有为的帝王都具有异相，而异相又都与佛教有关，这一点用不着再论证了。

我们常讲"文化交流"，这当然是"交流"——在这里表现为向一边流——但是是否是"文化"，颇有点难说。我们应当把"文化交流"的含义扩大开来看，没有必要在琐事上纠缠。

批判的狂潮汹涌澎湃

当时流行最广也最有权威的说法是：马克思主义的本质是批判的，是斗争的。有人说："与天斗，其乐无穷；与地斗，其乐无穷；与人斗，其乐无穷。"总而言之，斗，斗，斗，斗就是一切；批判是斗争的一种形式。有人连屁大一件小事也上纲到阶级斗争。虽然还没有像以后那样昭告天下：阶级斗争必须年年讲，月月讲，日日讲，时时讲，但是阶级斗争的势头已颇可观。并不是所有的领导人都同意这种观点。我曾在一次报告会上亲耳听到陆定一，当时的中央宣传部长，说到当年江西苏区的一件事。一个人在街上小便，被人抓住说：在街上小便，危害公众卫生；危害公众卫生，就是危害人民的性命；危害人民的性命，就是危害革命；危害革命，就是现行反革命。陆定一是反对这样做的。可惜并不是每一个领导人都有这样的认识。于是斗争之声洋洋乎盈耳，滔滔者天下皆是矣。

有的领导人认为，阶级斗争最集中的表现是在意识形态领域内，而搞意识形态工作的都是知识分子。因此，正如我在上面已经谈过的那样，斗争和批判的目标始终集中在知识分子身上。根据我个人的观察，每掀起一个批判的运动，总先找一个人，或一部书，或一个电影当作靶子，大家把批判的利箭都射向这个靶子。批判的过程是由小渐大，由近及远，一直到全国学术界都参加进来。批判的技巧是抓住片言只字，加以歪曲，杯弓蛇影，无中生有，越"左"越好，无限上纲，最后必须同封建思想、资产阶级思想、修正主义思想挂上钩。"修正主义"这个词，五十年代前半期，似乎还不大习见。等到同苏联的关系闹翻，这个词才频频出现，因为中国认为苏联变成了修正主义。但是，究竟什么叫真正的修正主义，我看，当时弄清楚的人不多。大家习以为常，彼此糊涂，彼此心照不宣。

根据我的回忆——这种回忆我只能说大概是正确的，细节方面难免有点出入——最初被选中当靶子的是两部影片：《武训传》和《早春二月》。批判的程序就是我上面讲的那样。

第一部被选中批判的电影是赵丹主演的《武训传》。这一部影片的罪名很大，很可怕。有人说，武训是封建帝王的忠实走狗，为帝王的统治当帮凶，他那一套行乞的做法，比如趴在地上让人骑在他背上，以求得几文钱来办学，等等，都是蒙蔽迷惑别人的。总之，武训的目的是想延续封建帝王的罪恶统治，罪大恶极。赵丹的演技越超绝，起的作用也就越恶劣。对于这些刀笔吏式的指摘和谴责，我无论如何也想不通。到了后来，这种指摘和谴责竟加到了历代家喻户晓、万人争颂的清官头上，比如包拯、海瑞等等，他们都成了人民的罪人。因为他们的清廉缓和了人民与最高封建统治者皇帝之间的你死我活的矛盾，因此也就延长了封建帝王的统治。讲"辩证法"讲到这种程度，岂不大可哀哉！

还有一件与《武训传》有联系的极其重要的事件，必须在这里讲一讲，这就是江青的"露峥嵘"。毛泽东对江青是非常了解的。据说他有意限制江青的活动，不让她抛头露面。所以，中华人民共和国建立以后，有好多年之久，一般老百姓还都不大知道江青。然而，有朝一日风雷动，江青乘批判《武训传》的机会，从多年的"韬光养晦"中脱颖而出，顿时成为令人瞩目的人物，光芒四射，伏下了以后的祸机。原来毛泽东派江青赴山东武训的老家堂邑去调查武训的家世。个中详情，我们局外人是无法摸透的。也许因为江青原是电影演员，而《武训传》又是电影，所以就派她去调查了。所谓调查，其实是先有了结论的，只需使用演绎法；先有了公理，只需找到合乎这个公理的"事实"，加以罗织与歪曲，凡与此公理不合者一概在扬弃之列。这样的"调查"其实是非常容易的，然而江青一行却故作诡秘状，费了很长的时间才大功告成。结果在《人民日报》上发表了一篇长达若干万字的"调查报告"，把武训打成了地主狗崽子、地痞流氓，民愤极大，罪大恶极。批判《武训传》，一万个正确。从此，江青便也誉满天下、名扬四海了。

总之，对电影《武训传》的批判，是一出不折不扣的闹剧，而且埋下了极其危险的祸根。十几年后出现的"文化大革命"，与此不无关系。

批判《早春二月》是在西四西大街一所大院子里开始的。记得这是当时电影局（或另外别的名称）所在之地。把一批文化界的人士邀请了去，先让大家看电影，然后座谈，并没有什么人告诉你葫芦里卖的或者想卖什么药，只是让你随心所欲地发表意见。我的政治水平、思想水平和欣赏水平都奇低——也许并不低，因为过了几十年后，还是给《早春二月》平反了——我认为这部片子非常好，画面美丽，人情味极浓。如果我发言的话，我一定会大大地赞美一番的。可惜，或者幸而，我临时有事，提前离开会场，没有发言。过了不久，有人告诉我，在那一天发言赞美者都必须"主动"写文章，批判自己的发言，因为这一部电影被定为"坏片子"，是宣传资产阶级人道主义的。我这一次幸逃劫难，然而我却高兴不起来。

批判之风一起，便决不会仅仅限于《武训传》，跟着来的是批判资产阶级学术思想。我不知道为什么首当其冲的竟是俞平伯的对《红楼梦》的研究，我自己虽亲自参加了这一场声势也颇为浩大的批判。但是，我对幕后的活动并不清楚，估计也有安排，什么人发动，然后分派任务，各守一方，各司其职。最后达到了批倒批臭的目的，让所谓的"资产阶级学术思想"成为过街的老鼠，人人喊打。

批判一经开始，便不会自动停下，它会像瓜蔓一样，四出蔓延。大概是因为胡适也研究过《红楼梦》，于是首先就蔓延到胡适身上。尽管他当时并不在大陆，而是在台湾或者美国。搞一个缺席批判，也无不可。许多学人一哄而起，对胡适的方方面面都批判到了。因为他本人不在现场，人们批判起来，更用不着有什么顾忌。用的方法同以前一样，捕风捉影，无中生有，刀笔罗织，无限上纲。大家共同努力，演了一出杀鸡给猴看的闹剧。这场批判后来又扩散开来，牵涉到了许多有影响有造诣的著名学者，但并没有形成人人自危的局面，因为，达到被批判的水平并不容易，必须有相当高的学术地位，才有入选资格。尽管如此，一部分自认为有候选资格者，心中总是忐忑不安，空中好像悬着一把达摩克利斯剑。

我的学术研究

我在上面讲到了批判和开会，批判除了写文章以外，就是开会，开会与批判紧密相连，于是无日不开会矣。诗人冯至套用李后主的词，写了两句话："春花秋月何时了？开会知多少。"从中可见当时我们的心情。

我工作的单位是在学术界和教育界。可哪里有时间来进行学术研究呢？我在下面把我的学术研究的"成绩"逐年写一下。

1950 年

一整年，我只写了两篇文章。

1.《纪念开国后第一个国庆日》

2.《记〈根本说一切有部律〉梵文原本的发现》

没有一篇学术论文，这一年等于一个零。

1951 年

这一年，我写了八篇文章。汉译马克思《论印度》出版。

1.《〈新时代亚洲小丛书〉序》

2.《语言学家的新任务》

3.《介绍马克思〈印度大事年表〉》

4.《从斯大林论语言学谈到"直译"和"意译"》

5.《对于编修中国翻译史的一点意见》

6.《史学界的另一个新任务》

7.《不列颠在印度的统治》（翻译）

8.《不列颠在印度统治的未来结果》（翻译）

也没有一篇学术论文，这一年又是一个零。

1952 年

这一年只写了一篇文章。

《随意创造复音字的风气必须停止》

这一年当然又是一个零。

1953 年

这一年写了两篇文章。

1.《学习〈实践论〉心得》

2.《纪念马克思的〈不列颠在印度的统治〉著成一百周年》

1954 年

这一年写了三篇文章。

1.《中国纸和造纸法传入印度的时间和地点问题》

这是颇费了一些力量才写成的一篇论文，其来源应该追溯到前面"出路的表现"一节中去。在那里，我讲到了回国以后，旧业无法进行，只好另寻出路，出路之一就是从事中印文化交流史的研究。而且我还想纠正"一头子买卖"（one-way traffic）的说法，所以努力寻找中国对印度的影响。

纸和造纸术是中国发明的，连最有偏见的外国学者也不敢有异辞。在印度，文字的发明创造远较中国为晚。有了文字以后，文字是刻在铜板或铁板上，但最常用的是一种树叶，中国称之为"贝叶"，"贝"是"贝多罗"（pattra）的缩写，这个字本身就有"树叶子"的意思。

我从纸在古代西北一带传播的情况讲起，一方面根据中国古代文献，一方面参考考古发掘的结果，而以后者为主，因为考古发掘出来的纸是最过硬的证据。我讲到敦煌和甘肃西部，讲到新疆的楼兰、吐鲁番、高昌、焉耆、库车、巴楚、叶尔羌、和阗等地，在这些地方都发掘出来了质地不尽相同的纸。然后又越出了国境，讲到中国纸传入波斯（伊朗）和阿拉伯国家的情况。最后讲到纸和造纸术传入印度的情况。在这些叙述和论证中，我既使用了古代文献资料和考古发掘的资料，也使用了我最喜欢使用的语言资料。如果说我的学术研究有什么特点的话，利用语言资料或者可以说是特点之一。唐代的《梵语千字文》《梵唐消息》《梵语杂名》等书中都有表示"纸"这件东西的梵文字。最值得注意的是《梵唐消息》中 saya（这是拉丁字母转写）这个字，这很可能就是汉文"纸"字的音译。

我这篇论文的主要结论是：中国纸至迟到了唐代已经传入印度。造纸法的传入，由于材料缺乏，不敢肯定。传入的道路是陆路，也就是广义的丝绸之路。

2.《中印文化交流》

3.《中缅两国人民的传统友谊》

后两篇都不是什么学术论文。

1955 年

这一年，我写了四篇文章。汉译《安娜·西格斯短篇小说集》出版。

1.《〈金刚般若波罗蜜经谚解〉序》

2.《吐火罗语的发现与考释及其在中印文化交流中的作用》

我先讲了讲吐火罗语在中国新疆发现的经过，利用的都是旧资料。我归纳了一下，系统化了一下，对读者不无用处。在最后一段，我针对一个问题举了两个例子。这个问题是：佛教初入中国时，最早翻译的佛典几乎很少是用梵文写成的，而是经过中亚的某一种"胡"语，其中根据现有的资料来看以吐火罗语为最多。因此，最早的汉文译名，若以梵文为标准去对比，往往不得其解；若以吐火罗语为标准，困难则迎刃而解，"佛"字就是一个最有说服力的例子。过去法国学者烈维（Sylvain Lévi）已经举出过几个例子，但范围还过于狭隘。我在这方面下过一些工夫，做过一些笔记。在这一篇论文中，我举出了两个：一个是"恒河"，一个是"须弥山"。这两个词都不是直接来自梵语，而是经过了吐火罗语的媒介。我本来还能够举出更多的例子的，但因为想尽快结束，所以就草草收兵。

3.《中国蚕丝输入印度问题的初步研究》

这同前面 1954 年关于纸和造纸法的文章属于同一类型。我在上面下过一些工夫，可以算得上一篇学术论文。

中国是蚕丝的故乡，蚕丝从中国出发传遍了世界，从词源学上也可以证实这一个历史事实，这里不详细去谈。我在这篇论文里谈了下面一些问题：（1）中国古代蚕丝的发现；（2）蚕丝在古代西域的传布；（3）中国蚕丝输入波斯的过程；（4）蚕丝在古代西南的传布；（5）中国蚕丝输入印度的道路：①南海道；②西域道；③西藏道；④缅甸道；⑤安南道。

中国是世界上最早发现并利用蚕丝的国家，世人并无异议。中国古典文献中有大量证据，欧洲古典文献中也有记载。正如其他人类发现、发明或创造的事物一样，一旦在一个地方出现，立即向四周传布。这是人类之所以异于禽兽的重要标志之一。我讲了蚕丝在古代西域的传布，其中包括敦煌、玉门关和甘肃西部，包括楼兰等地，用的方法仍然是古典文献与考古发掘并举。我讲了蚕丝在古代西南的传布，用的主要是文献资料。我讲了蚕丝传入印度的过程。梵文中有许多含义为"丝"的词，其中多有 cīna 字样。可见在古代印度人心目中，丝是与中国分不开的。最后我讲了蚕丝从中国传入印度的道路，这要比纸和造纸术复杂得多。我总共讲了上面列举的五条道路。最大的区别在于，纸最早传入印度时只有陆路丝绸之路一路。有人主张，最早的是海路；但可惜证据薄弱，牵强附会，根本不能成立。而蚕丝则略有不同：传入印度的道路最初不止陆路一途。这一点颇值得注意。

4.《为我们伟大的祖国而欢呼》

这是一篇应景的杂文，毫无学术价值可言。

1956 年

这一年共写了五篇文章。汉译《沙恭达罗》出版。

1.《纪念印度古代伟大诗人迦梨陀娑》

2.《印度古代伟大诗人迦梨陀娑的〈云使〉》

3.《〈中印文化关系史论丛〉序》

4.《沉重的时刻》（译文）

5.《原始佛教的语言问题》

在以上五篇中，只有最后一篇可以算是学术论文。这是印度佛教史上和西方梵文巴利文学界的一个老问题，一个比较重要的问题。内容是：释迦牟尼有一次对比丘们说："我允许你们，比丘呀，用自己的语言学习佛所说的话。""自己的语言"，巴利文原文是sakāyaniruttiyā。问题是："自己"指的是谁？是如来佛呢？还是比丘？印度和西方的学者们在这个问题上分成了两派，一派主张前者，一派坚持后者。我在汉译佛典中找到了多处与这一句话完全相当的话。我的结论是：指后者是对的，换句话说，佛允许比丘们用比丘们自己的话来学习佛言。这说明了释迦牟尼的"语言政策"是开放的政策。他反对婆罗门教，所以不规定梵文为经堂语，也没有另找一个语言做经堂语。佛教一开始就能传播开来，同佛的语言政策有关。

1957～1965 年

政治运动

我为什么把 1957 年作为这一个阶段之首,而又把 1965 年作为其末呢?对解放后"阶级斗争"的历史稍有所了解的人都能明白,其中并无什么奥妙。这两个年头是两次最大的狂风骤雨之间的间歇阶段的一头一尾。头,我指的是 1957 年的反右运动;尾,我指的是 1966 年开始的"文化大革命"。两次运动都是中国人民亿金难买的极其惨痛的教训。

在反右斗争中,我处在一个比较特殊的地位上。一方面,我有一件红色的外衣,在随时随地保护着我,成了我的护身宝符。另一方面,我确实是十分虔诚地忠诚于党。即使把心灵深处的话"竹筒倒豆子"全部倒了出来,也决不会说出违碍的话。因此,这虽是一次暴风骤雨,对我却似乎是春风微拂。

学校虽然还没有正式宣布停课,但实际上上课已不能正常进行,运动是压倒一切的。我虽然是系主任,但已无公可办。在运动初期,东语系由于有的毕业生工作分配有改行的现象,所以有一部分学生起哄闹转系。我作为一系之长,一度成为一部分学生攻击的对象,甚至出现了几次紧急的场面。幸而教育部一位副部长亲自参加了处理工作,并派一位司长天天来北大,同我一起面对学生,事情才终于得到了妥善的解决。我也就算是过了关,从此成了"逍遥派"。这个名词儿当时还没有产生,它在"文化大革命"中出现,我在这里不过借用一下而已。

我悠闲自在，是解放后心理负担最轻的一段时间。至于传闻的每一个单位都有划右派的指标，这样的会我没有参加过，其详不得而知。"右派"是一类非常奇怪的人，官方语言是"敌我矛盾当作人民内部矛盾来处理"，其中玄妙到现在我也不全明白。可是被戴上了这一顶可怕的帽子的人，虽然手里还拿着一张选票，但是妻离子散者有之，家破人亡者有之；到头来几乎全平了反。不知道这乱哄哄的半年多，牺牲时间，浪费金钱，到底所为何来！

1958 年，又开始了"大跃进"，浮夸之风达到了登峰造极、骇人听闻的程度。每一亩地的产量——当然是虚构的幻想的产量——简直像火箭似地上升。几百斤当然不行了，要上几千斤。几千斤又不行了，要上几万斤。当时有一句众口传诵的口号："人有多大胆，地有多大产。"把人的主观能动性夸张到了无边无际。当时苏联也沉不住气了，他们说：把一亩地铺上粮食，铺到一米厚，也达不到中国报纸上吹嘘的产量。这本来是极为合情合理的说法，然而却遭到中国方面普遍的反对。我当时已经不是小孩子，已经四十多岁了，我却也深信不疑。我屡次说我在政治上十分幼稚，这又是一个好例子。听到"上面"说："全国人民应当考虑，将来粮食多得吃不了啦，怎么办？"我认为，这真是伟大的预见，是一种了不起的预见。我佩服得五体投地。

然而，现实毕竟不是神话。接着来的是三年自然灾害。人们普遍挨了饿，有的地方还饿死了人。人尽管挨饿，大学里还要运动，这一次是"拔白旗"。每一系选几个被拔的靶子，当然都是资产阶级知识分子，又是批判，又是检查。乱哄哄一阵之后，肚子照样填不饱。

到了 1959 年，领导上大概已经感觉到"共产主义是天堂，人民公社是桥梁"，仿佛共产主义立即能够实现，里面颇有点海市蜃楼的成分，不切实际。于是召开庐山会议，原本是想反"左"的，但后来又突然决定继续反右。会议情况，大家都清楚的，用不着我再来说。于是又一路"左"下去。学校里依然不得安静，会议一个接一个。一直到 1965 年，眼光忽然转向了农村，要在农村里搞"四清运动"了。

北大一向是政治最敏感的地方，几乎任何运动都由北大带头。于是我也跟着四清工作队到了南口。因为"国际饭店会议"还没有开完，所以我到南口比较晚。我们被分派到南口村去驻扎，我挂了一个工作队副队长的头衔，主管整党的工作。日夜操劳，搞了几个月。搞了一些案子，还逮捕了人。听说后来多数都平了反。我们的工作，虽然还不能说全是"竹篮子打水一场空"，然而也差不多了。我们在南口村呆到1966年6月4日，奉命回校。此时"文化大革命"已经来势迅猛，轰轰烈烈地展开了，一场运动就此开始了。

我的学术研究

1957年

这一年我写了两篇学术论文。《中印文化关系论丛》和《印度简史》出版。

1.《试论1857年至1859年印度大起义的起因性质和影响》

1957年是印度民族大起义的百年纪念。我为此写了这一篇论文。后来扩大成了一本专著：《1857年—1859年印度民族起义》，于1958年在人民出版社出版。在文中和书中，我利用了学习到的一点辩证法的知识，对这次大起义提出了一些新看法。

2.《中国纸和造纸法最初是否由海路传到印度去的？》

在我1954年写的那一篇关于中国纸和造纸法传入印度的文章中，我讲到纸是由陆路传入印度的。后来有人（算不上是什么学者）反对我的说法，主张纸是由海路传入印度的。我列举了不少论据，论证此说之不当。

1958年

这一年，我写了三篇论文。

1.《印度文学在中国》

根据我平常阅读时所做的一些笔记，加以整理，按时间顺序排列开来，写成了这一篇文章。我在这里使用的"文学"这个词，完全是广义的，寓言、神话、小故事，以及真正的文学都包括在里面。印度文学传入中国，是多渠道的、长时间的。这篇文章中列举的材料，远远不够完全。以后在其他文章中，我还提到了这方面的问题。一直到今天，新材料仍时有发现，在这方面还大有可为。这篇文章，虽写于1958年，但是，由于个别领导人的极"左"思想的干扰，一直到1980年才发表出来。

2.《再论原始佛教的语言问题》

这一篇文章与第一篇性质不完全一样。第一篇是正面地阐明我的观点，这一篇则是一篇论争的文章。美国梵文学者佛兰克林·爱哲顿（Franklin Edgerton），毕生研究他称之为 Hybrid Sanskrit（混合梵语）的佛典语言。他写的皇皇巨著《文法》和《字典》，材料极为丰富，应说是有贡献的。但是，他对我的一些论点，特别是语尾 -aṃ>o, u 的看法，持反对态度。他先是否认，对《文法》中几个地方表示反对；但是到了最后却忽然说："季羡林大概是对的"，这岂不是非常滑稽！

3.《最近几年来东方语文研究的情况》

严格地说，这算不上是一篇学术论文。因为它材料颇多，也颇有用，所以列在这里。

1959 年

这一年只写了一篇勉强可以算做学术论文的文章。汉译《五卷书》出版。

《五四运动后四十年来中国关于亚非各国文学的介绍和研究》

情况同 1958 年 3 相同。

1960 年

这一年总共写了一篇文章，勉强可以算做学术论文。

《关于〈优哩婆湿〉》。

1961 年

这一年，我写了三篇学术论文。

1.《泰戈尔与中国》

这篇文章的命运同上面讲到的《印度文学在中国》一样，受到了极"左"思潮的干扰，虽写于本年，但一直到1979年才得以发表。泰戈尔向往进步，热爱中国，痛斥法西斯，鞭挞日本侵略；只因来华时与所谓"玄学鬼"接近了点，就被打入另册。"左"的教条主义之可怕，由此可见一斑。

2.《泰戈尔的生平、思想和创作》

这篇文章的命运与上一篇相同。虽写于1961年，但二十年后的1981年才得以发表。我在这里想讲一件与泰戈尔有关的事情。为了纪念泰戈尔诞生一百周年，出版了一套十卷本的《泰戈尔作品集》。为什么叫这样一个名字呢？为什么不顺理成章地称之为《泰戈尔作品选集》呢？主其事者的一位不大不小的分管意识形态工作的官员认真地说："'选'字不能用！一讲'选'就会有选的人。谁敢选肯选泰戈尔的作品呢？"最后决定用《作品集》。仿佛这些译成汉文的泰戈尔的作品是从石头缝蹦出来似的，没有任何人加以挑选。这真是掩耳盗铃，战战兢兢，如临深履薄之举，实在幼稚可笑。没有人"选"，怎么能"集"呢？我亲自参加过这一件工作，所以知之颇详，现在写出来，也算是过去中国文坛上之花絮吧！现在这种事决不会发生了。

3.《泰戈尔短篇小说的艺术风格》

这篇论文的运气比较好，写好立即发表了。

1962年

这一年，散文写了不少，学术论文勉强算数的只有两篇。汉译本《优哩婆湿》出版。

1.《〈优哩婆湿〉译本前言》

2.《古代印度的文化》

1963年

情况与前一年相同，散文创作多，而学术论文只有两篇。

1.《关于巴利文〈佛本生故事〉》

2.《〈十王子传〉浅论》

1964 年
这一年没有学术论文。

1965 年
这一年有一篇学术论文。
《原始佛教的历史起源问题》。

1966～1977 年

这一阶段，前后共有十二年，约占我迄今为止的生命的八分之一。如果活不到我这样大年纪，则所占的比例还要大。"文化大革命"长达十年，对于这一场所谓"革命"的评价，稍微有点良知的人的心中都是有数的。它让我们伟大又有智慧的民族，一时失去了理智，好像是无端着了魔。这种耻辱永远是磨灭不掉的。我个人总能算上是一个有头脑的"高级"知识分子，在这次运动中，却并不比任何人聪明。一直到把我关进牛棚，受尽了殴打与折磨，我还忠心耿耿地拥护这一场"革命"。至今回想起来，我自己宛如做了一场噩梦，自己也无法解释。我认为，对"文化大革命"进行冷静反思和深刻剖析，对于整个中华民族进行教育，从而提高民族素质，应当是十分重要也是十分必要的事情。

作为一个终生从事学术研究的人，在学术研究方面，这十年却成了一个空白点。幸而，在学术研究方面，我是一个闲不住的人。在这十年内，我除了开会，被"打倒"，被关进牛棚，被批斗，被痛打之外，没有时间和心情搞什么学术研究。到了后期，虽然我头上被诬陷而戴上的无数顶离奇古怪的帽子一顶也还没有摘掉，但已走出了牛棚，被分配到东语系的办公楼和学生宿舍去看守门房，收发信件和报纸，传送电话。我作为一个"不可接触者"，枯坐门房中，有时候忙，有时候又闲得无聊。让珍贵的光阴白白地流逝，我实不甘心，挖空心思，想找一点事干。想来想去，最后想出了一个好主意：翻译印度古代两大史诗之一的《罗摩衍那》。这一史诗部头极大，一时半时是译不完的。这正中下怀，我当时所需要的正是这一种时间拖得很长的工作，目的只在驱除寂寞；至于出版，我连想都没有想过。关于自己的前途，一片茫然。"解放"无日，生命有限，将来还不知被充军到什么地方去哩。于是我晚上回家后把《罗摩衍那》的诗体译成散文，写成小条，装在口袋里。第二天早晨去上班守门房。我当然不敢公开把小条拿出来，摆在桌子上。那样，如果被发现，必然多增加几次批斗，现成的帽子就在手边："老保翻天"。所以，我只能偷偷摸摸地从口袋里把小纸条拿出来，仔细推敲，反复考虑，把散文改成诗体，当然是顺口溜之类的东西。因为我有一个主张：原文是诗体，译文也只能是诗体，否则就是对不起原作者。不管译文的诗体多么蹩脚，反正必须忠实于原文，必须是诗体。我激烈反对有些人把原文的诗译成散文，那不能称作翻译，只能说是"释义"（paraphrase）。这就是我在"文化大革命"中最后几年所做的唯一的一件当时并没有认清它的重大意义、后来才慢慢认识到的工作。如果聊以自慰的话，这就是仅有的一点根据了。

　　"文化大革命"正式终结于 1976 年。但对我而言，1977 年也是无所事事的一年。

1978～1993 年

政治环境

根据我个人的经验，新中国建立后将近五十年可以分为两大阶段，分界线是 1978 年，前面将近三十年为一阶段，后面将近二十年为一阶段。在第一阶段中，搞学术研究工作的知识分子只能信，不能想，不允许想，不敢想。天天如临深履薄，天天代圣人立言，不敢说自己的话，不允许说自己的话。在这种情况下，想在学术研究中搞点什么名堂出来，真是难于上青天了。只有真正贯彻了"百花齐放、百家争鸣"的精神，学术才能真正繁荣，否则学术，特别是人文社会科学，就只能干瘪。这是古今中外学术史证明了的一条规律，不承认是不行的。

从 1978 年起，改革开放宛如和煦的春风，吹遍了祖国的大地。重点转入市场经济以后，我们的经济得到了发展。虽然还有一些不尽如人意之处，但成就却是不可忽视的。在意识形态方面，从事学术研究工作的学者们，脑袋上的紧箍咒被砸掉了，可以比较自由地、独立自主地思考了，从而学术界思想比较活跃起来。思想活跃历来都是推动学术研究前进的重要条件。中国学术界萌生了生气勃勃的生机。

在这种非常良好的政治大气候下，我个人也仿佛从冬眠中醒来了，心情的舒畅是将近五十年来从来没有过的。

我的学术研究

在这样优越的政治大气候中，我的学术研究工作能够比较顺利地进行了。从 1978 年一直到今天的二十年中，我的研究成果在量和质两个方面都远远超过这以前的四五十年。

1978 年

从 1966 年至 1977 年，我在学术研究方面是一个巨大的空白点。1978 年是再生的一年，是复苏的一年，是给我将近耄耋之年带来了巨大希望的一年。在这之前，我早已放弃了学术研究的念头。然而，我却像做了一场噩梦突然醒来一般，眼前是"柳暗花明又一村"。专从写作量上来看，从前十二年的零一跃而写成了文章十六篇，其中除了散文创作之外，可以称为学术研究者共有五篇。

1.《〈罗摩衍那〉中译本前言》

在这一篇"前言"中，我首先简略地介绍了《罗摩衍那》产生的过程，然后又以最简短的词句介绍了全书七篇的内容，以及本书产生的年代，最后讲对本书的评价。关于评价问题，在当时，我觉得我写得还是符合当时一般的做法的，符合当时甚至现在的潮流的，是"允执厥中"的。所谓当时和现在的潮流，不外是思想性和艺术性，把思想性放在第一位；不外是批判继承，把批判摆在前面，还有什么"破字当头，立在其中矣"这样的说法。

但是，到了最近几年我才渐渐地觉悟到，这个"老一套"有点问题。我现在认为，讲思想性和艺术性，必须把艺术性也摆在前面，因为文学作品或其他艺术产品之所以能成为为人所喜爱的作品，其原因首先在其艺术性。没有艺术性，思想性再高，再正确，再伟大，最多也只能成为宣传品，而不能成为艺术品。有一些根本没有思想性或者至少也是思想性模糊不清的作品，只要艺术性强，仍然会为人们所喜爱。据说，在音乐中有没有思想性的作品，在文学中也不乏其例。比如李商隐的许多无题诗或有题而极端模糊等于无题的诗，谁也说不清其思想内容是什么，却照样脍炙人口，传诵千古。

至于批判与继承的关系，我也认为需要认真考虑，认真对待。几千年传下来的东西，必有其优异之处、可传之处，否则早已被淘汰掉了。现在有一些先生总是强调批判，而忽视继承。我认为，与其说什么"破字当头，立在其中矣"，为什么不能说"立字当头，破在其中矣"呢？破立次序之差，表现了人们对批判与继承的看法。我绝不是说，过去的什么东西都是好的，那是不可能的，任何东西都逃脱不了时代的局限性。虽然破立必须结合，不能不结合；但我们今天的任务主要还是立，还是继承，而不仅仅是破，不仅仅是批判。

2.《〈沙恭达罗〉译本新序》

印度古代首屈一指的大诗人当然是迦梨陀娑。但是，正如马克思所说的，印度古代是没有历史的。这样一个伟大作家的生卒年月，是糊涂一团的，学者们的意见分歧极大。根据我个人的看法，他生活在笈多王朝（从 320 年一直到大约 6 世纪）统治时期，是很可能的。他著述很多，但是最著名的是剧本《沙恭达罗》。我在本文中推断，他大概生于 350 年至 472 之间，也只能算是一个假设。

在对《沙恭达罗》进行分析时，我的认识和做法并没能超出当时流行的水平，仍然是那一套老而僵化的教条。分析思想性时，煞费苦心地在字里行间去搜求我并不十分了解的"人民性"，有时候难免有捉襟见肘、牵强附会之嫌。幸而我还说了一句："诗人所着重描写的还是国王豆扇陀和沙恭达罗之间的爱情"，这一点还能算是八九不离十。在分析艺术性时，我颇费了一点力量，分析了迦梨陀娑的艺术风格；分析了沙恭达罗的性格，把她同《罗摩衍那》中的悉多做了对比；又对这一出戏剧的结构形式做了细致的剖析。在这一点上，我总算是稍稍超出了流俗。当时的许多中外文学史谈作品时总是强调思想性，对艺术性则往往草草一笔带过。

3.《〈西游记〉里面的印度成分》

中国著名的古典长篇神魔小说《西游记》与印度神话的关系，多少年来在中国学者中意见就有分歧，有的学者主张是受了印度的影响，有的学者则否认此说。这个争论集中到小说主人公孙悟空（孙猴子）身上。胡适、郑振铎、陈寅恪等主前者，而鲁迅等则主后者。鲁迅在他所著的《中国小说史略》中说："明吴承恩演《西游记》，又移其神变奋迅之状于孙悟空，于是禹伏无支祁故事遂以堙昧也。"我不敢说孙悟空身上一点无支祁的影子都没有。但是从整个的《西游记》受印度的影响至深且巨这种情况来看，与其说孙悟空受无支祁的影响，毋宁说他受印度大史诗《罗摩衍那》中的猴子那罗、哈奴曼等的影响更切合实际。因为玄奘的其他两个弟子猪八戒和沙僧，都能在汉译佛经中找到根源，为什么独独情况最鲜明的孙悟空却偏是受无支祁的影响呢？这样说实在过分牵强。无支祁的神话，除了在中国个别地区流行外，实在流行不广，无足轻重。有的学者甚至说，《罗摩衍那》过去没有汉译本，难以影响中国。这种说法亦近儿戏。民间神话传说的流传，往往靠口头传布，不一定写成文章后才能流传，这一点可以说是已经成为常识了。

我步先师陈寅恪先生的后尘，在汉译佛典中找到了不少同《西游记》中某些故事相类似的故事，影响之迹，彰明较著。对这个问题再加争论，是"可怜无补费工夫"的。

4.《〈中印文化关系史论文集〉前言》

这虽然是一篇"前言"，但从内容来看，也可以算是一篇学术论文。我这篇文章的主要目的是纠正印度方面对中国友好的朋友们的一种意见。他们说，在中华人民共和国成立以前，印度是中国的老师，而在成立以后，则中国成了印度的老师。言外之意就是，在新中国建立前两千多年的漫长时期中，中国只向印度学习，形成了一种"一边倒"的现象（one-way traffic）。这并不符合历史事实。从表面上来看，我们中国确实从印度学习了大量的东西，丰富了我们的传统文化。但是，如果仔细研究，中国文化也传入印度，并且产生了影响。只是因为印度不大注重历史，找不到明确的记载，所以才产生了这种错觉。

我举的例子就是蔗糖的制造。中印两国古代的制糖术在这里用不着讲。到了唐代，据中国正史中的记载，唐太宗派人到印度去学习熬糖法。这说明，在当时，印度的熬糖法，较之中国必有一日之长，否则就不会万里迢迢派人去学习。但是，到了后来，在七八百年以后，中国炼制白砂糖的技术一定是又超过了印度，否则印度一些语言中决不会用 cīnī（中国的）这个词来称呼白糖。类似的例子还可以举出一些来。所以我说，中印两国总是互相学习、彼此互补的，没有什么"一边倒"的问题。

5.《〈罗摩衍那〉浅论》

这也可以算是一篇学术论文，它与下一年（1979）出版的《〈罗摩衍那〉初探》可以互补。本文首先介绍了印度古代文学的一般情况，然后谈史诗文学，接着谈《罗摩衍那》，紧接着对这一部史诗的思想内容进行了分析。今天看起来，这种分析还是老一套，没有多少新意。然而它却反映了我当时的真实水平，心中大有"觉今是而昨非"之感。勉强说有点新意的是我对书中主要人物形象的分析。我分析了罗摩、悉多、罗什曼那、阇婆离、须羯哩婆、哈奴曼、罗波那等等。其中阇婆离的言论完全是印度古代唯物主义者的言论，很值得注意。由于受到了正统的保守的婆罗门的迫害，唯物主义者的言论已经很难找到了。最后我分析了《罗摩衍那》的艺术特色。虽然新意不多，但毕竟注意到了这一点，也颇可以聊以自慰了。

1979 年

这年出版了《〈罗摩衍那〉初探》。我最初并没有打算写这样一本书，这只是一篇《罗摩衍那》汉译本的序言，后来才独立成书。我现在把书的目次写出来，内容即可想见。

小引：

一、性质和特点

二、作者

三、内容

四、所谓"原始的"《罗摩衍那》

五、与《摩诃婆罗多》的关系

六、与佛教的关系

七、成书的时代

八、语言

　　九、诗律

　　十、传本

　　十一、评价

　　十二、与中国的关系

　　十三、译文版本问题

　　十四、译音问题和译文文体问题

　　十五、结束语

1980 年

　　这年《罗摩衍那》汉译本第一卷《天竺心影》出版。从学术研究的角度来看，重点是唐玄奘与辩机的《大唐西域记》。前两年，我接受了一个任务：重新校注《大唐西域记》这一部名著。我邀集了几位学者，有的是从外地请来的。中华书局大力支持此项工作，工作得以颇为顺利地进行。

　　《大唐西域记》的重要性尽人皆知。但是一千多年以来，我国学者对这一部书的研究，较之日本，远远落后。日本学者以及其他国家学者的著作，我们当然会参考的。这些著作，应该说各有其优点；但当然也有不足之处，有的甚至是非常离奇的错误。我也参加了注释工作，没有具体的分工；但有几个重要的问题，我对之提出了我自己的看法。我举两个例子。一个是本书卷二，印度总述，其中有一段话："详其文字，梵天所制，原始垂则，四十七言。寓物合成，随事转用，流演枝派，其源浸广，因地随人，微有改变。语其大较，未异本源，而中印度，特为详正。""四十七言"指的是四十七个字母。究竟是哪四十七个呢？我通读全部注释时没加注意，仍然沿用一般的说法。本书第一版用的就是这个旧说，看起来顺理成章，数目也完全符合，没有想到其中还会有问题。日本学者水谷真成译《大唐西域记》加注时，也用的是旧说，也没有发现问题。后来我治悉昙章，自己对印度古代字母的认识面拓宽了，才发现，那样注四十七言是有问题的，是不符合唐代印度实际情况的。到了 1990 年，我根据新的认识写成了一篇文章《玄奘〈大唐西域记〉中"四十七言"问题》，纠正了以前的注释之错误。《大唐西域记》再版时，就附在了后面（此文又见台湾东初出版社出版之《季羡林佛教学术论文集》，1995 年）。这些问题下面还要谈到，这里就不谈了。

除了"四十七言"外，我对《大唐西域记》的注释还做了另外一点贡献。此书卷二还有一段话："其婆罗门学四吠陀〔旧曰毗陀，讹也〕：一曰寿，谓养生缮性；二曰祠，谓享祭祈祷；三曰平，谓礼仪，占卜，兵法，军阵；四曰术，谓异能，伎数，禁呪，医方。"这同人们通常所讲的四吠陀，有很大的不同。我作注时，对这个问题加以详细的解释，聊备一家之言而已，不敢说就一定是正确的解释。

对于《大唐西域记》，我用力最勤的，除了通读全书注释之外，就是为这一部名著写了一篇长达近十万言的"前言"：《玄奘与〈大唐西域记〉》。我从 1980 年起，一直到 1981 年，主要精力就用到了《大唐西域记》，特别是这一篇"前言"上。

为了让读者对本书内容一目了然，我先把本书的章节列一个目录：

一、引言

二、唐初的中国

    1. 佛经的翻译与翻译组织

    2. 佛教教义的发展与宗派的形成

    3. 佛教与儒家和道教的关系

    4. 唐初统治者对宗教的态度

    5. 唐代的寺院经济

三、6、7 世纪的印度

    1. 社会发展的阶段

      后期笈多

      梅特腊卡

      耶输达罗

      穆克里族

      高达族

      普西亚布蒂王朝

2. 佛教的发展与衍变

　　a. 佛教与外道力量的对比

　　b. 佛教内部大小乘力量的对比

　　c. 佛教部派分布的情况

　　d. 佛教日渐衰微的趋势

3. 统治者对宗教的态度

四、唐初中印交通的情况

五、关于玄奘

1. 玄奘的家世

2. 西行求法前在国内的学习准备阶段

3. 西行求法的动机

4. 在印度的活动

5. 回国后的情况

6. 在佛教哲学方面理论与实践的矛盾

7. 翻译印度因明可能产生的影响

六、关于《大唐西域记》

　　（在上面这个目录中，标明章节的数码，《中印文化关系史论文集》与《季羡林学术论著自选集》中稍有不同，比如前者用1，而后者用（一）等。虽系细节，也请注意。）

　　从上面开列的目录中也可以看出来，全书涉及面是非常广的。我使用的资料多半是来自翔实准确的统计，是完全可靠的。现在我把主要内容加以综述。

　　因为《大唐西域记》这一部书蜚声世界，特别是享誉于天竺，由来已久，影响至大，所以我不惜以近十万字篇幅，对此书之方方面面，细致深入地加以探讨。我费的时间长，查阅的资料多，对产生这一部巨著的时代背景和地域条件都详加论列，以利于读者对此书之了解。

　　唐初，"丝绸之路"虽颇畅通，东西方文化交流也极频繁；但是唐统治者并不鼓励其臣民随意出国。玄奘离开中国边境时，几为巡逻者射毙，幸得脱免，终达天竺。但当玄奘在印度留学十余年回国时，他的声誉日隆，震动五天。唐太宗热烈欢迎，成为长安一大盛事。唐太宗并非虔信佛教，大概玄奘这个人有许多过人之处，从而得到了太宗的垂青，劝他还俗，许以高官厚禄。玄奘虽拒而未从，但仍与太宗诚意周旋。我因此把玄奘与德国伟大诗人歌德相比，我认为不无道理。唐王室尊老子李耳为祖，当然偏信道教。但一般说来，他们的宗教政策是儒、释、道三教并提。总而言之，佛教发展到了唐初，已经越过了光辉的顶点，虽后来有唐宪宗等沉溺之，也已无济于事。武则天崇佛，并伪造佛典，实出于政治目的。谁要是认为武则天真正信佛，那是上了当。从中国佛教史的角度来看，佛教当时已经走下坡路了。

在印度，情况也差不多。到了七世纪初期，印度教已完成了转型任务，影响日益广被。虽有戒日王之张扬，佛教已非昔日之辉煌。后来，伊斯兰教逐渐传入。在印度教和伊斯兰教夹攻之下，佛教终于在印度销声匿迹，而大行于东亚几个国家。到了最近几十年，印政府虽努力想恢复佛教，但收效甚微。

我在本书中设立专章叙述玄奘。我力图客观地评价唐代这个高僧，给他以极高的赞誉。鲁迅在《中国的脊梁》这一篇文章中隐约指出，像玄奘这样"舍身求法"的高僧也属于"中国的脊梁"之列。但对玄奘的"世故"方面，我也没有放过。我在上面已经说到，我把他同歌德相比。我的目的在于，评论人物必须客观公正。

《大唐西域记》这部书虽受到学术界的高度赞誉，也得到了国家的最高奖，但我们自己并不完全满意。校注进行时，我们国家通晓西域古代语言的学者，对它的理解还有缺漏。最近几年，由于一批青年学者的艰苦努力，那些缺漏基本上都已补全。我在前几年就有一个想法：重组班子，重新校注，期能真正达到世界最高水平。我的这个想法得到了全体有关的青年学者的热情响应，我们一定要付诸实施。还有一点，我必须在这里指出：我在那篇长文中忽视了辩机，将来必须补上。

1981 年

此年共写文章二十三篇，包括学术论文、散文、杂文等。《罗摩衍那》汉译本第二卷和《朗润集》出版。

在二十三篇中，可以称为学术论文者共有九篇。现将其内容分别介绍如下。

1.《新疆与比较文学的研究》

有一个观点，我在上面已经讲到过，为了写作需要，这里再重复一下。我认为，在过去几千年的历史中，世界各民族共同创造了许多文化体系。依我的看法，共有四大文化体系：中国文化体系、印度文化体系、阿拉伯穆斯林文化体系、西方文化体系。四者又可合为两个更大的文化体系：前三者合称东方文化体系，后一者可称西方文化体系。而这些文化体系汇流的地方，世界上只有一个，这就是中国的新疆。

我这篇文章主要讲新疆的比较文学资料。由于多种文化的会合，所以新疆比较文学的资料也就丰富。我在本文里只举一个例子，这就是吐火罗文 A（焉耆文或东吐火罗文）中的"木师与画师的故事"。这个故事有许多异本，我在汉译佛典中举出了几个，并不求全，只不过表示这个故事传布之广而已。这个故事，我在上面已经谈到过。

这篇文章在我一生学术研究史上的意义，下面再谈。

2.《关于"糖"的问题》

这只是一篇极短的文章，里面没有多少学术探讨；但是却有颇为重要的意义，也在下面再谈。

3.《关于大乘上座部的问题》

我自己认为，这是一篇相当重要的论文，它解决了一个印度佛教史上颇为重要的问题。大家都知道，只有小乘才有上座部、大众部等部派之别，而大乘是没有的。为什么在《大唐西域记》中却多次出现"大乘上座部"这个名词呢？这给中西佛教史学者，特别是研究《大唐西域记》的学者带来了困难和迷惑，使他们手足无所措，做出了许多自相矛盾的解释。但是，始终没有任何学者能够提供一个明确无误的说法。我在上面有关《〈大唐西域记〉校注》的那一段里，曾经提到过，是我给"大乘上座部"这个词作的注。现在这一篇论文就详细说出了我作注的根据和对这个词的解释。

我的解释是：根据巴利文佛典和锡兰（今斯里兰卡）史籍的记载，锡兰佛教信仰，虽以小乘上座部为主，但是大乘思想始终输入未断；

无畏山住部受大乘思想影响更是特别深刻而显著；许多典型的大乘思想渗入小乘，在大乘萌芽时期，更为明显。这在印度佛教史上是一个非常重要的问题。锡兰小乘的三个部派，主要是两个部派，它们所遵行的律并无歧义。但是，在学说方面，无畏山住部却不断接受大乘影响。在早期，接受原始大乘的功德转让等学说；到了玄奘时候，又接受大乘瑜伽思想（可能也有中观思想）。因此，所谓"大乘上座部"，并不是大乘与上座部两种东西，而是接受大乘思想的小乘上座部一种东西，只是包含着大乘与小乘两方面的内容。《大唐西域记》的藏文译本对"大乘上座部"的译法是比较准确的。

4.《对"丝"、"纸"两篇文章的补正》

我在上面已经谈到，我写过一篇关于"丝"、一篇关于"纸"的文章，这两篇文章都涉及考古发掘和语言学。我根据当时的考古发掘工作的结果，提出了最早的"丝"和最早的"纸"出现的时期。后来考古工作又有了新的进展，我不能不改变我的提法，因此就产生了这一篇《补正》。估计随着考古工作的不断扩大和深入，将来还会有更新的"补正"。我觉得，从事人文社会科学研究工作的学者，必须随时密切注意考古工作。在这方面，我们过去做得不够。

5.《论释迦牟尼》

这本来是我给《中国大百科全书》写的一个词条。既然是词条，就必须遵守词条的体例，文字要简明扼要，不能像论文那样旁征博引。可是它后来又作为一篇论文单独发表。词条与论文在体例上的矛盾就凸显出来，我只能稍稍加以调整。

佛祖释迦牟尼有无其人，过去是有争论的。现在怀疑其人的存在者已经不见。我个人认为，他确实是一个历史人物。他活着的时候也并没有说自己是神。整个原始佛教是无神论的。有人认为这是怪论，其实它是事实。在佛教变成了宗教以后释迦牟尼才被神化。在本文中，我就是把释迦牟尼作为一个历史人物来加以评述的。我不是任何宗教的信徒，当然也不是佛教徒。

6.《〈西游记〉与〈罗摩衍那〉》

这是一篇极短的文章，只讲了《罗摩衍那》第六篇同《西游记》第六十一回"猪八戒助力败魔王,孙行者三调芭蕉扇"的关系。这属于我对《西游记》与印度影响的看法的一部分。

7.《一张有关印度制糖法传入中国的敦煌残卷》

我自己认为,这是一篇十分重要的论文。这一张敦煌残卷是伯希和带走的,原写在抄录的佛经的背面。因为当时纸张极为珍贵,所以就一纸两用。但是,佛典与制糖术相去何啻天渊,为什么竟在佛典背后出现制糖术的记载?至今还是个谜。

稍稍了解敦煌卷子的人都会知道,佛经卷子,如果没有抄写的时间,则价值不大;有了抄录时间,则价值立增。而佛典以外的东西,比如中国古籍和变文等等,则视若瑰宝。至于科技资料,则直如凤毛麟角,成为瑰宝中之瑰宝了。这一张残卷就属于这一类,因而引起了中外学者的垂涎。可这是一个硬核桃,很不容易啃,想啃而啃不动,只好放弃。它辗转传到了北大历史系几位同志手中,他们拿给我看。我惊喜之至,想啃它一下。可是最初也没有啃动。我昼思夜想,逐渐认识到:整张卷子的关键在"煞割令"一词。此词如能解决,则通篇皆活,否则仍然是一座迷宫。我仍然继续苦思。果然皇天不负苦心人,有一天我忽然顿悟:"煞割令"不就是梵文的śarkarā吗?这个谜一破,我惊喜若狂,拍案而起,立即解读其他部分,都迎刃而解,就写成了这篇论文。

此文共分为以下几节:

首先解读原件,附有照片。

一、甘蔗的写法

二、甘蔗的种类

三、造砂糖法与糖的种类

四、造煞割令(石蜜)法

五、砂糖与煞割令的差别

六、甘蔗酿酒

七、甘蔗栽种法

以上几节的论述都是按照原件的顺序来解释原文的。

8.《梵文本〈妙法莲华经〉（拉丁字母转写本）序》

这是一篇序，我根据自己过去对《妙法莲华经》的研究结果，重复了一下这一部佛典的重要意义，以及诸写本的差异的原因和语言特点。我自己把这篇序译为英文，以利外国读者。

9.《蔗糖的制造在中国始于何时》

这一篇论文是讲中国蔗糖史的，现收入拙著《糖史》第一编，国内编。

1982 年

本年共写各类文章三十五篇，其中可以称为学术论文者共有十三篇。本年出版了成册的书四种：(1)《印度古代语言论集》，收有用中、德、英三种文字写成的论文，我在哥廷根大学的博士论文也在其中。我早年研究佛教混合梵语的成果都收在里面了。(2)《中印文化关系史论文集》。(3)《罗摩衍那》汉译本第三卷。(4)《罗摩衍那》汉译本第四卷。

我在下面对学术论文分别加以介绍。正如人们可以预料到的那样，诸论文的分量相差极大。

1.《对〈一张有关印度制糖法传入中国的敦煌残卷〉的一点补充》

记述印度制糖法的敦煌残卷，上面已经介绍过。在那篇文章发表的同时，我已经做了一点补充。现在这一篇文章可以说是补充的补充。我发现，从《世说新语》直到敦煌变文，教、交、校、挍、较、效、觉等字，都是同音同义。

2.《吐火罗语 A 中的三十二相》

这是一篇重头的论文。

大约在一年前，新疆博物馆的李遇春先生把新疆新发现的四十四张、八十八页（每张两面都写有文字），用中亚斜体婆罗米字母写成的他们揣测是吐火罗文 A 的残卷（简称新博本）送给了我，要我释读。我在德国从 Sieg 师治吐火罗文以后，已经有三四十年的时间没有摸过吐火罗文的东西，以前学到的那点东西已经颇为生疏，心中忐忑不安，不敢贸然接受这个重任。但是，看到这样的瑰宝在前，心又不能不为所动。在思想激烈斗争之后，还是硬着头皮接受下来了，心里想：且试它一下，如果实在啃不开这个硬核桃，然后再投降也不晚。然而，幸运之神又一次光临。字母我是认识的，我试读了几张，忽然就发现一个 Colophon，明确无误地写着书的名称：《弥勒会见记剧本》（下面简称《剧本》），还有剧本的幕数。我大喜过望：这样一来，问题不就全解决了吗？而且更使我兴奋不已的是，这部书不仅仅是一部佛经，而且是一部文学作品，书名中就含有"剧本"的字样。这不但对研究佛教史有用，而且也大大有助于文学史的研究。这样的材料比单纯的佛经更为难得，更为有用。我焉能得而不狂喜，不振奋呢？

大家都知道，在佛教教义中，弥勒是未来佛。小乘中已有其名，而大盛于大乘。估计在中亚和新疆一带，有一段时间，弥勒信仰极为流行。光是吐火罗文 A（焉耆文）的《弥勒会见记剧本》就有好几个本子。Sieg 和 siegling 合著的《吐火罗文残卷》（Tocharische Sprachreste）中，就收了不同本子的《弥勒会见记剧本》，都出自中国新疆。欧、美、日等地研究吐火罗文者，虽为数不多，但也颇有几个，可从来没有见其中任何人译释过其中的任何一张。非不愿也，是不能也。因为残卷真是极残，没有一页可以说是完整的，读起来困难极大。虽然德国学者写过几部语法，A 和 B 两个方言都有，对学者有极大的帮助。可是，如果想认真译释，工具仍然不足。我在搞别的工作之余，开始用拉丁文转写婆罗米字母，并逐渐对本《剧本》的内容有了一些大概的了解。这些残卷出土时，页码顺序是完全混乱的。我也逐渐理出来了一个大概的顺序，为本《剧本》的译释工作奠定了初步的基础。但是，一直到这时候我还没有下决心做译释的工作，因为我十分清楚其中的难度，我只做了一点介绍工作。下面的 6.《谈新疆博物馆吐火罗文 A〈弥勒会见记剧本〉》，就是一篇介绍文章。

在整理本《剧本》的过程中，我偶尔发现在本书的几个地方都有关于三十二相的记载。所谓三十二"相"，梵文原文是Mahāpuruṣalakṣaṇa，直译是"大人相"。"大人"即"大人物"。既然是大人物，就应该与平常人有不同之处，特别是在生理方面。中国古代也有类似的信仰，或许是统治者故意散布的，也可能是由于老百姓的愚昧无知，自己制造出来迷惑自己的。除了三十二"相"之外,还有八十种"好",梵文是 anuvyañjana,也指的是生理特征,与"相"难以划分。佛教传入中国以后,许多中国的"正史"也受到了影响,在上面我已经谈过这个问题。但是,我的兴趣并不是研究"相"、"好"本身,而是研究吐火罗文。Sieg 和 Siegling 书中也有关于"相"的记载,但都不全。现在的新博本中居然也有,两下里拼凑起来,能够搞出一个比较完整的吐火罗文三十二相表,这会有助于对几个过去不认识的吐火罗文字的解释。于是我就参考了几种汉译佛经,还有几种梵文原文的佛经,写成了这一篇论文。

我在上面曾讲到过,治吐火罗文的重要任务之一就是:想法认识过去没有能够认识的字。吐火罗文是一种新发现的文字,没有现成的语法,没有现成的字典,通过极少数的梵吐双语文书,通过其他一些别的办法,学者们,首先是 Sieg 和 Siegling,逐渐认识了一些字,但是不认识的还比比皆是。倘若能想方设法多认识几个新字,这无疑就是重要的贡献。我在上面讲到过,通过汉译佛典《福力太子因缘经》等书的德译文,我曾帮助 Sieg 师认识了几个新字,Sieg 先生极为高兴。结果就促使他后来译释了 Tocharische sprachreste 中的前面若干张,其中就用了我的德文翻译。我一直到今天还相信,利用汉、藏译佛典(其量极大)是今后解读吐火罗文的有效办法之一。

在这一篇论吐火罗文三十二相的论文中,我也确定了一些字的含义。我只举一个例子。elā 这个字,在《吐火罗文语法》中没有解释。到了他的 *Übersetzungen aus dem Tocharischen*(APAW,1943,Phil-hist. Klasse,No. 16)中,他把这个字译为 ging hinter den Türflügel(?),并注明是根据我的文章。问题的解决总算是向前进了一步。到了 Werner Thomas 的 *Tocharisches Elementarbueh* 中,他毫无根据地把 elā 译为德文 hinaus(出去),我只能佩服他的勇气。这种不谨严、不负责的学风,不是德国的学风,我又只能为之惋惜。一直到 elā 这个字又出现在三十二相中,这个问题才算是得到了彻底的最后的解决。在三十二相的第十相(相的数码并不固定,因书而异)中,elā 又出现了,与之相应的梵文是 guhya,巴利文是 guyha,意思是"隐藏起来"，这才是 elā 的真正含义。

3.《说出家》

这又是一篇关于吐火罗文的论文。

所谓"出家"，就是"出家当和尚"，我们一直到今天还在使用这个词。但是，在印度梵文写成的佛经中，却只用"出走"一个词，并没有说明从什么地方"出走"，也就是说没有这个"家"字。

但是，吐火罗文中却有这个"家"字。这是什么原因呢？是汉文受了吐火罗文的影响呢？还是倒转过来，吐火罗文受了汉文的影响？经过了仔细分析，我认为，是吐火罗文受了汉文的影响。在中国民族语言史上，这是一个颇有意义的现象。

4.《我和比较文学》

这是一篇关于比较文学的文章，只是一般的介绍，没有多少发挥。我对比较文学涉猎不深，没有用过苦功，所以从来不敢以比较文学家自居。如果说我对中国比较文学的兴起有什么贡献的话，那么我在推波助澜方面起的作用更大。

5.《〈妙法莲华经〉引言》

这是一篇介绍梵本《妙法莲华经》的文章，没有什么新的发挥。

6.《谈新疆博物馆吐火罗文 A〈弥勒会见记剧本〉》

这是一篇介绍新疆博物馆吐火罗文《弥勒会见记剧本》的通俗性的文章，在上面 2.中，我已经谈到过。

7.《比较文学随谈》

这是一篇漫谈比较文学的文章，不能算是学术论文。

8.《〈大唐西域记今译〉前言》

《〈大唐西域记〉校注》出版以后，我当时想到，将来要出一套有关这一部重要著作的系列丛书：一是《校注》，二是《今译》，三是英译。一般说来，这一部书并不深奥难读，但是有一些章节还是极为难懂的。我一贯反对古书今译。可我也曾多次讲过，想要消灭古书，最好的办法就是今译。我并非故作惊人之谈。因为古代许多经典，我们今天并不能全读通，比如《诗经》《书经》《易经》等等，我们今天包括最有学问的人在内，究竟能读通多少？即使是最狂妄的人，也不敢说全通。在这种情况下而胆敢今译，译成什么结果，不是一清二楚了吗?最聪明而又无害的办法就是让人读原文，加以必要的注释，懂就说懂，不懂就说不懂，老老实实，这才是正道。某些高呼今译的有权有利者，我怀疑他们并没有读过几本古书，大有"初生犊子不怕虎"的气概，其志可嘉，其行则不足为训也。但是，我为什么又偏偏提倡今译《大唐西域记》呢? 因为，我觉得，这一部书必须译成英文，让普天下的学人共享其利，而如果根据原文英译，则困难必多如牛毛。我们这些人究竟对本书下过一番工夫，比别人应该懂得多一点，实在一点，正确一点。不如我们来今译更为妥善。我心中今译的读者，与其说是中国一般人，毋宁说是英译者。他们必须根据我们的今译译为英文，则可避免许多错误。这就是我最原始的想法。可惜的是，今译虽出，而英译无望，只有俟诸异日了。

9.《〈印度民间故事〉序言》

我一向有一个看法，也许是一个偏见，我认为，世界上许多民族都创造了一些寓言、童话和小故事，但以印度为最多，质量也最高。鲁迅曾有类似的看法，他说："尝闻天竺寓言之富，如大林深泉，他国艺文，往往蒙其影响。"我写过不少篇考证中国一个故事或者寓言的文章，都是为我这个主张张目的。

10.《〈罗摩衍那〉简介》

这是一篇简单介绍《罗摩衍那》的文章，没有什么新意见。

11.《关于葫芦神话》

这一篇文章虽短，然而却是极有意义的，它破除了葫芦神话只限于中国的说法。

12.《〈沙恭达罗〉简介》

只简短介绍了《沙恭达罗》，没有什么新的观点。

13.《〈五卷书〉简介》

只简短介绍了《五卷书》。

上面是我在 1982 年全年所写的学术论文（有的不能称为学术论文，只是介绍文章；但被介绍的作品重要，所以也纳入学术论文的范畴）的全部情况。

1983 年

本年共写各种各样的文章二十三篇，出版书籍一本：《罗摩衍那》汉译本第五卷。

在二十三篇文章中够得上称为学术论文的有以下八篇。现在分别予以说明。

1.《〈罗摩衍那〉译后记》

2.《〈罗摩衍那〉译后漫笔》

这两篇"译后记"，多少涉及了一点与研究工作沾边儿的问题，所以我把它们列在这里。

3.《为〈印度文学研究集刊〉而作》

严格讲，这一篇也算不上学术论文。但是，印度文学是我毕生研究工作的一个方面，所以我把这篇文章列在这里。

4.《新博本吐火罗语 A（焉耆语）〈弥勒会见记剧本〉 1. 31/2 1. 31/1　1. 91/1　1. 91/2　四页译释》

这是一篇有重要意义的文章。

事情还要从头讲起。关于新疆博物馆吐火罗文 A《弥勒会见记剧本》，我在上面已经多次提到。我对本书的理解是逐步深入的；我对它处理的办法也是逐步完善的。我最初确实没有翻译它的念头。因为，我知道，这是异常艰巨的工作，德国许多专门从事吐火罗文研究的专家，除了 Sieg 师外，也没有哪个人敢于尝试。Tocharische Sprachreste 中就有许多《弥勒会见记剧本》的残卷，为什么竟没有一篇德文或其他西方语言的翻译呢？后来，我的胆子慢慢地大了起来，我的想法有了改变。我忽然发现，自己是有所恃而不恐的。我的"所恃"就是我国藏有大量的同书的回鹘文译本的残卷，虽然残缺不全，但是比起德国的收藏来是多得多的。我何不利用回鹘文译本呢？两个译本亦不完全一致，有的地方一致性多一点，有的地方少一点。这是十分正常的现象，不足为怪。我自己不通回鹘语。于是我就请了几位中国回鹘文专家来帮助我。他们是：我的学生，中央民族大学耿世民教授；我的朋友，新疆工学院李经纬教授；新疆博物馆伊斯拉菲尔·玉素甫、多鲁坤·阚白尔等先生。如果没有他们的帮助，我是无法翻译的，吐火罗文原卷实在太残破了。他们的隆情厚谊，我永远铭记在心。

我选了自己认为比较有把握的二张四页，译成了汉文，加上了比较详细的注释。译文和注释，后来发现，都有一些不太确切或者甚至错误的地方。我认为，这都是难以避免的。千里之行，始于跬步，我毕竟开步走了。这个发轫，这个滥觞，是十分珍贵的。一旦发轫，一旦滥觞，遂一发而不能自已，于是就一张张、一页页地翻译下去。有的在国内刊物上发表，有的译成了英文，在国外刊物上发表，有的还没有发表。终于译完了三十多张，六十多页。有一些张在回鹘文译本中还没有能找到相应的段落，只好留待以后解决了。现在已经把全书整理完毕，等待明年出版（是书现已出版，收入《季羡林文集》第十一卷）。详细情况，下面将在有关的年份中介绍，这里就先不提了。

了解了我上面说的情况，就能够理解我为什么说这是一篇有重要意义的文章。

5.《〈中国比较文学〉发刊词》

这原是《中国比较文学》的"发刊词"。《中国比较文学》是中国比较文学学会创办的一个刊物。篇幅虽不是太大，但却有其意义，这毕竟是中国比较文学学者创办的第一个刊物，同世界比较文学学会和其他一些国家的相应的学术机构有密切联系和交换关系。本文不长，内容也简短扼要，只讲了建立比较文学中国学派的问题，讲了我们的信心，讲了我们现有的条件和我们的目的。

6.《古代印度砂糖的制造和使用》

这也是一篇重要的论文。

世界学术界，特别是研究甘蔗原产地问题的学者们有一个说法，说印度就是甘蔗的原生地。这个说法并没有被普遍地接受。但是，甘蔗以及造蔗糖术在印度古代文献中出现相当早，则是一个无可争辩的事实。

我注意到甘蔗和糖，不自现在始。上面1981年我就曾写过一篇文章：《蔗糖的制造在中国始于何时》。回想起来，这与吉敦谕和吴德铎两先生的笔墨官司有关。我读了他们两位的许多篇辩论文章，有感而发，写了那一篇论文。在这同一年，1981年，早一些时候，我曾写过一篇《一张有关印度制糖法传入中国的敦煌残卷》。这两篇论文表示我已经比较认真地注意到甘蔗和糖的问题了。这可以算是我研究甘蔗和糖的发轫和滥觞。这个研究占用了我长达二十来年的时间，已经陆续写成了一部长达八十余万言的《糖史》，明年可以全部出版（是书现已出版，收入《季羡林文集》第九卷和第十卷）。

7.《〈中外关系史译丛〉前言》

这是一篇比较短的文章，只肤浅地阐明了研究中外关系史的重要性。

8.《〈佛经故事选〉序》

此文收入 1991 年出版的《比较文学与民间文学》时，改名为《佛经故事传播与文学影响》。不是出自我的笔下，我觉得这个名称似有欠妥之处。内容颇简单，主要说明在印度产生的神话、寓言和童话，影响广被，连古代希腊也受到了影响，《伊索寓言》就是一个例子。主要通过佛经翻译，也影响了中国。研究比较文学而又重视影响研究的学者们，对他们来说，《佛经故事选》是很有用的。

1984 年

在写作和学术研究方面是个丰收年。共写各类文章二十九篇，性质不同，长短相差极大。可以算得上学术论文的共有十九篇。现在分别介绍一下。

1.《中世印度雅利安语二题》

这篇论文共谈了两个问题，所以称作"二题"。第一个问题是"再论中世俗语语尾 –am>o，u 的问题"，是继 1944 年用德文写的那一篇内容相同的论文而写的，其间相隔四十年。我在四十年前的意见是完全正确的，我找到了大量的新资料，支持我原来的观点。我的新资料的来源包括下列诸书：

（1）犍陀罗语《法句经》；（2）吉尔吉特残卷；（3）《妙法莲华经》；（4）Prajñā-pāramitā-ratnaguṇa-saṃcaya-gāthā。

第二个问题是"巴利文与不定过去时"。四十多年前，我用德文写过一篇 Die Verwendung des Aorists als Kriterium für Alter und Ursprung buddhistischer Texte。我想证明，不定过去时（Aorist）是印度中世东部

方言、古代半摩揭陀语的语法特点之一。可是我遇到了困难。巴利文被广泛地认为是一种西部方言，可是里面的不定过去时特别多。这同我在那一篇论文中的结论颇有极大的矛盾，应该怎样来解决呢？这就是我的困难之所在。

在这里，我认为，虽然巴利文比较广泛地被认为是一种西部方言，但是这并非自古以来学者们所共同承认的结论，争论一向就有。看来这个结论现在必须重新审查了。锡兰（今斯里兰卡）传统的说法是：巴利文是摩揭陀语，也就是东部方言。近代欧洲学者中也不乏附和这种说法的人，比如 W. Geiger，Windisch 等人。最近附和这种说法者可以英国学者 K. R. Norman 为代表。如果我自己的精力来得及，我也想就这个问题继续做一点比较深入、比较彻底的探讨，以最终解决这个问题。我在上面提到的那一篇论文证明不定过去时是东部方言的特点之一，我至今仍深信不疑，因为我使用了大量的资料。

2.《〈东方文学作品选〉序言》

这只是一篇短文，涉及印度文学作品，没有什么新的观点。

3.《三论原始佛教的语言问题》

在研究佛教梵语方面，这也是一篇比较重要的文章。它是承我过去写的两篇文章而来的：《原始佛教的语言问题》和《再论原始佛教的语言问题》。《三论》的写成上距《再论》已经二十六年。

这篇论文涉及面比较广，共谈了以下几个方面的问题。

一、有没有一个"原始佛典"？"原始佛典"使用什么语言？是否有个"翻译"问题？

有没有一个所谓"原始佛典"（Urkanon）是西方梵学界一个争议颇大的问题。这个问题我在上面已经谈过，现在再深入谈一谈。我在这里先主要介绍反对派的意见。这一派可以 Bechert 为代表。他竭力反对 Lüders 首先提出来的 Urkanon 这个设想，同时也就反对了所谓"古代半摩揭陀语"，也就是东部方言这个提法。1976 年在德国哥廷根举行了一次佛教研究座谈会，叫作"最古佛教传承的语言"，顾名思义，就能知道是专门讨论我在上面提到的那一个问题的。与会学者绝大部分是反对有一个 Urkanon 的，只有极少数学者例外。在反对派中，意见也并不一致。

二、释迦牟尼用什么语言说法？

在这次哥廷根的座谈会上，讨论了与这个问题有关的两个问题：

（一）佛说法是用一种语言或方言呢，还是用多种？

座谈会上大多数学者都同意是用多种。他到哪里，就说那里的话。既然如此，谈一种"原始语言"，是不正确的。在这个问题上，Bechert 的态度有点模棱两可；但是，他似乎也主张佛是说多种语言的。据我个人的看法，我们现在所能掌握的资料还不足以支持佛说多种语言的说法。

（二）如果是用一种的话，这一种又是什么？

如果佛只说一种语言，这种语言是什么呢？很可能是古代摩揭陀语或古代半摩揭陀语。

三、阿育王碑是否能显示方言划分？

关于这个问题，学者们的意见也是有分歧的。这并不令人奇怪，几乎对任何问题都有分歧的意见，这是常见的现象。

阿育王统治的帝国，是印度历史上空前的大帝国。为了宣传他自己的信条，教育全国人民，他在全国许多地方都树立了一些石柱和石碑；上刻铭文，就是他对全国人民的敕谕，以说教的口吻，教导人民应该如何如何做。这些铭文的语言有的是不相同的，但是内容却基本上相同。应该怎样来解释这个现象呢？

从阿育王碑或柱的地理分布情况和铭文所使用的语言来看，情况不尽相同。东方大石碑铭的语言基本上与当地方言相一致，但西方、南方和北方的三个大石碑铭文，使用的却是东部方言。这又应该如何去解释呢？唯一合理的解释，我认为就是 Lüders 等学者提出来的"翻译说"。意思就是，先有一个底本，然后再译成当地的方言，以利当地居民的阅读。翻译的程度有深有浅，也有根本不翻译的。至于底本的语言，看来只能是东部方言，古代摩揭陀语或古代半摩揭陀语，这是阿育王大帝国首都的语言。现在，虽然已经发现了多处阿育王的碑和柱，但是还不敢说阿育王的碑和柱都已经全部被发现了；他树立在首都华氏城的石碑就还没有被发现。有朝一日这个石碑如果被发现，对我们研究阿育王碑铭这个问题将会起极大的推动作用，是不言而喻的。K. R. Norman 的说法是：碑铭的抄写员在其中起了作用，是绝对靠不住的。试问，哪一个抄写员能有这么大的胆子，敢于更改大皇帝诏谕的语言？总之，我认为，根据阿育王碑铭是能够区分方言的。

四、《毗尼母经》等经讲的是诵读方法（音调），还是方言的不同？

这是一个多少年来就争论极多的问题，至今好像还没有大家都公认的结论。因此，我用了相当长的篇幅，把这个问题的来龙去脉、讨论过程、各家异说都仔仔细细地重新检查了一遍，以期实事求是地解决这个极为棘手的老问题。这一段文章，同我在上面提到的《原始佛教的语言问题》整篇论文，所要解决的是同一个问题，只是因为时间已经相隔了很多年。我又细读了哥廷根座谈会上的一些有关的论文，我掌握的材料大大增加，视野当然也就随之而扩大。虽然得到的结论仍然不异于第一篇论文，但是其可靠性却非同当年了。读这一段文章时，最好能参阅上一篇论文。

我写这一段文章仍然从巴利文律藏 Cullavagga（The Vinaya-Pitakam，ed. by Hermann Oldenberg vol. Ⅱ Cullavagga，P 139）那一段文章开始。我从中选出了几个关键的词：

（1）buddhavacanam

（2）chandaso

（3）āropema, āropetabham, āropeya

（4）nirutti

按照汉译佛典的翻译，明确确定了它们的含义，然后得出一个结论。第一个字：buddhavacanam 有两个含义："佛经义"和"（诵）佛经"。第二个字，汉译为"阐陀至"、"世间好语言"、"通外道四围（吠）陀"、"阐陀"等等。第三个字，虽然我写了三种形式，实际上都来自一个字根ā+ruh。汉译佛典的译文是："撰集佛经，次比文句"，"修理佛经"，"诵读佛经"，"诵佛经"，"诵经"，"正佛经义"等等。这一些汉译文都没有"翻译"的意思，但是我觉得，这个含义实际上已隐含其中，呼之欲出。第四个字 nirutti 是一个关键性的词。汉译文有以下几种："音"、"国俗言音"、"国音诵读"、"外国音声诵佛经"、"方国言音"、"言语"等等。巴利文大注释家觉鸣（Bud-dhaghosa）把这个字注释为"佛所说的摩揭陀语"。西方一些学者们对以上几个字的标新立异的解释，我认为，都是站不住脚的。

解释完了我选出来的四个词，现在我来谈一个问题：Cullavagga那一段话讲的是语言问题，还是诵经的声调问题？根据我的分析，这里讲的是语言问题，而不是诵经的声调问题。

五、我的看法

根据上面的分析，我认为，哥廷根座谈会上很多学者的意见是难以接受的。现在把我的意见综述一下。

一个宗教一旦形成或者创建，教主必将努力招收徒众，大力宣传自己的教义。印度当时还没有文字，宣传只能靠语言。佛与弟子们使用什么语言呢？佛的诞生地在今尼泊尔境内，但是他一生游行说法，虽然到过许多地方，可大部分时间都是在摩揭陀国（约在今天印度的比哈尔邦）。他的弟子们出身不同，家乡也不尽相同，因此语言也不会完全一样。但是，既然同在摩揭陀国，则这里的语言或者方言就必然会成为他们之间的交流思想的工具。他们对当地民众说法，也必然使用这种语言。但是他们所说的摩揭陀语又决不会是纯粹的，具有三个东部方言特点的语言。所谓"古代半摩揭陀语"就这样产生了。这是一种拉丁文称之为 lingua franca 的语言。打一个比方，这有点像中国的"蓝青官话"。很多南北各省份的人聚集在政治中心首都北京，必须有一种共同的语言，这种语言当然是北京话；但是，除了本地人以外，谁也不能完全掌握北京话，于是南腔北调，甚至奇腔怪调，都出现了。无论如何，交流思想的目的总算是能达到了。如来佛的"古代半摩揭陀语"想来也大概就是这个样子。

佛教是在公元前五六世纪在印度东部兴起的宗教之一，是反对西北部的婆罗门教的，所以佛祖坚决拒绝使用婆罗门教的经堂语梵文。梵文在当时还没有取得像后世那样煊赫的地位。它只是一种文化和文学的语言，还没能成为官方使用的政治语言。

释迦牟尼悟到了教义，找到了一些徒众，有了一种供他使用的语言，于是就开始"转法轮"——传教。第一次说法的内容大概是关于

"四圣谛"——苦、集、灭、道的，此时当然还不会有什么佛典（Kanon）。哥廷根座谈会上，学者们心目中的佛典是包括经、律、论一整套的典籍，这在释迦牟尼生时是根本不可能形成的。Bechert 说，最古的佛典是属于律部的，这是隔靴搔痒之谈，绝对靠不住。我想拿《论语》来做一个例子或者依据，推测一下佛教 Urkanon 形成的过程。孔子的一些行动和同弟子们的一些谈话，被弟子们记了下来，积之既久，遂形成了《论语》。释迦牟尼恐怕也会有类似的情况。他常说的一些话，被弟子们记在心中，扩而大之，逐渐形成了一些经典中的核心。区别只在于，中国的《论语》保留了原型，没有继续发展成为成套的有体系的经典，有如天主教和耶稣教的《新约》、《旧约》，以及伊斯兰教的《古兰经》。佛教经典的形成走的是另一条路，结果形成了一套汗牛充栋的经典宝库，而没有一部为各派所共同承认的宝典。后世产生的经典也往往标出"佛说"，这当然是绝对不可靠的。

印度从什么时候起开始有文字呢？确切时间还不能十分肯定。反正阿育王（约公元前 275 年～232 年）时代已经有了文字。有了文字，佛典就能够写定。写定的时间可能早到公元前二世纪末。在这里又出了一个佛典梵文化的问题，这个现象可能与佛典的写定同时并举。什么叫"梵文化"？原来佛典的语言是俗语，主要是古代半摩揭陀语。后来，这种俗语由于种种原因，其中也包括政治方面的原因，不能适应需要。政治界和宗教界都想找一个能在全国都通用的语言，选来选去，只有原来被佛祖所拒绝的梵语最符合条件。于是就来了一个所谓"梵语复兴"（Sanskrit Renaissance）。佛典也借这个机会向梵文转化，这就是"梵文化"。这是一个缓慢的过程，最初俗语成分较多，以后随着时间的推移，俗语成分渐减，而梵文成分渐增。这样的语言就被称为"佛教梵语"或"混合梵语"（Hybrid Sanskrit）。

以上是我在《三论原始佛教的语言问题》这一篇论文中，对 1976 年在哥廷根举行的"最古佛教传承的语言"座谈会上所发表的论文的意见。论文的最后一部分中，我又综合地讨论了下面六个问题：

（一）什么叫"原始佛典"

（二）耆那教经典给我们的启示

（三）摩揭陀语残余的问题

（四）所谓"新方法"

（五）关于不能用"翻译"这个词的问题

（六）汉译律中一些有关语言的资料

这些问题前面都有所涉及，我不再一一加以解释了。

4.《〈罗摩衍那〉在中国》（附英译文）

中国翻译印度古代典籍，虽然其量大得惊人，但几乎都是佛经。大史诗《罗摩衍那》虽然在印度影响广被，但因为不是佛经，所以在我的全译本出现以前的两千余年中中国并没有译本，至少对汉文可以这样说。我这一篇论文就是介绍《罗摩衍那》在中国许多民族中流传的情况的，共分以下几个部分：

一、《罗摩衍那》留在古代汉译佛经中的痕迹

二、傣族

三、西藏

四、蒙古

五、新疆

（一）古和阗语

（二）吐火罗文 A 焉耆语

结束语

前五部分的内容，我在这里不谈了，请读者参看原文。我只把"结束语"的内容稍加介绍。我谈了下列几个问题。

（一）罗摩故事宣传什么思想？印度的两个大教派都想利用罗摩的故事为自己张目。印度教的《罗摩衍那》宣传的主要是道德伦常和一夫一妻制。佛教的《十车王本生》则把宣传重点放在忠孝上。至于《罗摩衍那》与佛教的关系，有一些问题我们还弄不清楚。两者同产生于东印度，为什么竟互不相知呢？唯一可能的解释就是，罗摩的故事晚于《梵书》，而早于释迦牟尼。

（二）罗摩的故事传入中国以后，有关的民族都想利用它为自己的政治服务。傣族利用它美化封建领主制，美化佛教。藏族利用对罗摩盛世的宣传，来美化当地的统治者。

（三）汉族翻译的罗摩的故事，则强调伦理道德方面，特别是忠和孝。我总怀疑这是译经的和尚强加上去的。中国古人说："不孝有三，无后为大。"人一当了和尚，不许结婚，哪里来的"后"呢？而许多中国皇帝偏偏好以孝治天下。这似乎是一个无法解决的矛盾。于是中国佛教僧徒就特别强调孝，以博得统治者和人民大众的欢心，以利于佛教的传播。

（四）中国人不大喜欢悲剧。罗摩故事在印度是一个悲剧，中国编译者则给了它一个带喜剧色彩的收尾。

（五）罗摩的故事传到了中国，被一些民族涂上了民族色彩和地方色彩。

最后，我谈到了《清平山堂话本》卷三中的《陈巡检梅岭失妻记》。这个话本一方面与罗摩的故事有相似之处；另一方面，又与《西游记》的神猴孙悟空有某些瓜葛。这个问题有待于进一步的探讨。

顺便说一句：这篇论文有英译本。

5.《新博本吐火罗语 A（焉耆语）〈弥勒会见记剧本〉第三十九张译释》

这里译释的是新博本《弥勒会见记剧本》第三十九张两页。详细说明已见 1983 年 4，这里不再重复。

此文有英译文。见下面 7。

6.《〈薄伽梵歌〉汉译本序》

我在这篇序言中主要介绍了印度三位学者对《薄伽梵歌》的意见，他们是高善必（D. D. Kosambi）、Basham 和恰托巴底亚耶（Chattopad-hyaya）。我认为，这三位学者对此书的意见各有独到之处，其余印度和印度以外的学者们的意见，多得不可胜数，都没有什么特异之处，我一概省略了。在序言的最后两段中，我提出了一个"天国入门券越卖越便宜"的观点。这个观点在我脑海里不断发展，到最后就形成了一个宗教发展的规律：用越来越少的身心两个方面努力得到了越来越大越多的宗教的满足。在香港中文大学讲学时我曾专门讲过一次。我个人认为，这是发前人所未发的观点或者规律。

7. Translation from the Tocharian Maitreyasamiti-nāṭaka the 39th leaf

（2 Pages）76 YQ 1. 39 1/1 and 1. 39 1/2 of the XinJiang Museum Version 已见上面 5。

8.《自序——〈原始佛教的语言问题〉》

在这一篇"自序"中，我主要讲了我学习"佛教梵语"开始时的情况，接着又讲了我写《原始佛教的语言问题》和《再论原始佛教的语言问题》的来龙去脉。《再论》写于 1958 年。这篇文章主要是针对德国梵文学者、我的朋友 Bechert 的。在这一篇"自序"的最后，我提出了我研究"佛教梵语"的用意。我不是为研究语法变化而研究语法变化的，我希望把对佛教梵语和印度佛教史的研究结合起来。

9.《〈印度印地语文学史〉序》

刘安武这一部书是十分可贵的。此书资料丰富，立论公允，必能受到读者的欢迎。印度语言极多，每种语言都有自己的文学。我国研究印度文学的现状实不能令人满意，至今连一部《孟加拉文学史》都没有写出来，遑论其他语言。没有个别语言文学史的研究，一部完整的《印度文学史》是无法写出来的。

10.《外国文学研究中的几个问题》

这是我在上海外国语大学的一篇即席的长篇发言或者报告，没有稿子，连提纲也没有。内容是讲：研究外国文学应当学习些什么东西?我认为，首先要提高理论水平。想做到这一步，必须学习四个方面的文艺理论。第一，要学习马克思主义的文艺理论。这里包括经典作家对文艺的一些意见，我把普列汉诺夫也归入此类。这是基本立足点，不能掉以轻心。第二，要学习中国文艺理论。我们在这方面有丰富而优秀的遗产，《文心雕龙》、钟嵘《诗品》、司空图《诗品》等等古代名著，一直到近代王国维的《人间词话》，还有大量的"诗话"，都是非学不行的。第三，要学习西方文艺理论。自古希腊亚里士多德起，一直到近现代，西方文艺理论极其丰富。近代又出现了不知多少理论，有的"蟪蛄不知春秋"。我们必须了解，但千万不能迷信。"贾桂思想"是我们的大敌，必须彻底铲除。第四，要学习印度文艺理论。在印度，文艺理论也有极长、极辉煌的历史。过去曾影响过中国，今天我们仍要认真研究和学习。理论方面，就讲这四点。在语言方面，必须先学好汉语，包括古文诗词在内；其次必须学好外语，只会一种还不够用，要多学几种；再次，知识面一定要广，不广没法研究外国文学；最后还要学习科技知识，至少要能掌握电脑技术。

11.《商人与佛教》

我个人认为，这是一篇重要的论文。

按照常理，商人与佛教不会有多少瓜葛，不会有太密切的关系。商人是入世的，做生意为了赚钱。而佛教僧人则是出世的，念经拜佛，坚持修行，为了成佛作祖，得到涅槃。二者互不相涉。我原来根本没有想到把二者联系到一起来。但是，在阅读佛典的过程中，我却逐渐发现或者意识到，二者有非同寻常的关系。释迦牟尼成佛后，从金刚座上下来，第一批向佛提供食品的就是两个商人。这是佛一生中一件十分有意义的事。为什么偏偏是两个商人而不是别的什么人呢？释迦牟尼最大的施主给孤独长者也是一个大商人，他曾布金满地购买了一座大花园赠送给佛祖。佛经中许许多多的地方都谈到了这一位长者，他是佛经中最有名的人物之一。因此，我们可以说，商人同佛教有某一种特别亲密的关系。

在古代社会中，不管是中国还是外国，由于生活条件的限制，特别是由于道路的崎岖坎坷和交通工具的简陋，一般人除非万般无奈是不大出门的。古人所谓"鸡犬之声相闻，老死不相往来"，讲的——至少一部分就是这种情况。现代的所谓"旅游"，不但古代稀见，连我年轻时都是少见的。现在推想起来，当时出游的人不外下列几种：外交使节，比如张骞之流，这类人数目极少；出征侵略或御敌的将士；贸迁千里万里"重利轻别离"的商人；还有为了宣扬大法，积累功德而云游的宗教僧侣。这个出游的队伍是慢慢扩大的。当时通往远方的大路，最有名的是丝绸之路，都是商人用脚踩出来的。宗教僧侣出行，当然也只能走商路。因此二者路上相遇的机会自然就多了起来，结伴同行，也就成了很自然的现象。我在本文中引用的大量佛典律藏中的资料，足以说明这个现象了。有很多故事讲到佛教和尚同商人共同想方设法在关口上偷税漏税，以及佛教僧侣对商人无与伦比的、超出度外的迁就和照顾，颇伤虔诚的佛教徒的感情，这一点我是知道的。但是，这些记载都赫然出自佛典本身，我丝毫也没有捏造。我是一个历史工作者，只能照实直书，别无选择。这一点还请佛教界的朋友们原谅则个。

本篇论文的后一半，我主要用来谈商人与佛教关系密切的原因，以及与中国对比。在这里，我个人主观的想法多一点，难免有主观臆断的地方。但是，就我个人来说，我的态度是严肃的，丝毫也没有故意标新立异、哗众取宠的想法。是非曲直，都由读者去评断吧。

12.《〈敦煌吐鲁番唐代法制文献考释〉序》

这一篇序言没有提出什么新观点。

13.《〈饶宗颐史学论著选〉序》

在这一篇序言中，我首先介绍了饶宗颐先生的生平，然后介绍他的著作。饶先生学富五车，著作等身，研究范围极广，儒、释、道皆有所涉猎，常发过去学者未发之覆。我在这里提出来了一个大家所熟知、而实践者则不算太多的观点，这就是："进行学术探讨，决不能固步自封，抱残守阙，而是必须随时应用新观点，使用新材料，提出新问题，摸索新方法。只有这样，学术研究这一条长河才能流动不息，永远奔流向前。"饶先生是做到了这一点的。

我借用了先师陈寅恪先生《王静安先生遗书序》中的一段话："然详绎遗书，其学术内容及治学方法，殆可举三目以概括之者。"这三目是："取地下之实物与纸上之遗文互相释证。""取异族之故书与吾国之旧籍互相补正。""取外来之观念与固有之材料互相参证。"我这一篇序言主要就是根据寅恪先生提出之三点，来叙述了饶宗颐先生的学术内容和治学方法。

14.《在杭州印度两大史诗讨论会上的讲话》

这篇讲话没有提出什么新观点。

15.《外国文学研究应当有中国特色》

这一篇论文不算太长，但是代表了我在八十年代前对外国文学研究，对文学批评，对美学，对文艺理论的看法。

我主张中国的外国文学研究应有中国特色。要想做到这一步，至少应该有三个前提或者基础：第一，必须突出理论研究；第二，必须在方法论上努力求新；第三，必须实行拿来主义，古为今用，外为中用，以我为主。世界上，文艺理论能成为体系的只有四家：马克思主义文艺理论、自古希腊罗马以来的欧美文艺理论、中国文艺理论、印度文艺理论。中国文艺理论，源远流长，丰富多彩，有一套专门名词，有许多不同的学说。我写道："这些术语和理论对中国的专家来说，一看就懂，也确能体会其中含义；但是要他用比较精确的明白易懂的语言表达出来，往往说不出。这些术语给人一个印象，一个极其生动的印象，这是好的。要把这个印象加以分析，说说清楚，则力不从心，说不出来。这不能不说是一个不足之处。"

（从这一段话中可以看出来，我在当时仍然被西方的"分析"牢牢地捆住了手脚，而不能自拔。我现在认为，我现在终于"拔"出来了。）

在这篇论文的最后几段中，我讲到当今世界上五花八门的文艺理论体系，"江山年有才人出，各领风骚数十天"。对这些文艺理论体系，我们必须随时加以注意，努力去理解；但千万不要被它们绑在战车上，拾人牙慧。这个意思，一直到今天，我还认为是对的。

16.《展望比较文学的中国学派》

这是《北京晚报》记者的提问和我的回答的一个记录。文虽短，但谈的问题却极为重要。比较文学形成的历史虽然不长，但已经成为世界显学。可惜其中竟没有中国的声音。有一些中国比较文学学者，甚至个别的外国比较文学学者，都提出了建立比较文学中国学派的希望和呼吁。我当然也有这种希望，但决不是出于狭隘的爱国主义或民族主义，而是出于对世界比较文学的关心。没有中国学者，再扩大一点范围，没有东方学者参加，则比较文学会是一个不完备的学科。至于如何才能形成中国学派，我除了提倡理论研究以外，其他招数也不多。

17.《吐火罗语》

18.《窣利文（粟特文）》

19.《梵文》

这三篇论文都是为《中国大百科全书·语言文字卷》所写的词条。

1985 年

这一年又是丰收的一年。校内外的社会和学术活动仍多。中国比较文学学会成立，我当选为名誉会长。这一年出版了下列几本书：《原始佛教的语言问题》《〈大唐西域记〉校注》《〈大唐西域记〉今译》和译本《家庭中的泰戈尔》。是年八月，赴德国 Stuttgart，参加第十六届"世界历史学家大会"，在会上用英文宣读了《商人与佛教》。

本年共写三十二篇各类文章，其中可以算做学术论文的有十四篇。下面顺序加以叙述：

1.《〈摩奴法论〉汉译本序》

"法"（dharma）这个字在印度含义颇为复杂，大体上是由宗教伦理转为政治法律。本书作者是婆罗门种姓，当然会努力维护本种姓的利益。但这一部《法论》还是非常有用的。我个人从里面找到印度封建社会起源的很多资料。关于这个问题，印度所谓历史唯物主义的史学家大都认为印度封建社会起源比较晚。我利用本书提供的资料，认为印度封建社会起源相当早。这一部书不但在印度历史上起过重要作用，到了近代，它仍有极大影响；它影响了许多周边国家，英国人为印度立法也曾加以参考。

2.《泰戈尔》——《简明东方文学史》一节

这是《简明东方文学史》第三编中第三章的第二节（该书 454 ~ 470 页）。

我写"泰戈尔"这一节，主要根据我自己对他的研究，也参考了一些国外的研究成果。我首先写了泰戈尔"生活的时代"，强调他生活在英国殖民主义者的统治下，自幼培养出了极其真挚的爱国主义热情，他为印度的独立贡献出了自己的全部力量。他与圣雄甘地可以称为"双峰并峙"，因此受到了全印度人民，以及全世界进步人民的由衷的爱戴。他对中国人民反抗日本军国主义者的同情，对侵略者的无情的鞭挞，我们中国人民永远不会忘记。

接着我写了泰戈尔的"生平"。我仍然突出了他的爱国行动，以及他的国际主义精神。1916 年，他到了日本，从那里转赴美国。他对美国的种族歧视深恶痛绝。他以"国家主义"为题，做了一些报告。他对美国一向没有好感，几次访美，都不欢而散。1919年，发生了有名的"阿姆利则惨案"，他拍案而起，写了一封义正词严的信给英国总督，声明放弃英国国王赐给他的"爵士"称号。1924年，他访问中国，对中国文化大加赞赏，歌颂中印友谊，并预言中国的复兴。1930年，他访问了苏联，极有好感。1939年，他著文怒斥希特勒。1941年，他临终时还念念不忘中国的抗日战争。综观泰戈尔一生，主持正义，痛斥邪恶，不愧是一个完人。

下面我谈到他的思想（世界观）。他主张宇宙万物的基本精神是和谐与协调；他又提出了"韵律"是宇宙的最高原则。但是，他思想中也是有矛盾的。

接着我论述了泰戈尔的"作品"。他是一个天才作家，一个多产作家。他用孟加拉文和英文写了大量的诗歌、短篇小说、长篇小说、戏剧、杂文等等，世界各国几乎都有译本。中国已经翻译了泰戈尔的全集。我还特别分析了他的艺术特色，并以短篇小说为例，细致地加以分析。他的诗歌创作曾在20世纪20年代后半期深刻地影响了中国新诗的创作。

最后，我讲泰戈尔在世界上的影响以及他与中国的关系。上面已有所涉及，在这里不再重复了。

3.《〈中国传统小说在亚洲〉中译本序》

本文原系法国学者苏尔梦著《中国传统小说在亚洲》汉译本一书的序言，收入《比较文学与民间文学》一书时，改名《文化交流与文学传播》。

中国文化源远流长，一方面接受其他国家的文化，一方面又毫不吝啬地把自己的文化传出国外，传布全球。中国的传统小说就是传播对象之一。有一些小说也传到了欧洲，受到了像歌德这样的文化巨人的赞扬。但是，最主要的传播地带还是亚洲。中国家喻户晓的一些传统小说，比如《三国演义》《西游记》《今古奇观》《水浒传》《金瓶梅》《聊斋志异》《红楼梦》等等，都传至亚洲许多国家。有的是华侨带出去的，不用译本；有的则有当地文字的译本，为当地居民所喜爱。这也是一种文化传播的方式，其影响更能深入人心，它加强了当地人民对中国的了解，从而增强了友谊。

在外国汉学家中，法国汉学家是突出的。他们有比较悠久的汉学传统，名人辈出，代有传人，至今不绝。但是，老一辈汉学家"俱往矣"。在中青年汉学家中，苏尔梦是一个佼佼者。她的著作相当多，比如《适应汉文化的一个例子：十八世纪的贵州省》《雅加达的中国人，寺庙和公共生活》《印度尼西亚的中国人用马来文写的文学作品》等等。此外她还写了很多论文，涉及面非常广，资料多是第一手的。

现在的这一部书是苏尔梦编著的，其中收有法、前苏、德、日、朝、柬、印尼、泰、美、澳等国学者的著作十七篇。她为此书写了引论。统观这些文章，材料大都翔实可靠，立论也平正公允。从中可见在所谓"汉文化圈"内外，中国传统小说的影响如何深厚，大大有利于了解中国文化对外影响的具体情况。

4.《印度史诗〈罗摩衍那〉的诗律》

印度古诗表现形式是诗节（stanza），每一诗节分为四个音步。组成音步的方式有两种：一种是按照音节的数目，一种是按照音节瞬间（mātrā）的数目，前者术语叫婆哩陀（vrtta），后者术语叫阇底（jāti）。在第一种中，要区别长短音。所谓长音是指用长元音、二合元音或三合元音，以及诗律长元音组成的音节。在第二种所谓阇底中，也讲长短，一个短元音算一个音节瞬间，一个长元音算两个。在这里，诗律不是按照音节的数目，而是按照音节瞬间的数目来计算的。

《罗摩衍那》的诗律属于第一种，是按音节数目来计算的。全部大史诗约有一万九千首诗，绝大部分都是用一种诗律写成的。这种诗律名叫输洛迦（śloka），有四个音步，每个音步八个音节，共三十二个音节。输洛迦本是最常见的一种诗律，《罗摩衍那》故神其说，说是作者蚁垤于无意中发现的。实际上连《摩诃婆罗多》用的也是这种诗律。我现在把《罗摩衍那》中最标准、最典型的两首输洛迦的诗律写在下面：

— （长）⌣（短）

(1) — — — ⌣ — — ⌣ / ⌣ ⌣ ⌣ ⌣ — ⌣ — ⌣

    — — ⌣ ⌣ — — — ⌣ / ⌣ ⌣ — ⌣ — ⌣ — —

(2) — — ◡ — ◡ — — ◡ / — — — — — ◡ ◡ —
— — ◡ — ◡ ◡ ◡ — / — — — — ◡ ◡ — —

举此二例，可见一斑。

5.《〈中国纪行〉中译本序》

中亚人赛义德·阿里·阿克巴尔·哈塔伊用波斯文写了一部《中国纪行》，记述了他于 16 世纪初（明正德年间）在中国的所见所闻，极有学术价值。张至善和张铁伟、岳家明等译为汉文。书前有李约瑟的序和我的序。

中古穆斯林旅行家和学者对人类文化做出了巨大的贡献。由于语言关系，到了今天，这个历史事实还不为世界所熟知。穆斯林旅行家有一个共同的特点：比较客观，比较实事求是；虽也受时代限制难免多少有一些荒诞不经之谈，但总起来看是比较少的，他们的记述基本上是可靠的。

正如对许多中古旅行家那样，也有人怀疑，本书作者是否真到过中国。我个人的看法是，他亲身到过中国，否则有一些事件和情况，他不会写得这样亲切、具体、生动、真实。他对当时中国人民的讲礼貌、守秩序等美德倍加赞美。他写道："在世界上除了中国以外，谁也不会表现出那样一种井井有条的秩序来。毫无疑问，如果穆斯林们能这样恪守他们的教规——虽然这两件事无共同之处——他们无疑地能按真主的良愿成为圣人。"总之，通过这一部分，我们能够看到 16 世纪初中国的精神文明和物质文明的比较真实的情况。读了这一部分，会无形中增强爱国主义精神。

6.《一部值得重视的书——读阿克巴尔〈中国纪行〉》

7.《原始社会风俗残余——关于妓女祷雨的问题》

这篇论文是读《中国纪行》的副产品。

我读《中国纪行》第十一章"妓院和妓女"，其中讲到妓女的来源：犯了死罪的官员的妻女被送入妓院，供人寻欢取乐。另外还有一个任务，就是为公众祷雨。为什么利用妓女为公众祷雨呢？我立即想到了印度流传极广的鹿角仙人或独角仙人的故事，其中就有利用妓女祷雨的情节。大史诗《罗摩衍那·童年篇》(1.9.3, 1.9.28)讲到了这件事，讲到了妓女，也讲到了下雨。玄奘《大唐西域记》卷二，讲到独角仙人，但没有讲求雨。在其他佛典中，这个故事大量出现。《本生经》第五二三和五二六两个故事，内容基本一样，讲的都是独角仙人。在用混合梵文写成的《大事》(Mahāvastu)中也同样可以找到这个故事。在西藏文佛藏《甘珠尔》中，在汉译佛典《佛本行集经》《佛所行赞》《大智度论》等等无数的经典中，这个故事都留下了痕迹。在印度佛教艺术浮雕中，同样可以发现。这个故事或与这个故事相近的故事，在印度以外的地区也同样可以找到，比如 Rabalais，Le Fontaine，Barlaam and Josaphat 等等都是如此。我现在毫不夸大地说一句，正如其他一些民间故事或民间传说那样，它几乎传遍了世界。

因此，我们很容易就能想到，这是原始巫术的残余。我引了 R. Briffault 的话说："所有的没有开化的人们都认为，种植技术比起其他活动来更依赖于巫术力量和行动，而不依赖于技巧和人力。"弗雷泽 (Frazer) 也说，原始人把人类生产自己的族类的过程和植物生产的过程混淆起来了。

8.《罗摩衍那》——《印度古代文学史》一章

这是《印度古代文学史》中的一章，后作为单篇论文收入《比较文学与民间文学》一书中。《简明东方文学史》中《罗摩衍那》一章也用了其中的材料。

因为我穷数年之力，翻译了卷帙浩繁的《罗摩衍那》，所以我零零碎碎，陆陆续续，写过一些关于这部大史诗的文章，长短都有。最集中的是 1979 年出版的专著《〈罗摩衍那〉初探》(下面简称《初探》)，里面讨论的问题最多，涉及面最广(请参阅前面所述 1978 年至 1993 年"我的学术研究"部分中的 1993 年的内容)。在那里，我只开列《初探》中的目次，对每一章都没有介绍。

在现在这一篇文章里，我当然会使用以前写过的一些文章中的资料和观点，特别是《初探》。但是，时间究竟已经过去了几年，我对这部大史诗的看法，当然会有所充实。所以现在这一篇文章并非全是抄袭旧说，而是有所增益。我先把本文的节段目次抄在下面，以资与《初探》对比：

一　性质和特点

二　主要骨干故事的历史真实性

三　作者

四　成书的时间和地点

五　语言和诗律

六　与《摩诃婆罗多》的关系

七　主要情节

（一）《童年篇》；（二）《阿逾陀篇》；（三）《森林篇》；（四）《猴国篇》；（五）《美妙篇》；（六）《战斗篇》；（七）《后篇》：罗波那的故事、哈奴曼的故事、罗摩和悉多的故事；（八）故事情节层次问题；（九）悉多的身份问题；（十）《罗摩衍那》故事来源问题。

八　思想内容

九　艺术风格

（一）塑造人物形象

（二）展开矛盾斗争

（三）描写自然景色

（四）创立艺术风格

十　在印度国内外的影响

十一　与中国的关系

只要把上述的目次同《〈罗摩衍那〉初探》的目次一对比，立刻就能发现其间的差别。《初探》中有的题目，我在这里省掉了，另外加了一些新题目。这说明，我在《初探》出版后的六年中，仍然对《罗摩衍那》继续思索和探讨。

9.《五卷书》——《简明东方文学史》一节

这是《简明东方文学史》第二编中第一章的第二节。

在这里，我首先讲了《五卷书》在印度本国以不同的书名，在不同的语言中流布的情况。然后讲"时代背景"，讲"思想内容"和"结构特色"。在最后讲结构特色时，我使用了一个新名词"连串插入式"，就是一个大故事中插入许多小故事。这种结构方式，似乎对中国也产生了影响，唐代传奇人物王度的《古镜记》就是这样。此外，《五卷书》散文和韵文相结合的结构形式，中国一些传统小说中也有，比如写到一个什么地方，就忽然插入一句话："有诗为证"，接着就是一首或长或短的诗歌。

10.《迦梨陀娑》——《简明东方文学史》一节

这是《简明东方文学史》中紧接着《五卷书》的第三节。

迦梨陀娑是《沙恭达罗》等名著的作者。正如印度文学史上其他作家和作品那样，他的诞生时代以及生平事迹，争论极多，而且时间相差悬殊极大。

我在本文中讲了一部分人的看法，我个人无法反驳，也无法证明，姑从之而已。我写他是笈多（Gupta）时代（约公元 4 世纪至 6 世纪）的人。此时梵文已经复兴，所以才能产生这样伟大的诗人。迦梨陀娑，这个名是由两个字合成的。"迦梨"是一个女神的名字，"陀娑"意为"奴隶"，合起来就是"迦梨女神的奴隶"。关于这个名字，印度有很多传说，都不可信。关于他的生平，更是隐在一团迷雾中，谁也说不清楚。印度古代和中世文学史上，作家的情况几乎都是这样。

我比较详细地介绍了迦梨陀娑的作品。他的第一部著作是叙事诗《鸠摩罗出世》，讲的是战神塞犍陀的诞生。第二部叙事诗是《罗怙世系》，罗怙是《罗摩衍那》男主人公罗摩的曾祖父。书中第十章至第十五章讲述罗摩的生平，下面讲述罗摩的后裔。迦梨陀娑只写了一篇长篇抒情诗《云使》，是印度文学史上的名篇。他的一部抒情诗集《六季杂咏》，有人怀疑是一部赝品。迦梨陀娑最享盛名的作品还是他的两部剧本：《沙恭达罗》和《优哩婆湿》，其中第一部更是蜚声全球。上面我已经介绍过了，这里就不再重复。

11.《敦煌学、吐鲁番学在中国文化史上的地位和作用》

"敦煌学"这个名词，是陈寅恪先生最先使用的，其涵义比较笼统，凡研究与古代敦煌有关的学问，都可以称之为"敦煌学"。特别是有名的莫高窟石窟和 19 世纪初（或 18 世纪末，相差不过一年）发现的藏经洞，其中图籍琳琅满目，成为全世界许多国家学者研究的对象。"敦煌学"之名因之日彰。至于"吐鲁番学"这个名词，始作俑者恐怕就是不佞自己，它泛指研究古代新疆文化的学问。因为吐鲁番地区考古发掘工作做得比较多，成果比较大，所以就以"吐鲁番学"概括全疆的研究工作。其中并没有多少玄妙之处。

我讲了敦煌吐鲁番学六个方面的价值：

第一，对研究中国历史和地理的价值；第二，对研究中国文学艺术的价值；第三，对研究语言学、音韵学的价值；第四，对研究宗教问题的价值；第五，对研究古代科技及其他方面的价值；第六，对研究中外文化交流史的价值。

详细叙述，请参阅本文。

12.《在中国比较文学学会成立大会暨首届学术讨论会上的开幕词》

这本是在北京大学东方学系与比较文学研究所联合举办的全国首届东方文学比较研究学术讨论会上的发言，现收入《比较文学与民间文学》中，改名为《当前中国比较文学的七个问题》。我提出的七个问题是：

（1）关于"危机"的问题；（2）比较文学的范围；（3）比较文学的目的或作用；（4）关于新名词的问题；（5）世界文学；（6）日本文学的启示；（7）一国中民族文学的比较问题。

我对比较文学并没有深入的研究，但是我考虑这方面的问题比较多，比较广泛。以上七个问题都可以算是一得之愚。

13.《回顾与展望》

没有什么新的看法。

14.《对于〈梦溪笔谈校证〉的一点补正》

《梦溪笔谈》是享有盛誉的著作，胡道静先生学富五车，治学谨严，他的《校证》是一部优秀的著作。偶有失误，贤者难免。我的"一点补正"，不过想使这部书更为完美而已。

1986 年

本年出版书两种：《印度古代语言论集》和《季羡林散文集》。前者包括用德文、英文和汉文写成的关于印度古代语言的论文；后者包括我直到这一年所写的全部散文，是一本空前的完备的散文集。本年共写文章四十四篇，其中大体上可以算是学术著作的有下述十六篇。我想在这里补上几句话：所谓学术著作与非学术著作，有的泾渭分明，有的则颇为模糊。

1.《中印智慧的汇流》

此文原系周一良主编的《中外文化交流史》中的一章，收入《佛教与中印文化交流》时改称《中印文化交流简论》。

这是一篇相当长的文章，但却只能算是综述，里面没有多少新东西。不过，对一般读者来说，它是非常有用的，他们从中可以了解中印两个大国几千年文化交流的情况。

在这一篇文章中，我写了下列诸节。

一、滥觞——先秦

讲中印文化交流的开始，一直追溯到较古的时代。

二、大波——汉代

讲佛教从印度传入中国，丝、纸等等从中国传入印度。

三、万紫千红——六朝

在这里，我主要讲印度文化传入中国的情况，因为事实上，在这期间，印度文化影响中国，方面极广，有的也极深入。我共讲了七个方面：（一）文学；（二）史学；（三）声韵学；（四）著述体裁；（五）艺术；（六）天文算术；（七）医药。其中，"（四）著述体裁"中，有别的地方很少提到的新材料。

四、姹紫嫣红——唐代

在这里，我首先列了一个中印交通年表，从武德九年（626）到长安四年（704），这八十多年是中印交通最频繁的时期。

下面我着重谈了译经方面的活动，主要代表人物就是有名的玄奘和义净。接着我谈了这样频繁的往来所带来的文化交流方面的成果：（一）文学；我讲了传奇和变文。（二）音韵学；我讲了守温的三十六字母。（三）医学；我讲到《隋书·经籍志》中记载的印度医书，讲到《外台秘要》中的印度影响，讲到义净《南海寄归内法传》中有关印度医学理论和药材，讲到印度眼科医生到中国来行医，剥除白内障。在唐代，印度眼科恐怕在世界上是独领风骚的。（四）艺术；我讲到雕塑、绘画、音乐等等。（五）宗教；当然指的是佛教，我突出讲了禅宗。（六）科技；我讲了制糖术。在制糖术方面，中印两国互相学习，共同发展，垂千有余年（详情见我新近完成的长达八十万言的《糖史》）。（七）中国物品传入印度；我主要讲了水果。（八）印度物品传入中国；我举了许多例子。（九）哲学；我着重讲了印度哲学宗教思想的中国化问题和中国哲学宗教思想对印度的影响。我第一次提出了"佛教的倒流"这个概念。在这里，我讲了（1）《道德经》的翻译问题；（2）佛教的倒流；（3）佛教的中国化。（十）印度杂技和幻术传入中国。（十一）印度天文历算传入中国。（十二）佛教对一般社会生活的影响。

五、余音袅袅——宋及宋以后

我讲了宋代开国初期同印度来往的情况。以后，随着佛教在印度的衰微，中国没有西行求法的佛教僧侣了，中印交通的一个主要方面，就从而断绝。代之而兴的是外交和贸易方面，规模都不像以前那样大了。在意识形态方面，则印度影响逐渐显著而深入，宋明理学就是一个著名的例子。元代的版图空前地扩大，这当然会有利于中印交通。我列了一个简单的交通年表，可以看到在短期内两国交通之频繁。明代初年实行海禁政策，永乐年间开始打破，派郑和七次出使西洋。当时的所谓"西洋"，今天的南洋一带都包括在里面。郑和下西洋对中印文化交流的促进是不能低估的。清代中印交通未断。

六、涓涓细流，为有源头活水来——近代

鸦片战争以后，中印两国人民都相继爆发了反侵略或反封建统治的民族解放战争。两国人民相濡以沫，都有对对方表示同情与支援的举动。印度独立运动的伟人甘地和泰戈尔，都对中国寄予极大的同情。

2.《比较文学的"及时雨"》

本文原是乐黛云著《比较文学与中国现代文学》一书的序言，收入《比较文学与民间文学》时改今名。

本文不长，主要谈我对乐著的印象。

3.《婆罗米字母》

4.《佉卢字母》

这两篇都是我给《中国大百科全书·语言文字卷》所写的词条，介绍印度古代的两种主要字母。婆罗米字母，由左向右书写，横行。而佉卢字母则是由右向左书写，也是横行。在中国新疆考古发掘工作中，两种字母的残卷都有大量的发现。

5.《翻译》

这也是给《中国大百科全书·语言文字卷》所写的词条。其中阐述了我对翻译的理解或者狂妄一点说，就是"理论"。我对翻译的理解是倾向于保守的。中国有世界上最古最长的翻译的历史，理论方面也有不少建树。但是，我觉得，严又陵的"信、达、雅"仍然是平正公允的理论。现在国内外都有不少翻译理论，其中故意标新立异而实则缺乏真货色者也不在少数，这同文艺理论和语言理论等等，颇有类似之处。

6.《东方文学的研究范围和特点》

本文原系《简明东方文学史》的绪论，收入《比较文学与民间文学》时，改今名。

这是一篇比较长的文章，大体上代表了我在 1986 年前后对整个东方文学的看法。

我先讲"东方文学的范围"，回答"什么叫东方文学"这个问题。东方，最初只是一个地理概念，但也有一个发展过程，时代不同，典籍不同，"东方"的涵盖面也就不同。后来又添上了一个政治概念，"东方"成了被侵略、被剥削的代名词。此外，还要解释一个问题：为什么中国学者写的东方什么史中一般不写中国。中国不是东方大国吗？我认为，主要原因是，加入中国，则篇幅必然会大大地扩大，而且有关中国的专史，数量极大，不必再挤进东方什么史之类的书籍中，争一席之地。

接着我讲了东方文学的特点——内容和发展规律。我认为，文学的特点决定于民族心理素质和语言文字等表达工具。我把世界文化区分为四个文化体系：

（1）中国文化体系；（2）印度文化体系；（3）波斯、阿拉伯伊斯兰文化体系；（4）欧洲文化体系。

一直到今天，我仍然是这个看法。不过，对第三个文化体系的名称，我曾改变过几次，目的是为了更确切、更全面，这一点我在下面还会谈到，请注意。我认为，在这四个文化体系中，前三者属于东方文化体系，最后一个是西方文化体系。这也决定了东方文学的范围。这个想法，上面已经多次涉及。

我在本文里引了严复的看法，又引了古代《宋高僧传·释含光传》的《系》中的说法，这些说法都能自圆其说，有一定的深度。到了20世纪20年代，又有人讨论东西文化及其哲学问题，这里的"西"有时指的是印度，与后来一般的用法稍有不同。接着我谈了一个民族的文化发展规律大体上可以分为三个步骤：第一，以本民族的共同心理素质为基础，根据逐渐形成的文化特点，独立发展。第二，接受外来的影响，在一个大的文化体系内进行文化交流。大的文化体系以外的影响有时也会渗入。第三，形成一个以本民族的文化为基础、外来文化为补充的文化混合体或者汇合体。

上面我讲的是文化和文化交流的问题，文学是文化的一个重要组成部分，文学发展的规律不能脱离文化发展的规律。因此，一个国家，一个民族的文学的发展，也可以分为三个步骤：第一，根据本国、本民族的情况独立发展。第二，受到本文化体系内其他国家、民族文学的影响。第三，形成以本国、本民族文学发展的特点为基础的或多或少涂上外来文学色彩的新文学。上面讲的文化和文学的发展三步骤只不过是一个大体的轮廓而已。

下面我讲到文学的表达工具，也就是语言文字。我在这里提出来了一个观点：内容与形式的矛盾是推动文学发展的动力。这个观点正确与否，先不去管它。我只讲一讲在1986年以前很长的一段时间内，哲学界以及一般的学术界，大兴"矛盾"之风，认为一切事物的前进的动力，都是矛盾。倘无矛盾，则一切都要停滞。我也莫名其妙地成了"矛盾派"，所以才产生了这个观点。我对哲学本无兴趣，后来时移事迁，我没有再继续思考这个问题。我现在怀疑，我这个观点是时代的产物。我不妨把我在本文中举的例子说上一说。我说，在远古的时候，人类的思想感情比较单纯，表达思想感情的形式是四言诗，这也就足够了。后来，随着社会的前进，人类的思想感情也日益复杂化起来，表达的形式也多样化起来。统而言之，简而言之，我所谓内容与形式的矛盾，就是这个样子。现在，连我自己也没有把握，我这个"理论"是否能站得住脚。

我在下面用相当长的篇幅，讨论了诗歌的格律问题。我在这方面是一个保守派。我从来不是什么诗人，但是，对诗也有我自己的看法，有自己的标准。对当今国内外的某一些诗歌的创作和理论，特别是所谓"朦胧诗"，我颇有点不敢苟同。这些诗歌，我一大半看不懂；看懂的一点，则觉得肤浅，故以艰深文浅陋。他们的理论，我也是大半不懂；懂了的一点，则觉得同样肤浅，也是故以艰深文浅陋。总之一句话，我认为，诗歌必须有形式，必须有格律，格律的形式可能因语言文字的不同而大大地有差异；但是必须有，则一也。我的"理论根据"实在非常幼稚。我认为，文学艺术最忌平板，必须有跌宕起伏，诗歌更甚。格律，韵律，正是这种跌宕起伏的表现和手段。我这一点幼儿园的"理论"水平，恐将贻笑于方家，但我决不会感到羞愧不安。

我讲了中国古诗的格律，讲了印度古诗的格律，伊朗（波斯）、缅甸、越南等国的诗律，目的在于对比，而且说明，诗律对诗歌来说是不可缺少的。

紧接着我把根本没有形态变化的汉文诗和形态变化极其复杂的梵文诗作了对比。我举了两首汉文诗，几乎只有名词，而没有动词。然而给人的印象却是鲜明生动，如在眼前，这是汉文的特点，其他语言是难以做到的。

我在本文的最后一部分里，分别介绍了几个国家或地区的文学发展情况。我首先讲了印度文学，其次是西亚与非洲文学，再次是南亚与东南亚文学，最后是日本文学。我的叙述都比较短，目的只在用这些具体的文学，来说明我在上面提到的文化和文学发展的三个步骤。其中是否有牵强之处，我自己现在也没有把握。请读者当做一家之言去看吧。

7.《比较文学和文化交流》

本文原系《中国比较文学年鉴》的"前言",收入《比较文学与民间文学》一书时改今名。

这是一篇相当短的文章,内容主要是从文化交流的角度来谈比较文学。比较文学是文化交流的一种形式。我又谈了比较文学中国学派的问题。我认为,如果没有中国文学参加,所谓比较文学就是不完整的比较文学。至于中国学派,我指出要具有两个特点:第一,以"我"为主,以中国为主,决定对外国文学的"拿来"或者扬弃。第二,把东方文学,特别是中国文学,纳入比较的轨道,以纠正过去那一种欧洲中心主义。

8.《民间文学与比较文学》

9.《我同外国文学的不解之缘》

这一篇文章并不能算是一篇学术论文,其中讲了我六十年来同外国文学打交道的经过。从小学学英文谈起,一直谈到初中、高中、大学和留学时期同外国文学的关系。最初只是英文,最后扩大到了其他外国语言和文学。对我的求学的过程讲得很具体,是一篇颇为有用的资料,可以供有兴趣者参考。

10.《论梵文本〈圣胜慧到彼岸功德宝集偈〉》

这是一篇相当长的论文,也是一篇相当重要的论文。我之所以认为它重要,是因为它涉及下面几个问题。

(1)在佛教大乘经典中,般若部是极其重要的一个大家族。这一部《圣胜慧到彼岸功德宝集偈》在这个般若家族中占有特殊的地位。

(2)这一部经由梵文译为西夏文,由西夏文译为藏文,又从藏文译为汉文。诗的格律很奇特:每句十一个音节,四种不同的语言都是如此。此为译经史上所绝无仅有。

(3)这部经的语言特点,与大家族其他成员都迥乎不同。其中 $-aṃ > o$,u 的现象,更引起了我浓厚的兴趣。

(4)般若部诸经典流布的情况,我认为与佛教大乘的起源有关。

下面把论文的内容简略地加以叙述。我并不是简单地复述,而是有时候加以补充,有时候加以纠正,有时候解决了旧问题,有时候又提出了新问题。我觉得，"学术回忆"的真正的意义就在这里，否则回忆的作用就不大了。

我先把本论文的章节抄在下面。原文本来没有在文前归纳写出，对读者颇不方便。

一、般若部的一般情况

二、梵汉对比研究

三、《般若经》起源地的问题

四、梵本《圣胜慧到彼岸功德宝集偈》的语法特点

　　（一）《宝德藏》中没有东部方言的特点

　　（二）《宝德藏》中有西北部方言的特点

　　（三）在 -aṃ>o，u 中 -o 和 -u 是否相等（equivalent）

五、《宝德藏》的起源地问题

六、《宝德藏》的产生时间问题

七、《宝德藏》的起源与大乘的起源问题

在下面按上列目次加以简单叙述。

一、按照 warder 的说法，《般若经》共有二十一种，但是这不一定就是十分准确的数目。从语言方面来讲，只有一种是用"佛教混合梵语"写成的，这就是《宝德藏》，其余都用梵文写成。至于成书的时间，有二说：（1）越长越古；（2）越短越古。尚无大家都承认的看法。

二、为了具体地说明《宝德藏》的特点，我选了此经第一品的前九颂，先抄梵文原文，每行十一个音节；再抄宋法贤译的《佛说佛母宝德藏般若波罗蜜经》，译文为每行七字；最后抄每句十一个字（音节）的汉译本。西夏文和藏文译文没有抄。那是另外一个研究课题。

三、关于《般若经》的起源地的问题，有两种说法：一是南方，一是北方。南方起源说，论据多，似乎占了上风。我总共引用了八种汉译佛典，从三国一直到唐，基本上都说，《般若经》起源于南天竺，然后向西方、北方等地扩展。我在这里提出来了一个大胆的说法：《般若经》有象征意义，它象征着新兴大乘佛教思潮。它的流布情况就是原

始大乘的流布情况。

我细读上面讲的八部译经，突然灵机一动，想到一个问题，主南方说者利用这些资料，有一个共同的疏忽。这八部经都说，佛灭度后《般若经》传至南方。佛灭度前怎样呢？它当然不会在南方，而是东方如来佛游行传教的地方。我在上面已经提到过，大乘起源分两个阶段：一原始大乘，一古典大乘。前者只能起源于东天竺。

关于大乘佛教起源问题，中国学者吕澂的说法颇有新意。他认为，大乘佛教的起源可以分为两个阶段：第一，主智的大乘佛教，也就是印度的大乘佛教起源于南方。第二，主情的大乘佛教起源于北方，受希腊、波斯等地的影响，主张祈祷、他力往生等。我个人认为，大乘的起源是一个十分复杂的问题，内因和外因都起了作用，但还应该分为原始大乘与古典大乘两个阶段。

四、关于《宝德藏》的语言特点问题，最重要的一点就是，此经是用"佛教混合梵语"写成的。我在本书中，在上面，已经多次提到这种混合梵语。在此经的混合梵语中，有两点值得注意：第一，它没有东部方言的残余；第二，它有 –am>o，u 的现象，而这种语言现象明确无误地是印度古代西北部方言的特点。

对 –am>o，u 这个语法现象，我又用了相当长的篇幅，大算其旧账。导火线就是日本学者汤山明研究《宝德藏》的专著。他是追随在 Lamotte 和 F. Edgerton 身后反对或者不承认我这个看法的。我觉得，每一个学者都有权提出而且坚持自己的学术观点。但是，这里有两个原则必须遵守：第一，一旦发现自己错了，必须有勇气承认而且改正；第二，错了以后，千万不要文过饰非，说一些自己打自己嘴巴的话。美国学者 Edgerton 就属于不遵守这两条原则的人。

Edgerton 先生的这种治学态度，引起了我的强烈不满。我于是又以 –am>o，u 这个语法现象对他在《佛教混合梵语语法》中的一些不明真相而又强词夺理的论点，提出了我的意见。特别是对他认为"o 和 u 不相等"这种缺少起码的常识的说法，提出了我的论证。我说，o 和 u 是一个历史发展问题：

阿育王碑   o

佉卢文碑	o
佉卢文《法句经》	o u
佉卢文尼雅俗语	o u
佛教混合梵语	u（极个别的 o）

这样一个表，一目了然，历史发展，昭然若揭。然而 Edgerton 和他的追随者，却偏偏视而不见。他最后被迫承认了我的论点，却一不更改自己书中的错误，二又企图提出毫不沾边的理由，说什么只是由于韵律关系 –am 才变成 –u。这是一种思维混乱。我讲的只是 –am>o，u，而没有讲什么原因。忸忸怩怩提出了"韵律关系"，这同我的论点有何关系？我劝读者：千万不要学习这样的治学方法！

对于这个问题我还做了更多的论述，我在这里不重复了。关于 Urkanon 问题，我在这里又讲到了，也不再重复。

我只在这里补充一点：我在本文中引用了西藏学者 Buston 的一句话：《宝德藏》后来被使用摩揭陀方言来宣讲。我无法理解这一句话的含义，摩揭陀语是东部方言。

五、《宝德藏》的起源地问题，我在上面已经涉及，这里不再论述。

六、《宝德藏》产生时间的问题。对于这个问题，学者们间大体上可以说是有两派意见：一派主张产生最早，一派主张产生最晚。我是主张最早的，根据就是，此经是般若部大家庭中唯一的一部用混合梵语写成的经典。可是有一个问题我迄今还没能找到解决的办法，这就是，《宝德藏》是《八千颂般若波罗蜜多经》的缩写本，为什么偏偏用混合梵语来缩写一部用梵语写成的佛典的缩写本呢？

七、关于《宝德藏》的起源与原始大乘佛教的起源问题，我在上面已有所涉及。这是一个十分复杂的问题，不是三言两语就能够回答清楚的。我在本篇论文中又借机讲了讲我一贯对大乘起源问题的看法。归纳起来，有以下几点：第一，我把大乘起源分为两个阶段：原始大乘与古典大乘；第二，大乘起源有内部因素，也有外部影响；第三，原始大乘思想，同小乘一样，萌芽于东天竺；第四，原始大乘思想的萌芽应追溯到公元前 2 世纪。除了以上几点以外，我又讲了我对宗教发展规律的粗浅的设想。我的规律是：用越来越小的精神和身体两方面的努力得到越来越大的对宗教需要的满足。这一条规律我在上面已经提到过。我认为，不但适用于佛教，而且也适用于天主教和基督教。我讲到什么努力，讲到什么宗教满足，也许有人认为太空洞。我现在讲得稍微具体一点。所谓"宗教需要"，不一定每一个民族，每一个人都有，内容也不尽相同，总之不过是：高则成佛作祖，低则趋吉避凶。释迦牟尼最初并没有被神化，佛教最初也无神可拜。小乘因此就强调个人努力，进行修行。这当然要费很大的精神和身体的力量。到了后来，由于佛教内部发展的需要，再加以外在甚至外国的影响，就出现了把佛神化，加以跪拜，借他力以往生，功德可以转让，等等。发展到最后，甚至到了"放下屠刀，立地成佛"的地步。我那一条规律的内容，大体上就是这样。

至于大乘起源地的问题，我再补充几句。《大智度论》的作者龙树在本书卷六十七中说："是深般若波罗蜜，佛灭度后当至南方国土者，佛出东方，于中说般若波罗蜜，破魔及魔民外道。度无量众生，然后于拘夷那竭双树下灭度。后般若波罗蜜从东方至南方，如日月五星二十八宿，常从东方至南方，从南方至西方，从西方至北方，围绕须弥山。"如果我的设想：般若部是初期大乘的象征，是正确的话，大乘佛教萌芽于东天竺，也就不成问题了。事实上，大乘区别于小乘的一些做法，比如虔诚拜祷、他力往生等等，《般若经》中都能够找到。

11.《我和佛学研究》

严格说，这也不能算是一篇学术论文。我在里面讲了我学习佛教史的经过，研究佛教的原因。我认为，不了解佛教，就无法了解中国哲学史，甚至中国历史。我反对对佛教加以谩骂，谩骂不是战斗。我认为，应该正确地理解佛教，佛教也有过正面的影响。宗教是人类创造的，只要人类在行动上和思想上不能完全主宰自己的命运，宗教就有存在的余地。想人为地消灭宗教，是办不到的，只能是一个并不高明的幻想。我还认为，佛教并不影响、阻碍生产力的发展，日本就是一个例子。我们中国的佛教研究实际上还很落后，应急起直追。

12.《外语教学漫谈》

本篇也算不上学术论文，只谈了我对于外国语教学的一些想法。

13.《对于文化交流的一些想法》

在精神方面和物质方面，都有文化交流。文化交流无所不在，无时不在。世界民族，不论大小，不论新旧，都创造了自己的文化，都同别的民族进行了文化交流，虽然各民族对世界文化的贡献之大小不是等同的。中国几千年的历史告诉了我们一个经验或者规律：国力强大的朝代，比如汉唐，敢于接受外来的事物，从而丰富了自己的文化；国力衰微的朝代，胆子就小，自己文化的发展也受到了影响。

14.《我和外国语言》

这篇文章详细讲述了我几十年学习外国语言的过程。

15.《在"东方文学比较研究学术讨论会"闭幕式上的发言》

我这一篇《发言》共谈了七个问题：（1）关于"危机"的问题；（2）比较文学的范围；（3）比较文学的目的或作用；（4）关于新名词的问题；（5）世界文学；（6）日本文学的启示；（7）一国中民族文学的比较问题。

《发言》原来没有题目，后来收入《比较文学与民间文学》一书时用今名。

16.《新博本吐火罗语 A（焉耆语）〈弥勒会见记剧本〉第十九页译释》（英文）

这是一份英文稿，后面谈到。

1987 年

本年共写各类文章二十六篇，包括创作和学术文章。基本上可以算是学术文章的有十六篇。下面分别加以介绍。

1.《欧、美、非三洲的甘蔗种植和砂糖制造》

这是一篇相当长的论文，后来作为第七章编入我的《糖史》第二编，国际编。

我在上面曾说到过我写《糖史》的原则：我并不想求全，只要von Lippmann 和 Deerr 两部《糖史》中已经有的东西，我尽可能不再重复，那两部著作是完整求全的。我的《糖史》第一编，国内编所用的材料基本上都是我自己多方搜罗来的。这一点那两位国外学者是根本做不到的,我们也不应当这样要求他们。在国际编内,有时候非用他们的材料不行,但我也把这种情况压缩到最低限度。换一句话说,材料也基本上都是我搜罗来的,读者一看内容就能够知道。现在这一篇论文也不例外。在这里,我使用的都是汉文资料。我是有意这样做的。结果怎样呢?由读者来评断。

我不是为写《糖史》而写《糖史》,我有我的用意和着重点。我的着重点首先是讲文化交流;其次是阐述中国人在这些工作中所起的作用,特别是华工们所付出的劳动和做出的牺牲。是中国华工以及接近奴隶的"猪仔",为美洲许多国家的甘蔗种植和砂糖制造流血流汗,奠定了基础。最后我还特别强调从非洲被欧洲殖民主义的强盗们贩运到美洲的黑人或者"黑奴"的作用。他们牲畜般地被白人奴役,在甘蔗园中、在制糖厂中,他们也是流血流汗,甚至牺牲了自己的性命,使南美洲和中美洲产的白糖流布世界。

2.《吐火罗文 A(焉耆文)〈弥勒会见记剧本〉新博本 76YQ l. 2 和 1.4 两张(四页)译释》

这是吐火罗文 A(焉耆文)《弥勒会见记剧本》新博本 76YQ l. 2 和 1.4 两张四页的译释。详细情况上面已说过,不再重复。这说明,我在 1987 年仍然从事这项工作。

3.《〈东南亚历史词典〉序》

这不是一篇独立的论文,只是一篇序。中华民族是历史上最爱历史的民族。我们不但对本国历史有不间断的比较可靠的记述,对外国,其中也包括东南亚国家,也有记述。这些记述对研究有关国家的历史,有异常重要的意义。因此,我们中国学者,只要掌握了东南亚国家的语言文字,利用有关国家的史料,再加上我们史籍中的有关史料,这样来研究东南亚国家的历史,包括撰写《东南亚历史词典》,自然会得心应手,左右逢源。

4.《佛教开创时期的一场被歪曲被遗忘了的"路线斗争"》

下面按内容目次对本文加以简略的阐明。

一、问题的提出

提婆达多,梵文 Devadatta,也译为"调达"等等,意译是"天授"。他是佛祖释迦牟尼的堂弟，后来也随佛出了家，当了和尚。佛经中有很多地方都提到他，把他说成是一个十恶不赦的恶人：他屡次想方设法加害佛祖，死后堕入地狱，永世不得翻身。他的主要罪恶是想争夺僧伽的领导权，破坏僧伽的统一，这种行为有一个术语，叫作"破僧"（saṅghabheda）。但是，佛典在罗列他的罪状的同时，有时会露出一点破绽：提婆达多并不那样坏，还有人信从他。我因此想到中国一句老话——"胜者王侯败者贼"，一部《二十四史》，很多地方都可以碰到这种现象。恐怕提婆达多也属于败者一类。

但是，中外佛教史专家的著作中，有的也间或提到提婆达多的名字，却没有一个人认真探讨这个问题，更没有人提到，他同佛祖的斗争不是一般的意见不合，而是有更深的含义的。我借用了我国前一段很长时间内习用的一个政治术语"两条路线的斗争"，来表示我对这个问题的看法。

二、佛典中对于提婆达多的论述

我在本文中收集了大量的有关提婆达多，特别是他与释迦牟尼的矛盾的资料，这些资料都是"胜者"释迦牟尼的徒子徒孙们，最先是口传，最后写定成书的，倾向性非常明显。但是，正如常人所说的"不能一手掩尽天下人的耳目"，其中有一些真实的材料，对我今天的探讨是非常有用的，这是如来佛忠实的徒子徒孙们始料所不能及的。

因为有关的经典太多，我最后选定了以唐义净译的《根本说一切有部毗奈耶破僧事》为依据，来叙述佛与提婆达多的矛盾与斗争。因为，这一部经名称就标出了"破僧"，是资料最集中的一部佛经，是专门讲提婆达多破坏僧伽统一的。

这一部佛典讲释迦牟尼和提婆达多的矛盾，用的是典型的印度方式，几乎是从开天辟地讲起的。它讲人类的出现，人类的堕落；由于堕落而争夺土地，于是产生了国王。又经过了不知多少年多少代，出现了释迦种。最后出现了释迦牟尼的父亲净饭王，净饭王的兄弟甘露饭王，生子提婆达多。因此，佛祖和提婆达多是堂兄弟。讲释迦牟尼的诞生，又用的是印度方式，烦琐详尽到令人生厌。两位主人公一出台，本经就讲他们之间的矛盾。为什么有矛盾？道理讲不出，也无法讲出，好像他们俩天生就是冤家对头。古今中外专讲一面之辞的书籍，往往如此，因为它们实在讲不出令人信服的道理来。后来佛祖厌倦人世，出家修道。先行苦行，不久就发现："此是邪道，非清净道。"舍之而去。在这里，这一个举措虽为所有的佛传所共载，却是一个伏笔，这与提婆达多有关，下面还要谈到。后来释迦牟尼终于在金刚座上、菩提树下成了正果，成了佛。有了佛，才能有僧伽，有了僧伽，才有了"破"的对象，而破之者就是提婆达多。

《破僧事》接着叙述提婆达多的活动，特别是"罪行"，说他处心积虑要伤害释迦牟尼；又叙述他与未生怨王（阿阇世）的关系，二人先是仇人，后来又变成了朋友。又叙述提婆达多与六师外道之一的晡剌拿的关系。这虽是一件小事，但是其中却隐含着提婆达多的宗教哲学思想，下面我还要谈到。《破僧事》又叙述了提婆达多处处同释迦牟尼对着干，别立"五法"。这对了解提婆达多的宗教思想有极其重要的意义。这"五法"都是针对释迦牟尼的：第一，不食乳酪；第二，不食鱼肉；第三，不食盐；第四，用衣时留长缕绩；第五，住村舍内。这"五法"对于了解提婆达多同释迦牟尼的斗争，有重要作用。下面又讲到提婆达多破僧的五种禁法：第一，不居阿兰若；第二，于树下坐；第三，常行乞食；第四，但蓄三衣；第五，着粪扫服。以上这些细节，实际上是两条路线斗争的内容。《破僧事》又记述提婆达多堕入地狱，舍利弗到那里去看望他。

《破僧事》接着叙述，提婆达多原来有了神通，后来因为做了恶事又失掉神通。又叙述提婆达多率领五百苾刍（比丘）在人间游行。这说明，提婆达多还是有追随者的。阿阇世王爱乐他，送给他五百车粮食，可以想见，二人已经成了好友。提婆达多千方百计地挑拨阿阇世与自己父亲的关系，终于使阿阇世把父王囚禁至死。提婆达多又一次一次地设计害他，终未得逞。《破僧事》最后利用阿阇世对世尊讲的一番话说明了晡剌拿的主张："元善恶业，无善恶报，无施与祀，无施祀业，无父母，无父母恩，无有此世他世，无有修道得圣果者，无有圣人，无罗汉果者，四大散已，无所依止，若有人言今世后世业因业果真实有者，皆是妄言。智慧所说，愚人所谈，二俱皆空。"这一段话明确无误地说明了晡剌拿的接近印度古代唯物论者的异端邪说。可是他是提婆达多的好友。从中也可以看到提婆达多思想之一斑。

三、论述中的矛盾

常识告诉我们，只有彻头彻尾讲实话的人才能在言语中没有矛盾。《破僧事》以及其他正统正宗的佛典，对提婆达多的叙述不是实话，而是有意地歪曲与诬蔑，因此必多矛盾，这是很自然的事情。

我在本文中着重指出了两大矛盾：第一个是叙述本身的矛盾；第二个是叙述的事实与以后历史的发展之间的矛盾。第一个矛盾中又包含着两个问题：（1）提婆达多真正是一个人格卑鄙干尽了坏事的家伙吗？（2）提婆达多真正是一个失道寡助众叛亲离缺少徒众的坏人吗？有一些问题我在上面行文时已稍稍点到过。现在再补充几个例子。《破僧事》及其他一些佛典的律部经典都讲到一件事：如来佛派亲信舍利弗或阿难，跟踪提婆达多到王舍城去，告诉那里的婆罗门及长者居士说，提婆达多是一个坏人。这有点像中国"文化大革命"中一些"造反派"的头子们常用的手段，用他们的话说就是：把某一个人"搞臭"。这样做，必须会说假话，会造谣诬蔑。不意几千年前印度的佛祖的徒子徒孙们就曾这样干过。我再举一个例子——实际上，上面已经谈到过——许多律部经典同《破僧事》一样，都记载着，提婆达多是拥有徒众的，至少有五百个。"五百"可能是一个象征的数字，说多就用"五百"，比如"五百罗汉"之类。总之，提婆达多是有徒众的，而且为数不少。徒众中不但有和尚，而且也有尼姑。

现在谈第二个大矛盾。如果提婆达多真正像《破僧事》和其他律部经典所说的那样坏的话，他活着下地狱，也是罪有应得的。可是后来的历史告诉我们的却是另外一个完全不同的事实。佛灭度将近一千年以后，五世纪初，中国的高僧法显在拘萨罗国舍卫城中竟然看到了提婆达多的信徒们，他们供养过去三佛，惟不供养释迦牟尼。又过了二百多年，唐代的高僧玄奘在《大唐西域记》卷十，羯罗拿苏伐剌那国条中写道："别有三伽蓝，不食乳酪，遵提婆达多遗训也。"可见到公元7世纪，提婆达多一派的僧徒还在活动。"不食乳酪"一语值得注意。我在上面已经说到提婆达多所立"五法"中第一法就是"不食乳酪"。一个微不足道的宗教禁忌竟然有这样长、这样强的生命力，真不能不令人佩服！晚于玄奘几十年到了印度的、《根本说一切有部毗奈耶破僧事》的翻译者义净，在一条夹注中说："在处皆有天授（按即提婆达多）种族出家之流。"可见其地区之广以及人数之众。可惜在以后的记载中就再也找不到这类的记述，提婆达多徒众的历史陷入渺茫之中了。

四、我的看法，几点结论

上面我简略地叙述了提婆达多同释迦牟尼的矛盾与冲突。最后提一提我的看法。我的总看法是：这不是两个人之间的恩怨，而是一场剧烈的"两条路线的斗争"。

（一）公元前6世纪北印度思想界的情况

我们首先要把眼光放远，不要只看到佛教内部，而要环视当时整个北印度意识形态领域内的矛盾与斗争。笼统说起来，当时的北印度，有点像差不多同时代的中国春秋和战国时代：百家争鸣，思想活跃。大体言之，可以分为东西两大思想体系：西方婆罗门思想体系，东方沙门思想体系。前者以外来的雅利安人为基础，崇信吠陀天启，坚持种姓制度，婆罗门至上，提倡祭祀，信仰多神中的一神，哲学思想主张梵我一如（天人合一），没有悲观思想，不主张苦行，基本上是入世的。后者看重苦行，从某种意义上来看，是无神论的，否定自我，主张非暴力（ahiṃsā），相信轮回业报。在一些重要的问题上，二者是根本对立的。

（二）沙门思想体系内部的情况

佛教、耆那教都属于新兴的沙门体系，这个体系内部的、最激烈的矛盾是正统佛徒与外道六师的矛盾。佛典中许多地方都能找到攻击谩骂六师的十分恶毒的言辞。

（三）佛教内部的情况

佛教原始时期的情况，也有矛盾与冲突，最突出的就是我在本文中所讲到的提婆达多与释迦牟尼的矛盾。对于这个矛盾的真相的说法，佛典中可谓既众说纷纭，又破绽百出，这一点我在上面已经谈过。真相究竟如何呢？我们应该公允地实事求是地加以分析。

（1）提婆达多五法的分析

我在上面已经详细地叙述了提婆达多所立的"五法"，在这里不再列举。在五法中，有二法值得注意：一个是苦行，一个是不食肉。苦行并没有明确规定，一些规定实际上与苦行是相通的。不吃肉则是明确规定的。在印度宗教史上、在印度佛教史上，这两个问题都是重要的问题；而偏偏在这两个问题上，提婆达多是同释迦牟尼对着干的。

（2）提婆达多思想的分析

苦行和吃肉属于律的范围。提婆达多与释迦牟尼的根本对立，不仅表现在律的方面，而更重要的是表现在教义方面。关于这方面，我在上面已经谈了一些。我在这里只着重举出一点，提婆达多主张："但有此生，更无后世。"提婆达多的好友，"外道六师"之一的晡剌拿，就是这样主张的。六师中另外一位名叫末加梨拘舍梨的"外道"也主张："无善恶报，无有今世，亦无后世。"可见他们之间"心有灵犀一点通"。我们现在可以用一张现成的标签贴在他们身上：唯物主义者。所有这些问题都是复杂的问题，详细分析请参阅我的原文。

（3）两条路线的根本对立

如果画龙点睛的话，"两条路线的斗争"是现成的说法。这个斗争，大概在释迦牟尼在世时确实发生过，以后为佛祖本人以及他的徒子徒孙们镇压了下去。但未能根本消灭，遂形成了佛教（或甚至不能称为"佛教"）的一股潜流，一千多年以后，此流还在潺潺地流动。如果真正写佛教史，不能忽视这一股潜流。中间还有一段有趣的插曲。梁僧祐《释迦谱·释迦从弟调达出家缘记》卷十说：提婆达多（调达）由于害佛，入了地狱，受大苦难，便发悔心，说了声："南无佛"。如来佛便说，他将来会成为辟支佛。在宗教斗争史上，不乏这种例子。印度教兴起以后，也把佛祖释迦牟尼请入自己的神殿，给他在印度教众神中安排了一个座位。

最后，我还要着重说一句：以后研究佛教史的学者，必须正视佛教开创时期这一场相当激烈的"两条路线的斗争"。

（四）我的结论

略。

5.《cīnī问题——中印文化交流的一个例证》

cīnī的意思是"中国的",这一点明确无误,绝无可以怀疑的余地。可是偏有一位W. L. Smith先生写文章否定印度许多语言中称白糖为cīnī这事同中国有关。他挖空心思,故弄玄虚,大绕弯子,"拙"言惑众,来证明他的观点,结果自然是削足适履,捉襟见肘,前后矛盾,闪烁其词,危言并不能耸听,白搭一支蜡。

学术探讨,空言无济于事。我们只能让历史事实来说话。历史事实是,根据马可·波罗的记述,元世祖时代,中国福建Unguen(尤溪)地方已经从埃及人那里学会了炼制白糖的技术。所谓"白"是一个颇为模糊的词,有种种等级不同的"白"。过去中国一些医书上已经有"白糖"一词,绝不会是纯白,不过较之红糖,颜色显得稍稍淡黄而已。元代的白糖也不会是纯白。到了明代,根据刘献廷《广阳杂记》的记载:"嘉靖以前,世无白糖,闽人所熬皆黑糖也。嘉靖中,一糖局偶值屋瓦堕泥于漏斗中,视之,糖之在上者,色白如霜雪,味甘美异于平日,中则黄糖,下则黑糖也。"大概泥土中的碱性发生了作用,使糖色变白。在中外科技史上,由于偶然性而产生的新发明,并不稀见。总之,中国明代已能制白糖,这是无法否定的事实。后来,我在我的《糖史》中有专章讨论此事。这是后话,暂且不表。

中国一旦能生产白糖,立即出口外洋。中国白糖运至日本,中国典籍和日本典籍中都有确切翔实的记载。中国白糖运至印度,也是十分顺理成章的事。这个事实,Smith先生想否定是办不到的。传到了印度以后,印度人民无以名之,就名曰"中国的"(cīnī)。至于确定传入印度的时间和地点,我仍然用我的老办法:从语言上下手,也就是从cīnī这个字下手。由于资料不足,我只能利用Smith的现成的资料。他说cīnī这个字在印度孟加拉16世纪时已经确立。他又推断,这个字13世纪时已经出现。那么,根据这个情况,我们可以推断,13世纪中国从埃及学制的白糖已经从泉州由海路运往印度。明代生产的更白的白糖16世纪后又通过同一途径运至印度。这样一来,传入的地点问题也就连带解决了:是东天竺孟加拉。

根据目前的资料,仅能作这样的结论。

6. 《传统文化与现代化》

传统文化代表文化的民族性，现代化代表文化的时代性。历史上的现代化（虽然当时还不会有这个名词），指当时的"现代化"也可以叫时代化。现代化或"时代化"的目标是当时世界上文化发展已经达到的最高水平，现代化总是同文化交流分不开的。一方面大力吸收外来的文化，一方面对传统文化又进行批判和继承的工作，二者相辅相成，缺一不可。历史上任何正常发展的国家都努力去解决传统文化与时代化的矛盾。这个矛盾解决好了，文化就大大地前进一步；解决不好，则两败俱伤。只顾前者则僵化保守；只顾后者则邯郸学步。中国历史的经验值得借鉴。汉武帝时期，一方面努力保存传统文化；另一方面，又能够放眼世界，大量吸收外来的东西。在其后一段时期，情况依然未变。佛教就于此时传入中国。文化交流使汉代和中国以外的广大地区蒙受其利。在中国历史上，凡是国力强盛时，对外文化交流就进行得虎虎有生气。反之，在国力衰微时，则顾忌很多，结果是阻碍了文化发展。

7. 《〈什么是比较文学〉序》

比较文学，同近代中国的一些新学问一样，也是舶来品，而且历史并不太长。在不长的时间内，中国比较文学的研究已经开展起来了，建立了全国性研究会和一些地区性的研究机构，出版了全国性和地区性的刊物，老中青的研究队伍也逐渐形成了，一派繁荣兴盛的气象。但是，仔细评论起来，也不是一切皆好。一切新生事物都有一个成长过程，比较文学也决不会例外。根据我个人肤浅的看法，我们的缺憾是一不够普遍，二不够深入，我们的研究工作还有不少的空白点，有待于填补。

8. 《要尊重敦煌卷子，但且莫迷信》

敦煌藏书被发现以后，形成了一门新学问"敦煌学"。敦煌卷子的价值，较之学者们推崇的宋版书，实有过之而无不及。但是，正如对宋版书一样，敦煌卷子应受到尊重，但是且莫迷信。我举了一个例子：唐代崔颢的《黄鹤楼》是千古绝唱，在敦煌卷子中也有这一首诗，但与我们通常的本子微有不同。第一句诗，敦煌本是"昔人已乘白云去"，通行本"白云"是"黄鹤"。最后一句诗，通行本是"烟波江上使人愁"，而敦煌本"烟波"则作"烟花"。仔细对比两个本子，恐怕大家都会承认，通行本要比敦煌本好，特别是"烟花"二字，放在这里十分不妥。

9.《唐太宗与摩揭陀——唐代印度制糖术传入中国的问题》

这原是一篇独立的论文，后编入《糖史》第二编，国际编的第五章。第四章"古代印度砂糖的制造和使用"，前面1983年的学术研究部分已经介绍过了。这一篇副标题是"唐代印度制糖术传入中国的问题"，可以说是它的续篇。

先将目次抄在下面：

小引
第一节　唐代中印交通和文化交流
　　一、交通年表
　　二、文化交流
　　　　a. 宗教哲学
　　　　b. 语言
　　　　c. 文学
　　　　d. 艺术
　　　　e. 科技
　　　　f. 动植矿物
　　三、交通道路
第二节　印度制糖术传入中国

只看这个目次就能够知道，我是在广阔的文化交流的基础上来谈印度制糖术传入中国的，我这样做，当然有我的打算。我认为，中印文化交流，源远流长。专就印度文化传入中国而论，至晚肇始于汉代，中经魏晋南北朝，至唐则登峰造极。制糖术就是在这样的时代背景下传入中国的。

第一节"一、交通年表"上限是唐高祖武德二年（619），下限是武则天统治结束的长安四年（704），前后将近九十年。在人类历史上，九十年只不过是一瞬间；但是，在这样短的时间内，中印交通竟频繁到如年表排列的那样，可见两国间的关系密切到什么程度。这些来往都是有内容的，不仅仅是礼节性的，内容就是文化交流。

唐代中印文化交流的内容异常丰富，精神的东西有，物质的也有。而且从表面上看起来，几乎是"一边倒"的样子，好像只有印度的东西向中国流，中国的东西向印度流的情况则几乎不见。事情不可能竟是这个样子，之所以看起来是这个样子的原因很复杂。这个问题，我在上面已经谈过，下面还将谈到，这里暂且不谈。

我把中印文化交流的内容大体上归纳了一下，归纳成了目次中所写的那几项，不要求十分完备。我归纳的a，宗教哲学；b，语言；c，文学；d，艺术；e，科技；f，动植矿物等项，几乎是人所共知、人所共见的。具体内容，我在这里不详细介绍。读者如有兴趣，请参阅本文原文。

因为本文讲的是制糖术，这本来也是属于文化交流的范围内的，为了突出它的重要性，我特意设了一个第二节，专门讲制糖术。这里我要多说上几句话。

中国在先秦时代就已经知道甘蔗，当时写作"柘"。但只饮蔗浆，还不知道制糖。汉代依然如此。后汉、三国时期起，"西国（极）石蜜"传入中国。所谓"西国"或"西极"，极可能指的是印度、波斯一带。稍后，中国就开始使用甘蔗制造砂糖，大概技术水平不会很高。到了唐初，公元7世纪，印度制糖技术，在长年发展的基础上，占世界领先地位。因此，被西域诸国尊称为"天可汗"的唐太宗才派人到摩揭陀（印度）去学习熬糖法。学回来以后，太宗"即诏扬州上诸蔗，柞沈如其剂，色味逾西域远甚"。意思就是，在颜色和口味方面，远远超过印度。颜色指的是白色。这本是常见的现象，中国古语说的"青出于蓝而胜于蓝"，指的也就是这种现象。

关于唐太宗派人到印度去学习熬糖法这件事，见之于所谓"正史"，可见其郑重之程度。从唐到宋，有许多书上都有这个记载，我在这里都略而不谈。有一个问题则必须谈一谈：《新唐书》二二一卷上《西域列传·摩揭陀》说是"学熬糖法"。有的则说的是熬石蜜法。

这应该怎样来解释呢？"糖"和"石蜜"是一？是二？这个问题看起来颇简单，实则很复杂。我省去那些烦琐的考证，只说一句：是两种东西。李时珍的《本草纲目》，对这个问题的提法，虽亦有可商榷之处，但他对糖和石蜜的区别，则是说得颇为清楚的。他说："以蔗汁过樟木槽，取而煎成。清者为蔗饧，凝结有沙者为砂糖，漆瓮造成，如石，如霜，如冰者，为石蜜，为糖霜，为冰糖也。"虽然是两种东西，实际上也是一种东西，区别在于生产程序有先后，生产工具有不同而已。

现在归结到我们的主题：唐太宗派人到印度去学习的究竟是"熬糖"法？还是"熬石蜜"法呢？这问题看似难以回答，实则，只要了解了上述《本草纲目》中所述的过程，则又十分简单。唐太宗派人学习的是全过程，既包含熬糖，也包括熬石蜜。诸书不同的记载，并不矛盾。

10.《〈中西比较文学教程〉序》

此篇收入《比较文学与民间文学》一书时，改名为《文学的经与纬》。

文中提到了闻一多的一篇文章：《女神之地方色彩》。文章说："一切艺术应该是时代的经线，同地方纬线所编织成的一匹锦。"从其中引发了我的一个想法：任何时代任何国家的文学（文化）都包含着两方面的因素：民族性和时代性。代表民族性的民族文学传统是历史形成的，可以算是经线；代表时代性的是民族文学随时代而异的现代化，是共时形成的，可以算是纬线。经与纬相结合就产生出了每一个时代的新文学。

我进一步又指出了，我们当前研究比较文学的重要意义在于创造新中国的新文学，在于加强世界各民族之间的理解，为全体人类走向大同之域的理想服务。

11.《中国文化发展战略问题》

这是一篇报告的录音整理稿，非常长，涉及的问题也非常琐细而广泛。我主要讲了三个大问题：（1）"文明"与"文化"含义的异同；（2）中国当前的社会情况；（3）怎样开展文化交流，加强精神文明的建设，理顺各方面的矛盾关系，促进生产力的发展。简述如下：（1）世界学者给"文明"或"文化"下的定义据说有几百个,这就等于没有定义。我想从另一个角度来界定二者:"文明"的对立面是"野蛮";"文化"的对立面是"愚昧"。(2)在人类历史上,生产力的发展至关重要。共产主义的最终目标是让大家共同过上好日子,这与生产力密切相关。眼前中国社会上不正之风严重,中国民族性的消极面依然广泛存在,这不利于生产力的发展。(3)我主张,我们要开放,开放,再开放;拿来,拿来,再拿来;交流,交流,再交流。

12.《〈王力先生纪念论文集〉序》

我首先叙述了我同王力先生认识的过程,这个过程长达几十年;他是师辈,我是生辈。我认为他禀性中正平和,待人亲切和蔼,同他相处,使人如沐春风。对于他的学术成就,我归纳为八个字:中西融会,龙虫并雕。他的研究范围是语音学、汉语音韵学、汉语史、中国古文法、中国语言学史、汉语诗律学、中国语法理论、中国现代语法、同源字等等。他一方面继承了中国明清直至 20 世纪 20 年代中国大师的衣钵,另一方面又受过西方严格的科学的审析音韵的训练。因此,他的成就在某一些方面超过了中国旧时的大师。他本人也成为一个大师级的学者。这是讲"中西融会"。什么是"龙虫并雕"呢?他研究极深极专,但又不忘普及。这是许多老一代专家不肯做的事。最后,我谈到了中国知识分子爱国主义思想的根深蒂固,他们是世界上最好的知识分子,王力先生是其中佼佼者。

13.《为考证辩诬》

考证,亦称考据,在清代同义理、词章并列,是三门学问之一。当时并没有反对的人。到了 20 世纪 20 年代,胡适大搞考证,引起了一些人的责难。进入 50 年代以后,考证交了华盖运,同批判胡适联系了起来。说什么胡适为了反对共产主义而引导青年钻入故纸堆中,专搞考证。在"以论代史"的荒唐年代,专门讲"论",对"论"所从来的资料,则往往歪曲穿凿,削足适履。对材料的真伪和产生时代,往往不甚措意。而要达到鉴别材料的真伪和年代,考证是行之有效的办法。这似乎是常识中的一点知识,也为一些"以论代史"者所反对,所讥笑。有相当长一段时间,中国的学术停滞不前,而且还有倒退的现象，与这股歪风不无关系。更可笑的是有人反对所谓"烦琐的考证"。考证是否要"烦琐"，全由资料的性质而定。需烦琐则必烦琐，不需则否。不能由个人的主观愿望而定。

14.《为胡适说几句话》

在中国近代学术史上，胡适是一个享大名而又颇有争议的人物。由于他政治上的偏见和错误，解放后更是屡遭挞伐，成为一个"反面教员"。人们谈胡色变，他几乎成为一个"不可接触者"。他那句有名的话"大胆的假设，小心的求证"，本来是正确的，也受到了批判。又说他对国民党是"小骂大帮忙"，把他看得比中统和军统还要危险，还要坏。我认为，这都是极"左"思潮的产物。我曾同他共事几年，他是校长，我是系主任，见面的机会非常多。他的著作我几乎都读过。可以说我对他既有理性认识，又有感性认识。他对人和蔼可亲，保护学生，不遗余力，爱好政治而实为一个书呆子。

15.《〈歌德与中国〉序》

一个人和一个民族最难得的是有自知之明。中国民族也是这样。在鸦片战争以前，中国最高统治者懵懵懂懂，以"天子自命"，视所有的外国都为夷狄。鸦片战争一声炮响，起了发聋振聩的作用，中国统治者们一变而成为贾桂，拜倒在洋大人脚下。鸦片战争前，德国的（其他西方国家也一样）哲人大都赞美中国文化，德国伟大诗人歌德就是其中之一。这情况在这本《歌德与中国》一书中有所阐述。中德两国人民读了以后，都会得到"启蒙"的作用。

16.《〈比较文学概论〉序》

本文原是为陈惇、刘象愚所著《比较文学概论》所写的一篇序言，收入《比较文学与民间文学》一书时改今名。

在本文中我指出了比较文学日益成为显学。原因何在呢？我借用了本书中的一句话：比较文学的发展是一种历史的必然，是不以人的意志为转移的。在中国，比较文学研究的起步，略晚于其他一些国家。近几年来，我们急起直追，总算是赶上了世界潮流，成绩是卓著的。不过，我现在——就是写这本书的现在——想加上几句话。一方面要努力学习，一方面要努力创新，最重要的是要坚决、彻底、干净、全部地扬弃那种"贾桂思想",切勿甘居"无声的中国"这样屈辱的地位。

1988 年

本年共写各种体裁的文章四十篇,其中可以归入学术研究一类的有二十三篇。下面分别加以论述。

1.《迦梨陀娑评传》

这看起来像是一部书,实际上只是一长文。共有下列的内容:(1)名字的解释。迦梨是女神名,陀娑是奴隶,合起来就是"迦梨女神的奴隶"。(2)生卒时间。众说纷纭,一般的说法是他大概生活在约 330 年至 432 年的笈多王朝时期。(3)时代特点。笈多王朝全盛时期,城市繁荣,商业兴盛,国内外交通方便,贸易发达。(4)作品。有真有伪。一般认为真者有长篇叙事诗两部、长篇抒情诗一部、抒情小诗集一部(也有人认为伪)、戏剧两部,另有一部,真伪难辨。(5)语言工具。主要是梵文,另有少量俗语。(6)艺术风格。他笔下的梵文,淳朴而不枯槁,流利而不油滑,雍容而不靡丽,谨严而不死板。(7)在国外的影响。影响极大,特别是剧本《沙恭达罗》更受到德国伟大诗人歌德等的交口赞誉。歌德和席勒曾考虑把它搬上德国舞台。(8)在印度国内的影响。影响也是非常大的。印度许多语言都有《沙恭达罗》的译本。一直到最近,还有人用梵文原文上演此剧,可见此剧为印度广大人民所喜爱。(9)迦梨陀娑与中国。他的抒情诗《云使》在几百年前就有了藏文译本,此译本至今尚存。至于汉文翻译介绍则比较晚,一直到新中国成立后才有从梵文译为汉文的著作,包括《沙恭达罗》《云使》等等。本文的内容,上面已经谈到过。

2.《〈中国民族文学与外国文学比较〉序》

本文原为《中国民族文学与外国文学比较》一书的序言。收入《比较文学与民间文学》一书时,改名为《少数民族文学应纳入比较文学研究的轨道》。

这一改名,实际上是画龙点睛。因为,有一些比较文学家有一个论点:比较文学的研究只限于国与国之间。我本不是比较文学研究专家，没有读到过有这样论点的文章。但是，在深圳召开的一次比较文学研讨会上，有人向我提出了这个问题。我当时并没有过细地考虑问题的含义，率尔答曰：中国民族间文学的比较应该属于比较文学的范畴。后来，为《中国民族文学与外国文学比较》一书写序时，重新考虑了这个问题，认为自己率尔而答还是正确的。欧洲与中国不同，几乎都是单民族的国家。中国则是一个多民族——民族多到五十六个，而且还有可能增加——的国家，几乎等于一个欧洲。在这样的情况下，严格遵守欧洲学者的教条，等于"食洋不化"，是绝对不应该的。文中我还大力提倡中国民族文学间应积极进行比较的研究。

3.《〈印度社会述论〉序》

我先讲了世界上四个文化体系，可以归纳为两大体系。此时我还没有明确提出东西之分。对于这个问题，我在上面虽已多次讲过，但是此时还不像后来那样明晰，有点混乱。这是我对东西文化理解的一个过渡过程，值得注意。我把中印分列两大体系中，这是不准确的。对于中印文化的区别，我提了一些意见，也不见得很准确。比如说中国思想准确明了，印度则深邃混乱等等。我当时还没有明确的"天人合一"的想法。在这方面，中印是一致的。下面我讲到中印文化交流有极长的历史，到了近代，因受外来侵略者的压迫，交流几乎中断。新中国成立、印度独立以后，情况有了改变。文化交流又开始活跃。可惜我们两国对彼此的研究，又很不够。《印度社会述论》是一部应时的好书。

4.《从学习笔记本看陈寅恪先生的治学范围和途径》

在陈寅恪先生的遗物中，有二十多本笔记本，本不厚，是二三十年代德国常用的那种样式，我于1935年到德国时还使用过。这些是20年代陈先生在德国柏林大学留学时所使用的。内容很庞杂，也颇乱，看样子像是先生上课时随手携带的。但是里面也并没有正式听课的记录，也不像是为积累写论文的资料而使用的。陈先生没有用德文写过任何论文。而且陈先生写论文积累资料的方式，不像一般学人常常使用的写卡片的办法，也不使用笔记本把有用的资料抄在里面，而是采用眉批的方式：读书时遇到有用的资料就写在书眉上，或者文前或文后的空白处，甚至在没有空白的时候，写在字里行间。比如《高僧传》、《新旧唐书》、元白诗、《世说新语》等等，都采用眉批的方式。从字迹上来看，有浓有淡，有正有歪，决不是出于一时。等到资料批够时，便从书上移到稿纸上，成为完整的论文。

但是，在上述二十几册笔记本上还没有见到这种现象。我们从中所能见到的，只是先生治学范围之广。这同他后来回国后所写的那一些有名的论文和专著中所显示的情况，是完全一致的。

5.《对当前敦煌吐鲁番学研究的一点想法》

近几年来，中国敦煌吐鲁番学研究有了长足的进步。在全世界思想文化界有了一个新动向，注意的人还不够多，即：西方人对东方文化开始刮目相看了。西方经过两次世界大战，有识之士头脑开始清醒起来，他们认识到，只有东方文化能济西方文化之穷。我国从事敦煌吐鲁番学研究工作，研究重点之一就是东西方的文化。在这样的新形势下，我们肩上的担子不是轻了，而是更重了。我们必须跟上这个伟大时代的步伐。

6.《〈季羡林学术论著自选集〉自序》

这虽然不能算是一篇专门的学术论文，但是其中畅谈了我对学术和研究方法的看法，却有相当重要的意义。

首先，从自选的文章中可以看出，我偏爱考据。事实也确实是这样，我在上面的叙述中，已经多次谈到我对考据的重视，为考据辩护。在清代学者所划分的三门学问中，我最不喜欢义理。我认为，所谓"义理"跟作诗一样，各人谈各人的，公说公有理，婆说婆有理。

在考证中，我最服膺胡适之先生的两句话："大胆的假设，小心的求证。"这两句话是一个整体，决不能分割开来。不管是文科，还是理科，研究学问都必须先有假设。没有假设，新意何来？没有新意，则必然会固步自封，陈陈相因，学问焉得而进步？我个人认为，假设越大胆越好，胡思乱想，想入非非，都是可以允许的。但是，假设还不就是事实，而求证尚缺。求证则是越小心越好，无论小心到什么程度，都是应该赞赏的。必须上下左右，面面俱到；牛溲马勃，败鼓之皮，都能为你所用。经过反复推敲，细致琢磨，然后才能下结论。如果在求证时发现假设有问题，不管你认为你的假设有多么美妙，多么舍不得，也必须毅然决然加以扬弃。古今中外学术都有为了证实自己的假设而伪造数据或实验结果者，这是道德品质问题，必须予以最彻底的揭发和最严厉的谴责。

7.《纪念陈寅恪教授国际学术讨论会闭幕词》

我讲了三点意见：第一，大会是成功的。第二，对陈寅恪先生的学术和为人的看法大家基本一致。陈先生不标榜自己是马克思主义者。但是他的思想有朴素的唯物主义和朴素的辩证法，只能说是一个唯物主义者。第三，我们能从寅恪先生那里学到些什么？研究学问好比接力赛，青年要接陈先生手中的棒。但讲到"超越"前人，却要慎重。年轻人不能在任何方面一下子就能超越老人。我还讲了要向陈先生学习的几点。

8.《再谈考证》

这又是一篇谈考证的文章，目的在反对有人把考证学与清代文字狱联系起来的观点。我认为，考证学之兴是中国学术发展的规律促成的，是内因决定的，而不是由于文字狱等外因。我引证了梁启超《清代学术概论》中的观点。梁认为，考证学是中国几千年学术史上四大学术思潮之一，是由于学术思潮之盛衰兴替而形成的。

9.《论书院》

这是一篇比较长的文章，主要讲中国古代书院这个教育组织形式，在今天还有借鉴意义。我列了六点：（1）书院可以成为当前教育制度的补充；（2）书院可以协助解决老年教育问题；（3）书院可以发挥老专家的作用；（4）书院可以团结海内外的学者；（5）书院可以宣扬中国文化于海外；（6）书院可以保存历史资料。我感到，教育为立国之本。但是我国教育有极大困难，首先是经济困难。教育本来可以公私两条腿走路，我们却只有公家一条腿，如加上私人一条腿，允许私人办学院，则经济困难就可以缓解。办书院还可以比较充分地发挥已退休的老专家的潜力。

10.《西域在文化交流中的地位》

本文共分为四个部分。

（1）西域的含义。"西域"这个名词，经常出现于中国古代典籍中；但是，含义并不是十分明确的。广义的"西域"包括中国以西，甚至以南的诸多国家和地区，连印度、尼泊尔等国都包括在里面。唐玄奘的《大唐西域记》可以为证。狭义的"西域"往往只指中国新疆一带。中国古代正史上，往往有"西域传"这样一章，从章中所列的地名中可以推测出"西域"的含义。

（2）世界上四大文化体系。我是主张文化多源产生论的。在林林总总的世界大小国家中，几乎每一个国家，不管它的幅员是大是小，历史是长是短，几乎都对人类文化宝库做出了或大或小的贡献。如果归纳一下的话，我认为，人类文化共有四个体系：①中国文化体系；②印度文化体系；③回族伊斯兰文化体系；④希腊、罗马西方文化体系。如果再进一步归纳的话，这四个文化体系又可以分为两大文化体系，前三者为东方文化体系，后一者为西方文化体系。人类全部历史创造出来的就是东西两大文化体系，没有一个第三文化体系。

对于四个文化体系的详细介绍，我在这里一概省略。因为我在前面已多次谈到，在别的地方还会谈到。

（3）西域在四大文化体系交流中的地位。谈到这个题目，我先讲一句有极大概括性的话：世界上四大文化体系交融汇流的地方在全世界只有一个，这就是狭义的"西域"，也就是中国的新疆。我在本文中分别介绍了各不同时代文化交融汇合的情况：①汉代；②三国两晋南北朝时期；③隋唐时代；④宋元时代；⑤明清时代。也由于上述的原因，详细的介绍一概从略。

（4）结束语。我在其中讲了两个观点：第一个观点，我认为，中华文化博大精深，传了出去，对世界文化产生巨大的影响。另一方面，我们又善于吸收其他国家的文化，从而更丰富了自己的文化。

我的第二个观点是：文化总是要交流的，文化又不能永远定于一尊，东西两大文化体系的关系是"三十年河东，三十年河西"。

11.《新博本吐火罗文 A（焉耆文）〈弥勒会见记剧本〉第 1.42 张译释》

这是一篇译释吐火罗文《弥勒会见记剧本》的文章。前面已经谈过几次，后面还将会谈到。因此，本文用不着再介绍。它只说明，我对这一部吐火罗文残卷的译释工作没有放松。

12.《文化交流的必然性和复杂性》

这是一篇讲座报告所使用的稿子。文化交流是我一生中最爱谈的题目之一，研究的时间颇长。这一篇报告很长，讲的问题也多。第一、文化交流的必然性。我首先给"文化"下了个定义。又区别了"文明"和"文化"的含义。我主张文化产生多元论。多元文化一旦产生，必然交流。第二、文化交流的复杂性。讲了三个小问题：（1）研究的方法；我倾向于影响研究，认为平行研究难免玄乎。（2）传统文化与文化交流；传统文化表现文化的民族性，文化交流表现文化的时代性。外国汉学家撰写的《中国晚清史》中所谓"历史继承"指的就是传统文化，其所谓"现实创造"指的就是文化交流。这与"体用之争"与"本末之争"也有联系。（3）全盘西化；我们现在非西化不行，但决不能也不会全盘。下面我举了"糖"的交流，梵文 śarkarā，印地文 cīnī，以及西方国家语言中的"糖"字，说明了交流的复杂。

13.《关于神韵》

在中国文学史上，"神韵"是一个常常出现的词，论诗，论画，论书法，甚至月旦人物，都使用它。到了王渔洋笔下，他论诗主"神韵说"，与袁子才的"性灵说"，翁方纲的"肌理说"，还有其他一些学说，并驾齐驱，成为中国文学史上一个著名的流派。

但是，"神韵"二字确切的含义究竟是什么呢？这有点像"公说公有理，婆说婆有理"，哪一位诗人或理论家都没能够完全说清楚。连主"神韵说"的王渔洋，也没有能完全说明白。他用来说明"神韵"的，仍然不出严沧浪那些老话，什么"镜中之像"，"水中之月"，"羚羊挂角，无迹可求"，如此等等，仍然令人如丈二和尚，摸不着头脑。

我想援引印度古代文论的说法，来解释中国的"神韵"。

印度古代文艺理论有长久的发展史，在世界文论中能自成体系，公元 9 世纪至 10 世纪是发展的全盛时期。9 世纪出了一位文艺理论家欢增，写过一本著名的书，名曰《韵光》，把语法学家、逻辑学家和哲学家的分析方法运用到分析诗的形式和内容上来。10世纪又出了一位文艺理论家新护，他的名著是《韵光注》，继承和发展了欢增的理论。他从注重形式转到注重内容上来，创立了新的"诗的灵魂"的理论，也就是暗示的韵的理论，为印度古代文艺理论开一新纪元。

这个理论的轮廓大体是：词汇有三重功能，能表达三种意义：

（1）表示功能　表示义（字面义，本义）；

（2）指示功能　指示义（引申义，转义）；

（3）暗示功能　暗示义（领会义）。

以上三个系列又可以分为两类：一是说出来的，包括"（1）"和"（2）"；二是说不出来的，包括"（3）"。在（1）和（2），也就是表示功能和指示功能耗尽了表达能力之后，"（3）"的暗示功能就发挥作用。这种暗示就是所谓"韵"。这种暗示义，也可以称之为领会义，有赖于读者的理解力和想象力，可能因人而异，而且甚至因时因地而异。读者的理解力和想象力有极大的能动性，海阔凭鱼跃，天高任鸟飞。这种"韵"就是产生美感的原因。在审美活动过程中，审美主体的主观能动性发挥得越大，人们就越容易感觉到审美客体的美。印度文艺理论家喜欢举的例子是"恒河上的茅屋"，详细解释，这里从略。总之，在印度的文艺理论中，凡是说不出来的或者说出来的，具有暗示功能或领会功能的东西，就叫作"韵"。

在中国文艺理论中，有与印度极为相似的情况。因为中国文艺理论，不像欧洲那样进行细致入微或者接近烦琐的分析，也不像上述的印度式的分析，而是以形象的语言，给读者一个鲜明的印象。我前不久写过一篇《门外中外文论絮语》，讲的就是这个现象，这里不再详谈。中国古代文论中喜欢用"不著一字，尽得风流"、"羚羊挂角，无迹可求"、"空中之音，相中之色，水中之月，镜中之像"等等词句，来描绘说不出的或者无法可说的东西。这种做法同印度的暗示功能、暗示义或领会义，几乎完全相同。印度人称之为"韵"，我觉得，这就等于中国的"神韵"。

在本文中，接下去讲了中国一些书名和印度书名颇有类似之处。中国有《文心雕龙》《法苑珠林》之类，而印度则有《文镜》《情光》之类的书名，也颇含有一些暗示的意义，而西方书名则缺少这种现象。

14.《他们把美学从太虚幻境拉到了地面上》

世界上各种学问都有争论，但是美学的争论似乎更多。学者们仁者见仁，智者见智，各自是其是而非他人之所是。美学仿佛是处在太虚幻境里，令下界凡人莫测高深。根据我个人的经验，只有两位学者是例外，一个是朱光潜先生，一个是宗白华先生。他们讲美学讲得真切，讲得实在，令人读了明白。所以我说，他们把美学从太虚幻境里拉到了地面上。

（这是我几年前对中国美学研究的看法。最近我的看法有了突然的转变。我认为，中国美学家跟着西方同行走进了死胡同。我写过一篇《美学的根本转型》，下面再谈。）

15.《祝贺〈外国语〉创刊十周年》

在祝贺《外国语》创刊十周年之余，我提出了一个十分重要的问题：我们要总结新中国成立后四十多年来外语教学的经验和教训。不怀偏见的人必须承认，现在大学生的外语水平比不上解放前。其故焉在？这是我们必须总结的，然而到现在还没有人去做。

16.《〈五卷书〉在世界的传播》

这是一篇讲《五卷书》在世界上流布情况的论文。同样的内容，我曾在 1946 年的一篇论文《梵文〈五卷书〉——一部征服了世界的寓言童话集》里讲过。在现在这篇论文里，我增添了一点新东西，这就是：我讲到了《五卷书》同德国学者的关系特别密切。第一个把梵文本译成了德文的，并写了一篇极长的导言追踪《五卷书》在世界上流布的情况的，是德国学者本发伊。这是 19 世纪的事情。到了 20 世纪，又有一位德国学者海特尔（Johaness Hertel）写了一部书，名叫《五卷书——它的历史和流布》。这里面不一定有什么内在的必然的联系，实际上只能是一个偶合，然而却不能不说是文学史上的一个有趣的偶合。

17.《关于吐火罗文〈弥勒会见记〉》

这篇文章颇长，讲了下列几个问题：（1）吐火罗文剧本的情况；（2）印度戏剧的发展；（3）印度戏剧在中国新疆的传播；（4）印度戏剧与希腊戏剧的关系；（5）中国戏剧发展的情况；（6）吐火罗文剧本与中国内地戏剧发展的关系。从标题中大体上可以看出本文的内容。最后，我对比了中国戏剧和印度戏剧的特点：① 韵文和散文杂糅，二者同；② 梵文俗语杂糅，中国有，但不明显；③ 剧中各幕时间、地点任意变换，二者同；④ 有丑角，二者同；⑤ 印剧有开场献诗，中国有跳加官；⑥ 大团圆，二者同；⑦ 舞台形式不同；⑧ 歌舞结合，同。

18.《吐火罗文 A（焉耆文）〈弥勒会见记剧本〉与中国戏剧发展之关系》

关于吐火罗文 A（焉耆文）《弥勒会见记剧本》，我已经写过一些文章，或译释此书，或介绍吐火罗文。这些我在上面都已有所叙述，下面还会讲到。现在这一篇论文内容与上面已经讲过的和下面将要讲到的都不一样。我主要讲这个剧本与中国戏剧发展的关系，只能算是一个假设。

我在本文中先讲了《弥勒会见记》吐火罗文本与回鹘文本的异同问题。后者系由前者译出来的，但是前者中的一些舞台术语，后者都没有。前者在书名中明明白白地使用了"剧本"二字，后者则没有，但也有暗示是剧本的地方。

下面我讲到印度戏剧的来源问题，与木偶剧的关系问题。它与古希腊戏剧也似乎有点联系，"幕"字在梵文中有几个字来表示，其中之一是 yavanikā，原意是"希腊的"。我又讲到，印度戏剧起源大概颇早；但是剧本则出现较晚，比古希腊要晚几百年。中国戏剧也有类似的情况，剧本出现极晚。最古的梵文剧本，未发现在印度本土，而发现在中国新疆。不管发现在什么地方，它总是印度的作品，这一点是不容怀疑的。同样发现在新疆的吐火罗文《弥勒会见记剧本》，则是另一种情况。吐火罗文虽然是印欧语系的语言；但是，残卷只发现在中国新疆，我们不能不说它是中国古代少数民族的文字；而用这种文字写成的剧本，也只能说是中国的剧本。

讲到中国戏剧起源的问题，王国维在《宋元戏曲考》中说："歌舞之兴，其始于古之巫乎？"他接着又讲到俳优之兴远在巫之后，优多以侏儒为之，主要任务是插科打诨，与印度戏剧中必不可少的丑角，几乎完全相同。王国维在下面又说道："盖魏、齐、周三朝皆以外族入主中国，其与西域诸国交通频繁，龟兹、天竺、康国、安国等乐皆于此时入中国，而龟兹乐则自隋唐以来相承用之，以迄于今。此时外国戏剧当与之俱入中国，如《旧唐书·音乐志》所载拨头一戏，其最著之例也。"我认为，这个意见很值得重视。它同吐火罗文《弥勒会见记剧本》有什么关系或联系，我现在还说不清楚。这是一个非常重要的问题，还需进一步研究探讨。

最后，我列出了一些印度古代戏剧和中国古典戏剧、特别是京剧之间的相似点，这些点我在上面已有所涉及。

（1）韵文和散文杂糅；（2）雅语和俗语结合。在中国京剧中小丑和员外官员的话是不同的；（3）剧中各幕时间与地点随意变换；（4）都有丑角；（5）印剧有开场献诗，华剧有跳加官；（6）结尾大团圆；（7）舞台，印剧方形，长方形，或三角形，华剧一般是四方形；（8）歌舞结合。

以上都是我个人的想法。

19.《〈纪念陈寅恪先生诞辰百年学术论文集〉序》

陈寅恪先生是一代史学大师。据我的拙见，一代大师必须能上承前代之余绪，下开一世之新风，踵事增华，独辟蹊径，不能只拾人牙慧，墨守成规。寅恪先生正是这样的大师。他不但精于考证，而且重视义理。他常用佛家的"预流"二字，其含义也就是王静庵先生所说的"一个时代有一个时代的新学问"。先生还常说"发前人未发之覆"，这些他都身体力行。

20.《祝贺"齐文化专号"》

在过去，学者们往往笼统谈所谓"齐鲁文化"，其实细细推究起来，二者还是有区别的。齐文化的中心就在目前山东淄博市范围以内。无论是文献资料，还是考古发掘，都证明此地过去有水平相当高的独特的文化，值得我们去探讨。

21.《〈生殖崇拜文化论〉序》

赵国华著的《生殖崇拜文化论》，是一部非常精彩的书。他在书中提出了许多崭新的观点，反驳了许多前人的学说，发前人未发之覆。虽然还不敢说他的论点完全都能成立，但是他能持之有故，言之成理，令人耳目为之一新。许多具体的例子，我都不加以列举，请读者参阅赵国华原书。

我认为，赵国华最有意义的贡献，是他着重引用了恩格斯在《家庭、私有制和国家的起源》中的一段话：

> 根据唯物主义的观点，历史中的决定性因素，归根结蒂是直接生活的生产和再生产。但是，生产本身又有两种。一方面是生活资料即食物、衣服、住房以及为此所必需的工具的生产；另一方面是人类自身的生产，即种的繁衍。

这是很有名的一段话，我们都读过。可惜受了某国的影响，亦步亦趋，只敢谈第一种生产，而不敢谈第二种生产，即人类自身的生产。赵书力纠此弊，提出了"生殖崇拜文化"的论点，大谈第二种生产。可他并没有忘记第一种生产。他反对西方一些学者的产食文化的理论，他说，他们没有意识到原始思维中食与生殖的关系，更没有认识到初民是将食服务于生殖的。

原始人民为什么崇拜生殖呢？赵国华的解释是出于对"社会生产力"和"社会意志"的考虑。我个人认为，这个论点是颇值得怀疑的。在那种最原始的生产条件下，靠食物采集或渔猎为生，"社会意识"恐怕是微乎其微的。我提出了一个解决办法：用本能来解释。告子说："食、色，性也。""性"就是我们今天所谓的"本能"。"天命之谓性，率性之谓道，修道之谓教"就是这个意思。人的本能很多，"食"和"色"是其中最重要的。食，就是吃饭，目的是为了个体的生存。色，就是性交，生孩子，目的是为了个体的延续，为了传宗接代。二者相辅相成，缺一不可。为了不让任何一个生物的个体的本能无限制地发挥作用，造物主——如果有这么一个玩意儿的话——又往往制造一个个体的对立面——它的煞星，对它本能的发挥加以限制，否则任何一个生物都能够把地球塞满。总之，我的想法是：初民之所以努力生殖，之所以有生殖崇拜，与其说是出于"社会意志"，毋宁说是出于本能。

22.《我们的民族性出了问题》

民族性不是一朝一夕所能形成的，是逐渐积淀起来的。我们的民族性里面积淀了很多好东西，这是不言而喻的。但也积淀了一些不好的东西，这也是无法否认的。鲁迅曾经指出的我们民族性的一些问题，至今在一些方面仍然存在。

23.《新博本吐火罗文 A（焉耆文）〈弥勒会见记剧本〉1.8　1.14　1.13 三张六页译释》

这是吐火罗文《弥勒会见记剧本》1.8，1.14，1.13 三张六页的译释。对这种译释，我在上面已经介绍多次，这里用不着再重复。

1989 年

这一年共写了长短不一、体裁各异的文章三十七篇，其中学术论文二十三篇。下面分别予以介绍。

1.《关于"奈河"的一点补充》

1988 年，在《文史知识》第十期上，项楚教授发表了一篇论文，讨论"奈河"的问题。旁征博引，对这两个字做了极为详尽的考证。项楚先生学问极博，而且学风也极为谨严。他的考证应该说是有极大的说服力的。但是中国俗话说："智者千虑，必有一失。"项先生在这里也有了"一失"。我们知道，"奈河"是阴间地狱里的一条河，而"地狱"这个词在梵文里是 naraka，音译一般是"那若迦"，译为"奈落迦"，非无可能。根据中国词语的省略习惯，把"若迦"二字省掉，就成了"奈"河。"奈河者，地狱之河也。"这一点问题也没有。查日本学者中村元的《佛教语辞典》，他正是这样注解的。

2.《〈梨俱吠陀〉几首哲学赞歌新解》

印度最古老最神圣的经典《梨俱吠陀》中有几首一向被称作"哲学赞歌"的诗：《无有歌》《生主歌》《造一切者之歌》等，都是讲天地万物，包括人类在内，是怎样被创造出来的问题的。关于这个问题的幻想，其他民族也是有的。中国古书上"无极而太极"等等的说法，也是讲宇宙起源的。大概有了点文明的初民，都会有类似这样的幻想的。

对《梨俱吠陀》的这三首"哲学赞歌"的解释，古代的印度注释家都认为这是极为神圣的东西，没有哪一个敢用"性"的观点来解释。一直到了近代，两位日本学者和一位德国学者才提出，这些"哲学赞歌"讲的并不完全是哲学，而是讲性交活动。可惜他们浅尝辄止，没能深入。我在此文中进一步对这个问题加以阐述。我的阐述并不全面。我是有意这样做的，因为全面阐述将会费极长的篇幅，是我当时做不到的。我只从三首赞歌中选出了两个重要的带关键性的问题来加以阐述，提出了自己明确的而不是闪烁其词的观点。

（1）"独一之彼"

这个词儿，除了见于上述三首《梨俱吠陀》"哲学赞歌"外，还见于其他一些赞歌中。在梵文中有不同的写法：ekam，ekah，tad ekam，甚至只写作 tad。ekam 的意思是"一"，tad（tat）的意思是"这个"或"那个"。在印度哲学宗教中，这是一个异常神圣而含义又异常模糊的字。它究竟指的是什么东西？我上面已经说到，这三首"哲学赞歌"指的或者影射的是人类性交活动。这一点可无疑义。既然是性交活动，那么，所谓"独一之彼"指的就是男根。我列了一个表：

独一之彼 = 生主 =liṅga= 男根

liṅga 崇拜之风至今尚在印度流行。黑格尔在他的著作中也曾提到这一件事。

（2）金胎与金卵

在《生主歌》中，第一颂出现了"金胎"，第七颂出现了"胎子"，第八颂出现了"众水"，第九颂出现了"大水"。讲的都是妇女生孩子的事情。"金胎"指的是"子宫"，"水"指的是"羊水"。这一些都无可怀疑。

总之，三首"哲学赞歌"讲的都是生殖崇拜。

3.《〈东方文化丛书〉总序》

这篇论文没有提出什么新的见解，其中的见解在上面讲述的许多论文中已经谈过。我首先讲到文化产生多元论；讲到汤因比的理论：任何文明（汤的用语）都有一个发生、发展、演变、衰退的过程；讲到文化交流的作用；讲到四个文化圈和东、西两大文明体系等等。我说，统治今天世界者是西方文化体系。这情况过去并没有过，今后也不会永远如此。

4.《从宏观上看中国文化》

我从那几年的"文化热"讲起。我的观点基本上是，人类历史上任何社会都不能专靠科技来支撑，精神文明和物质文明必须同步发展。也就是必须大力抓文化建设。

讨论中国文化，不能只看到眼前的情况。我们必须上下数千年；纵横十万里，目光远大，胸襟开阔，才能认清中国文化的全貌和真相。至于中国向西方学习，也就是我们平常所谓的"西化"，萌芽于明末清初，大盛于19世纪末；到了今天，衣、食、住、行，从头到脚，好些地方已经"西化"了。

这不是一件坏事，它是不可抗御的。但当然也产生了不良的影响。"崇洋媚外"的奴才心理，在一部分人身上滋长颇盛。一部分人任意贬低中国文化，认为外国的东西一切都好。要建设中国的社会主义社会，必须克服这种"贾桂思想"。

下面我又谈到文化多元产生论以及四个文化圈和两大文明体系的问题，这里从略。我又介绍了汤因比的《历史研究》和他的学说，上面已经讲到过，也从略。

我主要要讲的是，我们自己和西方一些人士，对待中国文化，缺乏历史眼光。他们只看到眼前，忘记了过去。他们以为中国从来就是这个样子，这是一种接近愚蠢的想法。在中国汉唐文化发展鼎盛的时代，西方一些今天文化昌明的民族，那时还处在蒙昧阶段。这件事我先不谈。但是，可惜的是，连欧洲人自己好像也把这个历史事实忘得精光了。实际上，一直到19世纪二三十年代，中国人在欧洲人眼中还是有极高文化的民族。欧洲当时最伟大的德国诗人歌德在1827年1月31日同爱克曼谈话时，还对中国说出了最高赞誉的话。据我的看法，欧洲人改变对中国的观感是自1840年鸦片战争开始的。这一次战争是英国殖民主义者发动的。中国战败，割地赔款，从此天朝大国这一只纸老虎彻底被戳穿，声誉在欧洲人眼中一落千丈，一蹶不振了。连一些中国人自己也受到了传染，忘记了自己的历史，忘记了自己的文化，这是一个不折不扣的悲剧。但是，万事沧桑，万事万物无不随时变化，西方资产阶级文化也逐渐露出了破绽。这一点连一些西方人自己也并不讳言，这是我们中国人猛省的时候了。

5.《〈佛教与中印文化交流〉后记》

这是一篇很短的小文章，但是其中所谈的问题，却决非不重要。

我主要谈了两个问题。一个是专著和论文，有一些出版社重专著，轻论文集。其实内行人都能知道，真正能及时地反映学术研究最新情况的并不是专著，而是论文。我谈的第二个问题是我的特殊的研究方法。我研究佛教混合方言，当然要细致分析和探讨这种语言本身的语法变化的特点。但是，最重要的是，我通过研究佛教梵语的变化来确定佛教部派，甚至大乘起源和流布的时间和地点。因为佛教梵语各具时代和地域的特点。我认为，这是我的一种特殊的研究方法。

6.《文学批评无用论》

我以《红楼梦》为例，指出二百年来读过此书的人，不知道有多少亿了。但是根据红学专家的评论而读的人，恐怕绝无仅有，因此我说文学评论无用。但是红学作为一门独立的学问，还是很有意义的。探讨此书的思想和文字，各执一词，各树一帜，对于某一些读者，也会是有用的。

7.《〈敦煌吐鲁番学研究论文集〉序》

1988 年，中国敦煌吐鲁番学会在北京召开了一次国际学术讨论会，到会的中外敦煌吐鲁番学者数十人，很多人在会上发表了论文。这一部论文集就是从发表的论文中选出来的。从中可以看出当时世界上这一门学问的研究水平。我在大会的开幕词中讲了两句话：敦煌吐鲁番在中国，敦煌吐鲁番学在世界，受到了与会者的一致赞同。因为，时至今日，学术已成了天下之公器，任何关起门来做学问的办法都行不通了。此外，最值得注意的是，一批青年中外学者脱颖而出，成果斐然，受到了不同国籍的老一代学者的赞扬。中外青年互相切磋琢磨，时有激烈争论，但个人友谊却随之而加深加固。这都说明，在我们这一门学问中，狭隘的民族感情已经为大公无私的、惟真理是务的国际合作精神所取代。

8.《祝贺〈比较文学报〉创刊》

这是极短的一篇文章。内容主要讲，在中国，比较文学已逐渐成为显学，老、中、青三结合的研究队伍已经形成，大量的专著和论文已经出版，这一切都已引起了国际同行们的注意。

9.《巴利文》

这篇文章很长，但是严格说来，不能算是一篇学术论文，只是一篇概述，概述了巴利文的情况。共分三部分：语言、文献、语法。第一部分讲了巴利文的系属。它不是一个统一的语言，而是一个混合方言。第二部分讲文献，共有两类：（1）巴利藏；（2）藏外典籍。第三部分讲语法，这一部分最长。先讲语音，列出了字母，并指明，从语音变化来看，同梵文相比，巴利文处于俗语阶段。把巴利文的元音和辅音都介绍了一番。然后讲语法。这里面包括名词、形容词、副词和比较法、代词、数词、动词。在动词一节中讲了人称、时间、语态、语气。总起来看，巴利文动词变化离开梵文比名词变化还要远；新形式大量出现，双数几乎完全消失；中间语态也处在消失中；完成时只剩下一些残余；许多纡回构成形式占了重要地位；现在时使用范围扩大。

总之，这一篇文章只是一个概述。

10.《祝贺〈文献〉华诞十周年》

我最怕极"左"路线盛行时的理论性的杂志。这种杂志巍然俨然，调门很高。然而，只要政治风向一变，它们立即翻脸不认人，因此我就害怕。而《文献》却是被理论家们视为"资料性的"杂志。它老老实实地安于这个地位，既无石破天惊的宏论，又毫无哗众取宠之心，本本分分，朴实无华。这就是我爱它的原因。

11.《补遗〈关于神韵〉》

在1988年，我曾写过一篇《关于神韵》，上面已经加以介绍过。到了今天，我又写了这一篇"补遗"。应该感谢敏泽先生的一封信。他在信中通知我，钱钟书《管锥编》谈及宋范温的《潜溪诗眼》。此书中有论"韵"的地方。范说："有余意之谓韵"，这颇有点像印度的"没有说出来的"，"暗示功能，暗示义，领会义"。

12.《〈中国比较文化论集〉序》

我用黑格尔的正、反、合的理论来解释中日两千年的文化交流的关系。1868 年前，日本向中国学习。1868 年后，中国也向日本学习了一些东西。从现在开始是"合"的阶段，两国互相学习，共同发展。关于"反"的阶段，可能有人不理解。实际上从 19 世纪末至20 世纪初，中国向日本学习了大量的东西，包括许多名词和术语。

13.《新博本吐火罗文 A（焉耆文）〈弥勒会见记剧本〉第十五和十六张译释》

这又是一篇吐火罗文 A（焉耆文）《弥勒会见记剧本》的译释。

14.《〈历史研究〉三十五周年祝辞》

《历史研究》走过了三十五年，并不容易。现在有人竟然认为历史无用，这是完全站不住脚的。历史是非常有用的，不研究是不行的。今天建设有中国特色的社会主义，也非通中国历史不行。

15.《关于中国弥勒信仰的几点感想》

在佛教教义中，弥勒佛是未来佛，还没有出世，释迦牟尼才是现世佛。中国的汉族不是一个宗教性强的民族，信佛，信道，大都是马马虎虎，只要看道教庙里间或有佛像，佛教庙里也有道教的神，就一清二楚了。弥勒佛传到了中国以后，与布袋和尚相融合，成了几乎每座庙里必有的大肚弥勒佛，并不太受到佛教徒的尊敬。但是，在历史上，在政治上，这位佛爷常常受到利用。唐代的武则天就自称是弥勒转世，在一大堆尊贵的名号上又加上了"慈氏"二字。"慈氏"，梵文"弥勒"的汉译也。中国的老百姓中的革命者，起兵造反时也往往自称是弥勒佛下凡，以抬高自己的身价，迷惑别人。在中国历史上，这样的记述颇有一些。仅国祚极短的隋代，就发生了两次这样的事件，一在 610 年，一在 613 年。当然，利用其他神祇造反的记录，也有一些。

16.《中国佛教史上的〈六祖坛经〉》

在人类中，一部分人有宗教需要，一部分人则没有，宗教就是前者所创造出来而又推广出去的。宗教往往与物质生产活动和人的传宗接代有矛盾，但是宗教都有适应性。因此我对宗教发展找出了一条规律：用尽可能越来越小的努力或者劳动达到尽可能越来越大的宗教需要的满足。以佛教为例，小乘的修习方式专靠人努力，要累世修行才能得到解脱。到了大乘阶段，修习方式逐渐简化，不但人人皆能成佛，而且只需膜拜或诵佛号，就能达到目的，不妨碍人类的物质生产活动。到了后来，在渐悟的基础上又出现了顿悟，"放下屠刀，立地成佛"，天国的入门券便宜到无以复加了。顿悟的形成是在中国，关键人物是慧能，关键经典则是《六祖坛经》，全书宗旨是"顿悟见性，一念悟时，众生是佛"。

17.《梅特利亚》（附英译本）

这原是《吐火罗文 A（焉耆文）〈弥勒会见记剧本〉译释》那一部专著中的一章。因为觉得可以抽出来单独发表，便是现在这一篇论文。

在人们的日常用语中，常说"大肚子的弥勒佛"。在每一个佛教寺院中，他的塑像几乎都是不可缺少的。在汉译的佛典中，有两种译法，一个是"弥勒"，一个是"梅咀利耶"。"弥勒"的原文不是梵文，而是吐火罗文 A（焉耆文）。在吐火罗文 B（龟兹文）中是Maitrāk，同时 A 和 B 都保留了梵文原文的形式，A 作 Maitreya，B 作 Maitreyee。德国学者 Andreas 说，在吐鲁番发现的中古波斯文残卷中，也有 Metrak 这个形式。至于"梅咀利耶"，则是梵文 Maitreya（巴利文 Metteya）的音译。

关键问题是 Metrak 和 Maitreya 的关系。前者是出自后者吗？研究这个问题的学者几乎都有这样的看法。他们想方设法来解释，为什么 Maitreya 能够变成 Metrak。（细节请参阅我的论文，这里不详细叙述）

这些学者都能持之有故，言之成理，我不敢说他们都不正确。但是，我还是提出了我自己的一个解释方法。Sieg、Siegling 和 Schulze 的《吐火罗文语法》中谈到，词尾 –ik 加到什么字上，就变成了什么"者"，比如 A kākmart，意思是"威严"，加上语尾 –ik，变成了 Kākmartik，意思就成了"威严者"，"具有威严的人"。这类的例子颇多，不再列举。我想，梵文 Maitreya，巴利文 Metteya，出自 Maitrī这个字，意思是"慈悲"，所以"弥勒"的意译是"慈氏"。如果 Maitrī后面加上语尾 –ik，变成 Metrak，这是完全可能的。

在这篇论文的后一半，我谈了一个问题：为什么在汉译佛典中，"弥勒"这个词出现得早于"梅呾利耶"以及与之类似的译法？我顺便说一句："慈氏"这个意译的词出现得也很早，同"弥勒"差不多，次数略少于"弥勒"。其所以出现这种情况，原因并不复杂。印度佛典最初传入中国，不是直接的，而是通过古代中亚，包括今天中国的新疆的一些民族的媒介。这些民族的语言，我们今天已经知道一些，但还并不是全部清楚。吐火罗文 A 和 B 就是比较清楚的语言。最初汉译佛典中有许多词，比如"佛"等，就是通过吐火罗文译为汉文的。"弥勒"也属于这个范畴。这种情况，到了后来，连极有学问、梵汉兼通的高僧如唐朝的玄奘等，都已不甚了了。动辄以"讹也"来解释。其实哪里来的什么"讹"，不过来源不同而已。

18.《〈异文化的使者——外来词〉序》

这只是一篇序，并非专门的论文。在这里，我仍然重弹老调：文化交流是促进人类社会进步的主要动力之一。我们甚至可以说，没有文化交流，人类就没有进步，就没有今天世界上这样繁荣兴旺的景象。文化交流表现的形式很多，外来词在其中占一个重要的地位。外来词可以分为两大类：一类代表精神方面的，抽象的东西；一类代表物质方面的，具体的东西。佛、菩萨、耶稣教等属于前者；沙发、咖啡等属于后者。一部分外来词保留原来的音，上面这些例子都是。一部分则先音译，后改意译，比如电话，原译名为"德律风"。什么字保留原音？什么字改变？决定者是人民群众，所谓"约定俗成"。至于其中的标准或规律，我们研究得还很不够。

19.《说"嚏喷"》

打嚏喷（或喷嚏）是每个人都经常有的动作，是微不足道的。然而古人和今人都似乎认为是不吉祥的。我年轻的时候，稍有点古风的人，见到小孩打喷嚏，便立刻说："长命百岁！"以被除这个不祥。古代有专门讲打喷嚏的书。最初我没有想到，这竟是流行全世界的一种迷信。德国人听到小孩打喷嚏，立即说："健康！"英国人亦有此习。后读清魏源《海国图志》，见南部非洲，国王一打喷嚏，举朝举国皆同声应诺。又读佛经，见如来佛一打喷嚏，群僧皆言："长寿！"

佛徒对喷嚏还有一些别的解释。打喷嚏这一件小事，竟然在古今中外都引起了重视。我个人认为，这不是各个地方单独发明的，而是流传的。对研究民俗学者来说，这是很有意义的。

20.《中国知识分子的爱国传统》

在中国，传统文化与爱国主义是密切相联的，因为爱国主义是传统文化的重要组成部分。我常说，中国知识分子（当然其他人也一样）是世界上最爱国的最好的知识分子。我这话是有充分根据的。存在决定意识，中国的历史存在决定了中国知识分子必定爱国。中国古代以汉民旅为主的政权和国家自先秦起始终受到外部势力的威胁，如汉代的匈奴，唐代的突厥，宋代的辽金，近代则有西方帝国主义。有人说，匈奴等等的后裔现在已经成了中华民族的一部分，这是事实。但在当时却是威胁汉民族政权和国家的势力。我们不能把古代史近代化。如果这些人的说法能成立的话，则中国历史上就没有一个爱国者了。岳飞、文天祥等也只能算是内战的牺牲者，这岂不是荒唐透顶吗?

21.《再谈"浮屠"与"佛"》

我个人觉得这是一篇相当重要的论文，是上面介绍过的几十年前写的《浮屠与佛》那篇论文的续篇。

产生于尼泊尔和印度的佛教传入中国，是中国历史上以及中外文化交流史上的一件大事。我的第一篇论文是企图解决这个问题的一个尝试。从五十年后的今天来看，我当年的构思和解决方式都是正确的。只有汉文"佛"字是浊音而吐火罗文 pät 与 pud 是清音二者难以相容，当时认为是个大难题，及今视之，不过是庸人自扰而已。

我有一个习惯，也许可以说是一个好习惯吧，我一旦抓住一个学术问题就终生不忘。佛经梵语中 –am>u，o 的现象，不定过去词的问题等等，都是例证。"浮屠"与"佛"也算是一个。我在上面说到pät，pud 是清音而"佛"字是浊音，我认为是个难题。虽经周祖谟先生勉强解决，但我总是耿耿于怀。四十多年后，我终于找到了正确的而不是勉强的解决办法，所以就写了这一篇论文，而且单刀直入，就从解决那个难题开始。

下面对这一篇论文的内容加以简要叙述。

一、"佛"字对音的来源

在 1947 年的那一篇论文中，我被清音与浊音纠缠住，脱不了身。实际上，当时我眼前就有一个回鹘文的 but，是浊音，我却似乎视而不见。可见我当时掌握的材料确实有限。我顺便说一句，当时有关这个问题的材料，世界学术界掌握的也不多。四十多年以后，我写《再谈"浮屠"与"佛"》时，材料已经大大地增多。我现在抄一个表在下面：

大夏文	buddha 变为 bodo，boddo
拜火教经典的中古波斯文（巴列维文）	buddha 变为 bwt
摩尼教安息文	buddha 变为 bwt，but
摩尼教粟特文	buddha 变为 bwty，pwtyy
佛教粟特文	buddha 变为 pwt
达利文	buddha 变为 bot

这个表一目了然。这些文字大致可以分为两系：一系是大夏文，梵文 buddha 在这里仍保留两个音节，这就是汉文"浮屠"二字的来源。一系基本上只有一个音节，这就是汉文"佛"字的来源。这一系的字几乎都是浊音，只有佛教粟特文 pwt 是清音。但是，根据 H. W. Bailey 的解释，这也不成问题。

四十多年的一个问题，四十多年后终于圆满地解决了。

二、从"浮屠"与"佛"的关系推测佛教传入中国的途径和时间

在这一节中，我主要分析了《四十二章经》。

（一）《四十二章经》与大月支。《四十二章经》的真伪是有争论的。梁启超疑其为伪，汤用彤信其为真。汤先生还认为，此经有两个译本；又认为，佛教入华当在永平之前，而永平求法的传说是可信的。汉明帝派使者到大月支求浮屠经时，大月支民经迁徙到了大夏。此时大月支早已皈依了佛教。

（二）《四十二章经》原本语言。《四十二章经》原本是什么语言写成的呢？我在 1947 年的那篇文章中只说是中亚一种俗语，因为当时资料不够，谁也说不明白。到了今天新的资料发现多了，对于这个问

题能够进一步说点比较肯定的话了。详细考证，请参阅原文。我在这里只把我的结论写出来，我的结论是：汉使者在大夏翻译的《四十二章经》原文是大夏文。

（三）支谦等译经的语言问题。《四十二章经》的语言既已推定，连带提出来的是后汉、三国时期最早的译经大师所译佛典的原来的语言问题。支谦、安业高等所译佛典原来的语言是什么呢？

我从梁《高僧传》中找到了一些资料，经我加以分析考证，我认为，支谦等译经所据原本，语言不是梵文，而是中亚新疆一带的吐火罗文或伊朗语系的语言。

（四）几点想法。下列几点想法，实际上就是我这一篇论文的暂时的结论。

（1）1947年文章中提出的佛教直接从印度传入中国的论点不能成立了。但是我设想的佛教传入两阶段说仍然能够维持。我用公式来表示：

① 印度 → 大夏（大月支）→ 中国

buddha → bodo，boddo，boudo → 浮屠

② 印度 → 中亚新疆小国 → 中国

buddha → but → 佛

这两个阶段都不是直接的。

（2）我这篇论文解决了印度佛教传入中国的两个大问题：时间和途径。不敢说这就是定论，我只相信，虽不中，不远矣。

22.《敦煌吐鲁番文书研究笔谈》

这是极短的一篇文章，主要讲1988年我曾说过两句话："敦煌吐鲁番在中国，敦煌吐鲁番学在世界。"当时受到在座者的赞赏，后来又得到了事实的证明。学术乃天下之公器，各国学者间应广通声气，同声相求。

23.《吐火罗文和回鹘文〈弥勒会见记〉性质浅议》

我先列举了德国出版的三本关于《弥勒会见记》的著作。此书的吐火罗文A本和回鹘文本在新疆多次发现。1974年冬季在焉耆县七个星千佛洞又发现吐火罗文A本四十四张，八十八页。这些残卷经

我解读，已译为英文（1998 年在德出版）。我就本书的性质解答了下列几个问题。

一、是创作呢？还是翻译？

不是创作，也不全是翻译，而是编译。

二、内容是什么？

是一部佛典，基本上是小乘的；但已有大乘思想的萌芽。

三、体裁是什么？

这是本文探索的重点。

本书在形式上同印度古代的故事集，比如《五卷书》之类，没有差别。但是吐火罗文 A 本自称为"戏剧"，文中间或有戏剧术语。回鹘文本没有这一些，却在每章前标出场地名。所有这一切都说明本书是一个剧本，但是，这种剧本同我们所熟悉的西方和中国的剧本是不同的。W. Winter 认为，吐火罗文剧本包括叙述和表演两部分。一个讲故事者和一个表演者互相配合。A. von Gabain 说，回鹘文本是为了朗诵用的。Victor H. Mair 讲到了看图朗诵的办法。H. Lüders 认为，śaubhika 的意思是"解释者"，是玩皮影戏的人，是朗诵者。朗诵和表演结合了起来，就形成了印度的戏剧。中国西藏有一个民间剧种，根据图画来说唱佛教故事，有点像内地的"玩洋片的"。Winter 等人都讲到，吐火罗文剧本与西藏剧有类似之处。最后，我还指出了一点：新疆这地方偏爱戏剧。

1990 年

本年共写各类文章三十七篇，出版论文集《佛教与中印文化交流》。可以算做学术论文的共有二十六篇。下面分别加以介绍。

1.《新疆古代民族语言中语尾 –am>u 的现象》

在这篇论文的前半部分，我列举了几位反对我的结论的外国学者：比利时的 Étienne Lamotte，德国的 Heinz Bechert 和美国的 Franklin Edgerton。对于最后一位，我在 1958 年所写的《再论原始佛教的语言问题》中和 1984 年所写的《中世印度雅利安语二题》中已经进行了反驳。现在，既然又谈到这个问题，难免旧事重提，把 Edgerton 所著的

Grammar 中的有关章节重新翻腾出来，一一加以论断。

1988 年我在给蒋忠新用拉丁字母转写的梵文本《妙法莲华经》所写的序中，也列举了此经中出现的 –am>o, u 的例子，证明了 Bechert 所说的《法华经》中无此音变现象的错误。后来，我又在 Ronald E. Emmerick 所著的《于阗文与图木舒克文》一文中发现了不少–am>u 的现象，我们才知道，–am>o, u 的现象决不仅仅限于印度古代西北方言；在于阗文和图木舒克文中，这个现象同样存在，而且覆盖率极大，从名词、代名词，一直到数词、动词等都有。在印度雅利安语和伊朗语二者的古代语言中，都没有这样的音变现象，可见这现象是晚出的，而且出现的时间基本相同。从地域上来看，这个音变现象都发生在从印度西北部直至中国新疆的广大地区。总之，我的结论同将近半个世纪以前完全一样：–am，–am>o, u 是音变，既不存在变格问题，也不存在变性问题。至于一些学者坚持抓住不放的 m. c.（由于韵律的关系）的理论，拿来应用到于阗文和图木舒克文上，简直是荒唐可笑了。

2.《广通声气博采众长》——《走向世界文学的桥梁》序

这是给山东学者刘波主编的《走向世界文学的桥梁》一书所写的序。内容主要谈当今中国比较文学界的喜与忧。喜，因为参加的人多起来了。忧，因为发表的文章肤浅者多，而深刻有见地者少。救之之方是广通声气，努力学习。

3.《〈抗倭演义（壬辰录）研究〉序》

中、日、朝、韩立国于东亚大陆垂数千年，其间关系有友好的一面，也有磕磕碰碰的一面，《壬辰录》讲的就是后者。日本侵朝不止这一次。我认为，到了今天，我们四国人民在正视历史的同时，更应该向前看，看到我们共同的未来。我们都应该继承我们历史上文化交流的好传统，在目前形势下继续交流文化，互通有无，睦邻友好，和平共处。

4.《读日本弘法大师〈文镜秘府论〉有感》

我从日本弘法大师的《文镜秘府论》中悟到了现在的《中国文学史》论诗歌的偏颇。诗歌必讲韵律，韵律就与音乐接近。近代西方的一些诗人主张诗歌音乐化。中国"齐梁文学"的"永明体"也有类似的主张。他们想使诗歌"八音协畅",听起来铿锵有致,能增强诗歌的感人性。当然,他们并不是主张把诗歌写成乐谱。这是不可能的,也是没有必要的。

5.《〈世界名诗鉴赏辞典〉序》

这一部辞典选的不是一般的诗,而是名诗。汉译文又大部分选的是名译。真可谓珠联璧合。我认为,这样做,至少可以达到两个目的:一个是可供欣赏,能够给不通外文的读者以美的享受。另一个是可供借鉴,意思就是为中国的新诗作者提供参考,使他们在创作中能够吸纳新鲜的营养。近年来在中国外国文学的译本并不走俏,独诗歌翻译为例外。其中原因,我曾百思不解,最终豁然开朗。我想到中国古人所说的"诗无达诂",是非常有道理的。诗,不但指中国诗,也指外国诗。"无达诂",意思就是理解因人而异。这不有点迷离模糊吗?然而妙就妙在这个"迷离模糊"上,它能增加美感。

6.《对开好中国比较文学会第三届年会的两点意见》

我的两点意见是:(1)提高学术研究水平。我认为,近几年来,我国比较文学有了长足的进步。但是,认真钻研、艰苦努力还不够,好文章不多。不要把比较文学看得太容易,把它看得难一点,更有好处。(2)加强团结。比较文学的摊子铺大了,重要的问题就是要团结,不要讲位置分配学、座次学等等。领导班子要年轻化,年老的该退就退。

7.《谈中外文化交流》

这是一篇座谈会上的发言稿。大意是:在文化交流方面,东、西各有自己的"拿来主义",我们拿来西方文化中优秀的东西,同时又继承发扬我们自己的优良的文化传统。不但西方物质的东西我们要学,精神方面的好东西我们也要学。过去,我们从印度拿来了佛教,经过我们的改造,创造了禅宗,至今在世界上还有影响。我反对"全盘西化"论,因为,事实上办不到,理论上讲不通。崇洋与排外,都是不对的。亚洲"四小龙"的经济腾飞,可能都与中国儒家思想有关。在现代化的进程中,儒家思想可能有所作为。

8.《比较文学之我见》

这篇短文谈的是我对所谓"比较文学危机"的看法。比较文学确有"危机"，外国的我不讲，只讲中国的。原因我认为是有人把比较文学看得太容易。这一点我在上面已经谈过。我在这里引了六七十年前陈寅恪先生的一段话："盖此种比较研究方法，必须具有历史演变及系统异同之观念。否则古今中外，人天龙鬼，无一不可以相与比较。荷马可比屈原，孔子可比歌德，穿凿附会，怪诞百出，莫可追诘，更无所谓研究之可言矣。"真是一针见血之言。

9.《玄奘〈大唐西域记〉中"四十七言"问题》

玄奘《大唐西域记》的"校注"问世以后，颇得国内外专家们的好评。但是注中仍有错误，原文"详其文字，梵天所制，原始垂则，四十七言"，关于"四十七言"的注就是一个例子。注者把梵文现有的四十七个字母——元音十四个，辅音三十三个——写在注中，数目相符，焉得有讹？外国注者也犯了同样的错误而不自觉。但是，实际上，这是不正确的。经我后来的探讨，"四十七言"应该是：

元音 12 个：a ā i ī u ū e ai o au aṃ aḥ

辅音 35 个：

喉音 k kh g gh ṅ

颚音 c ch j jh ñ

舌（顶）音 ṭ ṭha ḍ ḍha ṇ

齿音 t th d dh n

唇音 p ph b bh m

遍口音（超声）10 个：y r l v ś ṣ s h llaṃ kṣa

详情请参阅原文。

10.《〈菩萨与金刚〉——泰戈尔散文之我见》

我认为，中国加入世界文学行列，自五四运动前夕鲁迅的《狂人日记》始。从那以后，介绍外国文学之风大煽。最初介绍最多的莫过于印度的泰戈尔。泰戈尔既是一个伟大的文学家，又是一个伟大的哲学家；他融哲理于文学创作之中，形成了自己独特的风格。他虽然生长在一个富于幻想的民族中，他的文学创作也继承了这个传统；但是他终其一生并没有把自己关在一个象牙之塔中，而是关心国内外大事，是一个真诚的爱国主义者和国际主义者。

11.《对于 X 与 Y 这种比较模式的几点意见》

既然是谈比较文学，当然要比较，这是天经地义，未可厚非。但是，有的人比较得太滥，几乎达到了"无限可比性"的程度。这种"拉郎配"式的比较，多半肤浅，比了等于没有比，这无助于比较文学的发展，只能形成比较文学的"危机"。要作比较研究，必须更加刻苦钻研，更加深入到中西文学的深层，剖析入微，触类旁通，才能发前人未发之覆，得出令人信服的结论。我曾多次劝告年轻的比较文学者们，要把比较文学看得难一点，更难一点，越看得难，收获就越大。

12.《祝贺〈学林〉创刊四百期》

《学林》是上海《文汇报》的一个副刊。我长期是《文汇报》的忠实的读者，《学林》我当然是经常读的。1991 年 1 月 6 日，《学林》第四百期出刊，上面有许多学者的祝词，我的祝词也滥竽其中。但这篇短文是 1990 年写的，所以列入此年。文中表达了我对一种报纸特点表现在何处的意见。我认为是表现在地方新闻和副刊上，因为政治和经济新闻，每张报纸都必须刊登的，无从见其特点。我觉得，《学林》的风格清新庄重。

13.《从中国文化特点谈王国维之死》

关于王国维自沉的原因，有不同的说法。他自己说是"义无再辱"，陈寅恪先生则说与文化衰落有关。我多年不能理解寅恪先生这个观点。后来我读了许多学者关于中国文化特点的论著，他们大都认为中国文化重点在讲人，是人文主义精神。我恍然若有所得。陈先生说中国文化的精神是三纲六纪，君臣关系是三纲之一，这样一来，王先生自沉的原因就很容易同中国文化挂上钩了。

14.《〈达·伽马以前中亚和东亚的基督教〉汉译本序》(《达·伽马以前中亚和东亚的基督教》林悟殊编译)

在这一篇"序言"中，我首先表明了我对中德这两位同行学者(原作者及编译者)间合作的欣慰。接着我就说明了我的一些想法。首先是我认为：没有文化交流，人类文化就不会有进步，而宗教传播，也是文化交流中的重要部分。中国历史上几个大的外国宗教的传入，都能够说明这个问题。其次我想到：中亚及中国新疆是人类历史上几大文明体系和几大宗教大规模地汇流的唯一的一个地方。但是探讨这个问题并不容易，除了考古田野工作外，还要有大量的历史资料。后者只有中国可以提供，因此，必须有中西合作，才能取得令人满意的成绩。

15.《一点希望》——庆祝《文艺理论研究》创刊十周年

世界上古今文艺理论能自成体系者共有四家：中国、印度、古希腊、近代欧美。四者间有同有异，而同大于异，其间颇多相通之处。时至今日，我们要想研究中国古代文论，提高研究水平，必须兼通四者。有比较才能有鉴别，有鉴别才能深入探讨，而水平即在其中矣。

羡林按：这是我几年前的看法。到了今年，1997 年，我的看法有了改变，后面再谈。

16.《〈丝绸之路贸易史研究〉序》（《丝绸之路贸易史研究》李明伟等著）

对丝绸之路的研究，虽然我们古代史籍中对这个地域的政治、经济、文化、宗教等的记述特详，却是起步较晚的，晚于欧、美、日的一些学者。最近几十年来，我们急起直追。这一部《丝绸之路贸易史研究》就是成果之一。

17.《〈东方趣事佳话集〉序》（《东方趣事佳话集》薛克翘主编）

文化交流是促进人类社会进步的动力之一。但是，学习西方，也必须看东方。看东方，至少有两种看法，一个是在学术上深入探讨，这可以说是阳春白雪。但是，光有阳春白雪还是不够的，还必须有下里巴人。把东方的趣事佳话搜集起来，编纂成书，供广大读者阅读，从中学习一些有用的东西。这二者如鸟之两翼，缺一不可。

18.《〈世界华侨华人词典〉序》（《世界华侨华人词典》周南京主编）

我在这篇序中谈到，文化交流是促进人类社会发展的重要因素，而专就中国同外国而论，华侨和华人又是促进中外文化交流的重要因素。中国华侨史是一部触目惊心的伤心史。在旧社会，我们国内灾患频仍，民不聊生，中国劳动人民，特别是闽、粤等沿海省份的劳苦大众，被迫背乡离井，漂洋过海，到达美洲诸国、南洋群岛诸国，以及欧、亚、非一些国家，为西方的新兴的资本主义的原始积累，流汗流血，有的甚至过着奴隶般的生活。这就是华侨的来源。但同时他们也把中华文化传向四方。到了今天，祖国强大了，华侨的地位在当地也相应地改变了。这就是华侨最爱国的原因。

19.《论〈儿郎伟〉》（《庆祝饶宗颐教授七十五岁论文集》）

"儿郎伟"，敦煌卷子中有一些以此为名的歌辞，唐代和宋代一些作家作品中也有这种歌辞。这三个字究竟是什么意思呢？中外研究者意见有点差异，但是倾向有意义者多，换句话说，认为"儿郎"就是"年轻人"。我个人不同意这种看法，认为"儿郎"只是音，而没有意义。我找了很多例子，处于"儿郎伟"地位的三个和声字，第二个字，同"郎"字一样都是来母字。

20.《〈吐鲁番研究专辑〉序》

"吐鲁番学"是指研究新疆地区甚至新疆以外一些地区的文化的学问，冠之以"吐鲁番"，只能算是一个代表。陈寅恪先生说，"敦煌学"是中国一部"伤心史"。"吐鲁番学"也一样。意思是说，这一门学问最初中国学者几乎没有任何发言权；外国学者则喧宾夺主，此所谓"伤心"也。但是，最近十几年以来，情况有了翻天覆地的变化。在这个研究范围内，中国的老、中、青三代学者都茁壮成长起来了，过去不能做的工作，现在能做了。汉、维两族都有了自己的"吐鲁番学"的学者，我们真可以扬眉吐气了。这个势头真如旭日东升，方兴未艾。

21.《〈印度古代文学史〉前言》（《印度古代文学史》季羡林主编）

"前言"中发了一点牢骚，说一股欧洲中心论的邪气弥漫中国社会，外国文学界亦然。有的人总瞧不起东方文学，包括印度文学在内。这种推崇西洋的歪风，至今未息。

22.《二十一世纪：东西文化的转折点》

一个世纪末并不一定意味着人类社会发展的一个转折点。但是，19 世纪和 20 世纪的世纪末却确有这个意味。英国史学家汤因比主张，每一个文明（文化）都有一个诞生、成长、兴盛、衰微、灭亡的过程，哪一个文明也不能永垂不朽。专就东、西文化而论，我主张"三十年河东，三十年河西"。现在，辉煌了二三百年的西方文化已经是强弩之末，它产生的弊端贻害全球，并将影响人类的生存前途。西方有识之士也看到了这一点。因此，我就提出了一个大胆的假设，现在这个世纪末可能就是由西向东的转折点。

23.《〈比较文学与民间文学〉自序》(《比较文学与民间文学》季羡林著)

这一项实际上包括两篇"自序"。第二篇写于 1986 年，是给中国民间文艺出版社写的，它本来准备出版这一部书，后来由于众所周知的原因，把稿子压了几年，书终于没出成。北京大学出版社慨然毅然接受了出版的工作。第一篇"自序"就是给北京大学出版社写的。这一部书终于出来了。

在第二篇"自序"里，我讲了在比较文学研究中，我赞成影响研究，而不欣赏平行研究。因为前者摸得着看得见，而后者则往往玄乎其玄，有时候甚至捕风捉影，胡说一通，让赞成者无从赞成，反对者无法反对。我对"义理"一类的东西是敬鬼神而远之。

第一篇"自序"则说明了我为什么把第二篇"自序"原封不动保留下来的原因。我在上面一节中介绍的我的观点，即使再写一篇新序，也不会改变，索性把原序保留下来，免得麻烦。我在这一篇新序中，还感谢了帮我编选这一部分的、我的几十年的老助手李铮先生。最后发表了一点感慨，说自己成了陶渊明的信徒。

24.《梵语佛典及汉译佛典中四流音 r r̄ l l̄ 问题》

这是一篇异常重要的论文，也是我生平写的文章中自己比较满意的一篇。

本文目次内容：

一、问题的提出

二、从慧琳谈起

三、四字特点及其发展的历史

    (一)四字在印度的产生与演变

    (二)四字在中国的发展与演变

        (1)四字异译

        (2)四发音的分歧

　　　　　　（3）发音分歧的地域问题

四、再谈慧琳

五、所谓中天音旨

六、关键所在

　　（一）四字的特殊性

　　（二）语言矛盾

　　（三）慧琳与昙无谶的矛盾

　　我在这里首先要声明，"目次"中的"五、所谓中天音旨"，暂时不见于此文中。因为时间紧迫，而这一章又异常难写，所以我临时抽掉。过了几年以后，我又重整旗鼓，写了一篇《所谓中天音旨》，作为独立的论文发表了，其实是应该归入这一篇论文的。

　　现在想要介绍这一篇论文的内容，感到有极大的困难。一则所谈问题过于专门，过于冷僻，论证过于琐细，过于周折。二则对于对此问题没有颇精湛研究的学者必如丈二和尚摸不着头脑。岂非大煞风景吗?想了半天，想出了一个取巧的办法，只介绍"一、问题的提出"和"六、关键所在"，其余一概省略。我还是希望有兴趣的学者们能够耐下心来，把原文读一遍。下面先介绍"一、问题的提出"。

　　最初的原因是，我读唐慧琳《一切经音义》卷二十五《大般涅槃经》注中关于悉昙章的一段话，对悉昙产生了兴趣，特别是其中关于四流音的叙述，与我平常的理解不同，这更引起了我的好奇心，想探讨一番。后来又收到俞敏先生的著作《俞敏语言学论文集》和饶宗颐先生的《悉昙学绪论中印文化关系史论集·语文篇》二书，读后甚有收益。其后又读了荷兰学者高罗佩（R. H. Van Gulik）的著作 Siddham 和日本学者马渊和夫的《日本韵学史の研究》等等著作，又有所收获。我的主要精力还是放在阅读日本古代僧人关于悉昙的著作上。经过长期阅读和考虑，我逐渐发现，r ŕ ḷ ḹ 这四个流音元音在梵文字母中有特殊地位和意义，在梵文佛典中是如此，在汉译佛典中也是如此。根据我的看法，四流音元音涉及印度语言史、印度佛教史、小乘与大乘的矛盾、梵文同俗语的矛盾，等等。因此，我决定先专门写一论文谈谈四流音问题。

现在接着介绍"六、关键所在"。

（一）四字的特殊性

这四个流音元音同其他字母是不一样的。《悉昙藏》中讲了一个故事：一个外道（婆罗门）教一个国王学梵文，"以王舌强，故令王诵此字"。别的书中也有类似记载。这四十字是童蒙所不习学，"世所稀用"。

（二）语言矛盾

佛祖释迦牟尼是反婆罗门教的，从而也反对使用它的语言梵文。他游行说教使用的是一种或多种俗语。后来时移势迁，俗语不得不逐渐梵文化起来，到了古典大乘，就全部使用梵文了。可列一个公式：

俗语 → 梵文化的混合梵语 → 梵语

佛教的对立面婆罗门教一直使用梵文。政府部门有一个阶段也使用梵语。后来俗语又抬头。到了公元后笈多王朝时期又来了一个"梵文复兴"。也可列一个公式：

梵语 → 俗语 → 梵语

（三）慧琳和昙无谶的矛盾

根据我的考证，二人的矛盾是三重性的：沙门与婆罗门的矛盾，大乘与小乘的矛盾，俗语与梵语的矛盾。

到了慧琳时代，印度佛教的经堂语是梵语。慧琳自认为是站在大乘立场上的；但他不理解佛典语言的发展规律，也不理解佛祖释迦牟尼的"语言政策"，矛盾因此而产生。如果不了解这个背景，则无法理解，慧琳何以对一个看似微不足道的问题竟然大动肝火，高呼："哀哉！已经三百八十余年，竟无一人能正此失！"

介绍完了，我再重复一遍：四流音问题极为复杂，牵涉的面极广，我不可能详细介绍。只好让读者好似碰到神龙，见首不见尾了。

25.《再谈东方文化》（《续补》）

这一篇论东方文化的文章，如果有点新东西的话，那就是我引用了金吾伦《物质可分性新论》。他主张物质不是无限可分的。我又引用了周文斌介绍西方一门新兴科学"混沌论"时写的一段话。我觉得，"混沌论"的思想带有东方综合的色彩。

26.《〈纪念陈寅恪先生百年诞辰学术论文集〉序》

这是一篇很长、很重要的文章，其中阐述了我对寅恪先生比较全面的了解。简要内容如下：一、"预流"问题；二、继承和发扬乾嘉考证学的精神，吸收德国考证学的新方法；三、为中国文化所化之人：（一）中国文化的内涵，（二）外来文化与本土文化，（三）文化与气节；四、爱国主义问题。从这些简单的标题上也可以看出我对寅恪先生全面的看法。总之，我认为寅恪先生是一位有坚实的中国文化的基础，又深通西方文化的精神，能"预流"，有强烈的爱国主义，有气节的为中国文化所化的一代宗师。在学术研究上，多发前人未发之覆，开辟新天地。

1991 年

本年共写各类文章二十四篇，其中可称为学术论文的有十四篇。

1. Translation from the Tocharian Maitreyasamiti–nātaka One Leaf（76YQ 1. 30）of the Xinjiang Museum Version（刊于《塚本户祥教授还历纪念论文集》中）

这是一篇吐火罗文 A（焉耆文）《弥勒会见记剧本》一张两页的译释。这样的文章过去已经写过一些，用不着再加以解释。这一篇是用英文写成，在国外发表的。

2.《〈中国古典文学在国外〉序》

宋柏年教授长期从事中国古典文学的研究，卓有建树。他又长期从事中国文学对外国文学的影响的研究。其成绩就表现在《中国古典文学在国外》这一部书中。这样一部书纠正了外国文学研究中的偏颇——研究外国文学影响中国者多，而研究中国文学影响外国者少。值得重视。

3.《〈北大亚太研究〉序言》

亚洲太平洋地区是世界上关键地区之一，从各方面来看，都是如此。世界上四个大的、独立的、历史悠久的、影响广被的文化体系，都与亚太地区有关。因此研究这个地区的政治、经济、文化等，有特别重要的意义。北京大学的亚非研究所，在全国高校中，是设备比较齐全、研究队伍比较能成龙配套、课程开设比较完备的研究机构。过去在培养学生方面、在研究成果方面，都有比较大的成绩和贡献。一年多以前北京大学成立了亚洲太平洋地区研究中心，承担起协调全校各有关系、所的工作，统筹安排，已做出了一些成绩。在校外，我们应当团结各有关院校的教学和研究机构，取长补短，互通有无，交换信息与资料，共同前进。我们既前瞻，又回顾，全国一盘棋。在这个基础上，再同世界各国的同行们团结协作，必能取得更大成绩。

4.《〈神州文化集成〉总序》

为了把"弘扬中华民族优秀文化，发扬爱国主义"这个口号化为行动，中国文化书院的同仁们和一位企业家联合，推出了一套《神州文化集成》。这一篇论文就是我的总序。

论文虽长，但提出来的新论点却不多，多一半都是我以前讲过的。我说，观察中国文化应当有"上下五千年，纵横十万里"的精神，不能只就中国论中国，只就眼前论中国。这样做，有如瞎子摸象，摸不到全貌。

紧接着，我谈了世界上四个文化体系，归纳起来，又只有东、西两大文化体系。东、西之差，关键在于思维方式：东主综合。而西主分析。综合主要是有整体概念和普遍联系的概念。这在医学上表现最为鲜明。西方是"头痛治头，脚痛治脚"，而中医则往往是头痛从脚上去治。这种情况也表现在语言上、表现在绘画上。这一篇"总序"的内容大体上就是这样。

5.《〈文学解读与美的再创造〉序》

古今中外的文艺理论书籍，我都读过一些。20 世纪 30 年代初，我在清华大学听朱光潜先生的"文艺心理学"，获益良多。后来由于治学方向转变，没有继续研读下去。今天再读介绍西方最新文艺理论的书，就如读天书一般。在当代西方文艺理论派别中，德国的接受美学寿命较长。龙协涛这一部书介绍的就是接受美学。

6.《〈一七八三年孟加拉的农民起义〉序》

印度是一个缺乏历史著作的国家，对于农民起义也不重视，到了现代才有研究者，这一部书就是一个例证。

7.《"高于自然"和"咏物言志"——东西方思想家对某些名画评论的分歧》

这一篇文章虽不长，却很重要。我讲的是中、西的两幅画。西方的是荷兰大画家吕邦斯的一幅风景人物画：阳光从对面的方向照射过来，但是一丛树的影子却投向看画者的对立的那一边去。这是违反自然的；但是人们却发觉不出来。歌德说这是"高于自然"。中国的一幅画是唐·王维的"雪中芭蕉"；雪与芭蕉不能并存，这也是违反自然的。陈允吉教授的解释是"咏物言志"。中、西的解释的角度是不同的。

8.《在"孙子兵法与企业经营管理国际研讨会"上的讲话》

这是一篇即席讲话，虽然很长，但却没有什么新意见。我讲了四个问题：（1）东方文化与西方文化；（2）东方文化和西方文化的思想基础；（3）文化是不是能够永存？（4）孙子兵法与企业管理以及现代战争。

9.《〈中国女书集成〉序》

我对中国女书毫无通解，但是为本书编者赵丽明博士苦干和冒险的精神所感动，所以才写了这一篇序。虽然写了，也只能发空论。旧日中国女子在社会上层层的压迫下，几乎都是文盲，乡下大多数女子连个名字都没有。但是，她们也是有思想、有感情的，她们也想把这些思想、感情表露出来；又苦于不识字，没有表露工具，于是就在一个极小的地区，发明和使用了所谓"女书"。这在中国是一个极为罕见的现象。

10.《六字真言》

"六字真言"是流行于中国西藏等地区信仰喇嘛教的民族中的一个咒语。汉族亦有。音译是："唵嘛呢叭咪吽"，意思是："唵！摩尼宝在莲花中。"六字真言相当古老。其起源地大概不是像人们想象的那样是西藏，而是印度孟加拉地区。

11.《〈朝鲜学论文集〉序》

朝鲜学指朝鲜和韩国的传统文化的研究。朝鲜学是东方文化研究的一个重要组成部分。东方文化是东方各国，不论国大国小，共同创造的。中国、印度、日本等等国家都有一份，朝鲜和韩国当然也有一份。古代高丽僧人对佛教在东亚的传布出过力量，对佛教传入日本，也起过重要作用。今天的韩国对中国的孔子和儒家都很敬重。

12.《漫谈古书今译》

弘扬中华民族的优秀文化这口号提出以后，古书今译之风顿盛。但是，我认为，并不是每一部古书都能今译的，今译应该有一个限度。纯粹讲义理的古籍，今译出来，对读者还可能有用。文学作品，特别是诗歌，既有思想内容，又有修辞、藻饰，甚至声调等等，如果译为白话文，则原文韵味尽失，这绝对是不可取的。后来，我这种想法更发展了，认为今译是破坏古书的最好的办法。

13.《佛教的倒流》

我个人认为，这也是一篇重要的论文。它谈的问题，过去几乎是没有人系统地涉及过的。

佛教是从印度传入中国的，后来在中国发展的基础上，又部分传回到印度，我把这种现象称之为"倒流"。在世界宗教史上，"倒流"的现象是绝无仅有的。对于佛教的"倒流"，我在文中举了一些例子。元念常集《佛祖历代通载》卷十讲到永嘉禅师著《证道歌》，由梵僧带回印度，"彼皆亲仰，目为《东土大乘经》"。

最著名的一个"倒流"的例子是隋代智者大师（智颉）。宋赞宁《高僧传》卷二十七《含光传》说，有一个印度僧人再三叮嘱含光，把智颉的著作译成梵文，传到印度。

赞宁是一个极有眼光、极有头脑的高僧。他给《含光传》写了一个"系"。这是一篇极有意义的文章。"系"首先肯定中国佛教有倒流的现象，他举的例子是梁武帝萧衍所撰《涅槃》《般若》《金光明》等经一百三卷，传入印度。"系"里提到了："唐西域求《道经》，诏僧道译唐为梵。二教争'菩提'为'道'，纷拏不已，中辍。"实际上并没有"中辍"，这问题下面再谈。"系"接着讲，西域是佛法的根干，东夏是枝叶。但是，把枝叶植入土中，也能生根干，榕树（尼拘律陀树）就是如此。"东人敏利，验其言少而解多。西域（天竺）

之人淳朴，证其言重而后悟。西域之人利在乎念性，东人利在乎解性。无相空教出乎龙树，智者演之，令西域仰慕。中道教生乎弥勒，慈恩解之，西域罕及。"赞宁在这里提出了中国同印度的相异之处，值得我们深思。

下面我谈到菩提达摩和梁的关系，又谈翻译《道德经》的问题。《含光传·系》说是"中辍"。但是，经过我仔细核对《新唐书》《旧唐书》《佛祖统纪》《集古今佛道论衡》《续高僧传·玄奘传》等书关于此事的记载，我认为，尽管佛道两家在翻译《道德经》时发生了多么激烈的争论和对抗，书还是翻成了，只是"序胤"未翻。至于玄奘的梵文是否传至印度，则我们毫无证据来肯定或否定了。

下面我又根据《含光传·系》中关于印度念性、中国解性举的两个例子智颉和玄奘，仔细对比和分析了我搜集到的资料，进一步对中国这两位"倒流"的高僧做了更细致的叙述。

先谈智颉，所谓智者大师。"系"里讲，龙树在印度创立了大乘空宗，即所谓"无相空宗"。我在论文中简短地勾勒了一下印度佛教大乘发展的情况。在这里，我想顺便改正台湾版的《季羡林佛教学术论文集》(东初出版社)四八九页第十二行的一个严重的排版错误："公元12世纪"应改为"公元后2世纪"。其他发展情况，我现在都略而不重复。总之是智颉在中国发展了印度龙树的空宗理论。根据许多佛教典籍的记载，智颉用力最勤的是弘扬空宗宝典《妙法莲华经》。他写了几部阐释《法华经》的著作，比如《妙法莲华经玄义》《妙法莲华经文句》等，发展了空宗的理论。有的书上说他"灵山亲承"，也就是他在当年灵山会上亲耳聆听了如来讲《法华经》。这当然只是神话，毫不足信。智颉在中国对大乘空宗的发展"倒流"了印度，是不足为怪的。

再谈玄奘。关于玄奘翻译《道德经》的经过，上面已经谈到过。这里专谈玄奘在印度留学时的一些活动。他在印度归纳起来可以说是做了三件事。第一件事是调和空有。他的印度老师戒贤是信奉有宗的，玄奘当然会传承此说，但他也并不完全摒弃空宗。在认识真理方面，他只不过是认为空宗比有宗低一个阶段。他用梵文写了一篇《会宗论》，共三千颂，就是企图融会空、有两宗的。第二件事情是他摧破了佛教小乘正量部的理论。第三件事情是制服了外道对佛教的恶毒攻击，写了一篇《制恶见论》，共千六百颂。此外他还写了一篇《三身论》。所有这些著作都没有流传下来。玄奘在印度的所作所为，实际上也是"倒流"现象的另外一种表现形式。

14.《〈季羡林佛教学术论文集〉自序》

《季羡林佛教学术论文集》于 1995 年在台湾出版，这篇文章是此书的"自序"。内容首先讲我对考证情有独钟。我研究佛教语言同研究佛教史紧密结合起来。研究大乘佛教起源问题，也必须同语言分析结合。现在全世界上已出的佛教史数量不算少；但是，真正令人满意的却如凤毛麟角。在研究佛教史方面，中国有得天独厚的条件。汉译《大藏经》和藏译《大藏经》是研究佛教的瑰宝。

1992 年

本年共写各类文章四十一篇，其中可以算是学术论文的有十五篇。下面分别加以介绍。

1.《作诗与参禅》

我谈了以下几个问题：

一、中国古籍中对诗禅关系的看法

二、诗与禅的不同之处

三、诗与禅的共同之处

四、禅与中国山水诗

五、言意之辨

（一）言意之辨

（二）一个印度理论

（三）中国语言文字的特点

我在下面不按章节把论文大意综述一下。

作诗是全世界共有的活动，而参禅则只限于中国、韩国、日本等几个国家。禅宗，虽然名义上来自印度，实则是中国的创造。参禅活动一开始，立即影响了中国的诗歌创作。唐代许多著名诗人，如王维等，诗中洋溢着禅意，是众所周知的。唐宋文艺理论著作，如唐司空图的《诗品》、宋严羽的《沧浪诗话》等等，都富于禅境禅意，也是大家所公认的。宋韩驹有一句诗："学诗当如初学禅"，最明确地说明了诗禅关系。

诗与禅有共同之处，也有不同之处。禅宗最初是主张"不立文字"的，而诗则必立文字。这是最显著的不同之处。而共同之处则是太多太多了。首先是"悟"或"妙悟"。"悟"这个字为中国所固有。《说文》："悟，觉也。"专就佛家而谈，"悟"到的东西是"三法印"：诸行无常，诸法无我，一切皆苦。释迦牟尼在菩提树下金刚座上大觉大悟到的，以及后来初转法轮时所宣讲的不外就是这些东西。这些都是小乘的思想，到了大乘阶段——我在这里补充一句：佛教传入中国的基本上都是大乘——佛徒又进一步提出了"空"的思想。这种"空"的思想对中国禅宗产生了极大的影响。我们甚至可以说，没有"空"的概念，就不会有中国禅宗。这种思想对中国诗歌创作和理论也产生了极大的影响。上面提到的几部书，以及王维等诗人的创作，无不蒙受其影响。

接着我论述了禅与山水诗的关系。我认为，悟"无我"，或者悟"空"，必须有两个条件，一个是个人心灵中的悟性，一个是幽静的环境。前者不言自明，后者却需要一点解释。禅有小乘禅与大乘禅之别。中国禅宗初祖达摩属于大乘禅，修行的禅法，名曰壁观。达摩大概认为，修这样的禅必须远离尘世，因此他遁隐嵩山少林寺。达摩以后的禅宗诸祖都与山林有关。在禅宗正式建立之前，山水诗的开创者和集大成者谢灵运，虔信大乘空宗的顿悟说。他把山水诗同佛教思想融合了起来。到了唐代，王维等人的山水诗，蕴涵着深沉的禅趣。宋代和宋代以后，山水诗仍然存在而且发展。

在最后一段，我谈了"言意之辨"。这是中外哲学史上的一个重要问题，至今还不能说已经得到了满意的解答。我从陶东风的《中国古代心理美学六论》中引用了拉康的理论，又引用了一个印度理论，企图对这个问题做一点满意的解释。最后我提出了中国汉语言文字的特点问题，即它的模糊性，来解释"言不尽意"的现象。我提到最近几十年在美国出现的模糊理论；我认为，这个理论应用到汉语研究上，应用到作诗与参禅的问题上，是颇能够解决一些困难或者困惑的。

2.《〈唐·吐蕃·大食政治关系史〉序》

中国古代史籍中关于西域的记载量多而质高，大大地有助于这方面的研究。但是汉文古典文献非常难读，外国学者常出现讹误。今天中国的青年学者，尽管有不少的优点，但古典汉文的造诣往往有所不足。对西域的研究，中国清代已有学者注意到了；但不通古代西域语言，很难谈到什么创获。最近十几年来，情况有了改变，一批通西域古代语言的年轻学者已成长起来，这是我们希望之所在。

3.《东方文化与东方文学》

我首先讲东方文化，仍然是我那一套：世界上有四大文化体系，四者又可分为东、西两个更大的文化体系。其差异的基础是东西方思维模式之不同，东综合而西分析。二者的关系是：三十年河东，三十年河西，哪一个文化也不能"万岁"。然后我又讲东方文学，特别是汉语文学。中国诗可以不讲人称，不用时态，读者可以根据自己的经验构成一幅图画，有绝对的自由，因而获得更大的美的享受。这有点模糊，但其妙处就在于模糊。这与东方的典型的综合思维模式有关。西方人想学习，是办不到的。西方最近几十年新兴的模糊学和混沌学等，我认为是西方思想向东方思想靠拢的迹象。至于今后如何发展，非我所能讨论的。

4.《饧饧糖》

这是拙著《糖史》第一编，国内编的第一章。下面介绍《糖史》时合并介绍。

5.《〈犹太百科全书〉序》

犹太民族是一个有天才的民族，历代出过许多伟大的科学家、文学家、艺术家、革命家等等。但它又是一个多灾多难的民族，几千年来漂泊全球。中国开封也曾有过犹太移民。中国人民对犹太人抱有同情，但是，由于在这方面出书太少，中国人对犹太人了解得很不够。现在这一部《犹太百科全书》可以弥补这个缺憾了。

6.《对于〈评申小龙部分著作中的若干问题〉的一点意见》

学术讨论甚至争论，都应当摆事实，讲道理，而不应扣帽子。只因申小龙讲了句："当代语言学的钟摆正摆向东方。"就引起了伍铁平、范俊军两位先生拍案而起，并且罗织到"到了二十一世纪，西方文化将逐步让位于东方文化"这个说法。试问这几句话何罪之有？竟蒙伍、范两位先生赐以"大国或者叫大东方沙文主义思想"的大帽子。我称这种行为为"拜倒在西方语言学脚下的、崇洋媚外的民族虚无主义"。这种"贾桂思想"是我们当前学术界的大敌，必须克服之。

7.《〈朝鲜学——韩国学与中国学〉序》

我不通朝鲜——韩国语文，但一生与两国打交道。中国的朝鲜族是一个优秀的民族，对中华民族大家庭具有向心力。在历史上，朝鲜半岛也出现过分分合合的局面；在文化交流方面也做出过贡献，唐代有很多高丽僧赴印度留学。他们一方面吸收中国佛学，另一方面又把佛教传入日本。后来他们又传入了宋明理学，并加以发扬光大。儒学在韩国至今仍有影响。

8.《佛典中的"黑"与"白"》

1948 年我写过一篇短文：《佛教对于宋代理学影响之一例》，讲的是朱子教人用白豆和黑豆来"系念"，起一善念，则投白豆一粒于器中，起恶念则投黑豆。这个方法实际上来自佛典。这一个小例子证明，宋代理学不但在大的方面，也就是哲学思想方面受到了佛教的影响，就是在小的方面也受到了影响。后来我翻阅佛典，陆续发现了很多相同或相似的例子。在《摩诃僧祇律》《十诵律》《根本说一切有部毗奈耶》等律中，我都找到了。它们用的是黑白筹（竹片），不是黑白豆，使用的目的不是"系念"，而是裁决。可是黑代表恶业或其他恶的东西，白代表善业或其他善的东西，则与朱子完全相同。

9.《在"〈日本学者研究中国史论著选译〉出版座谈会"上的发言》

这是在一次座谈会上发言的记录稿，是即席发言的产物。内容约略是：现在研究任何一门学问，都是国际性的，汉学也不能例外。中国学者研究汉学，近水楼台，有其有利之处。但是，外国的汉学家往往有新角度和新观点，能获得独到的成功。在这方面，法国汉学家的成就得到举世的公认。而日本汉学家由于有悠久的传统，其成就更必须刮目相看。现在比较大规模地加以汉译，此举值得欢迎。

10.《〈中国古典文学名著白话精缩〉序》

在五四运动以前，许多中国古典的长篇小说不能进入"神圣的"中国文学史的殿堂，现在能进入了。可是处在当前这样信息爆炸的环境中，生活速度加快，人们很难找出时间去读百多万字甚至几百万字的长篇小说。这实在是一件十分令人遗憾的事情。过去曾有人尝试过用缩写本——有人称之为"洁本"——的办法，来克服这个困难，好像不十分成功。现在两个出版社邀请了一些大学教授和中青年作家，将八部家喻户晓的长篇小说，改写为每部二十万字的白话本。

11.《历史研究断想》

历史，特别是古代史研究中的一些结论，都只是暂时的假设，决不是结论。原因是：（1）研究的指导思想随时在变；（2）研究的手段也随时在变；（3）新材料的发现越来越多。考古发掘工作对历史研究有巨大贡献，新疆考古工作是一个典型的例子。内地的考古发掘工作也具有同样的重要意义。比如原来认为甲骨文是中国最古的文字，现在，根据考古发掘的结果，我们能够知道，在甲骨文之前，中国文字已有很长的历史。

12.《〈汤用彤先生诞生一百周年纪念论文集〉序》

在中国学术史上，每一个时代都诞生几位大师，他们标志出这一个时代学术发展的新水平，代表着学术发展的新方向。到了中国近代，情况依然如此，但却有了新情况。俞曲园与章太炎为师兄弟。他们之间却有了一条鸿沟：俞能镕铸今古，章除了能镕铸今古外，还能会通中西。章以后几位大师莫不皆然。汤用彤先生就在这些大师之列。先生的《汉魏两晋南北朝佛教史》问世已有六十年，尚无有能出其右者。先生对魏晋玄学的研究也达到了一个高峰。在人品道德、待人接物方面，他也是我们的楷模。

13.《"天人合一"新解》

"天人合一"是中国哲学史上的一个主要命题，几乎所有的古代哲学家都对此有自己的解释，有自己的见解，没有哪两个哲学家的见解是完完全全一样的。

我在本文中介绍了一下中国古代的"天人合一"思想；孔子、子思、孟子、董仲舒、宋代理学、老子、庄子、墨子、《吕氏春秋》等等，都介绍了一点。我又介绍了印度的"梵我一如"的思想。对当代的哲学家，比如冯友兰、侯外庐，甚至杨荣国，我也加以介绍。

对我写这篇论文启发最大的是钱穆。他一生最后一篇文章《中国文化对人类未来可有的贡献》我全文抄录。我的"新解"，其灵感就是从这一篇文章得来的。钱先生并没有明确的结论，他只讲，"天人合一"是"中国传统文化思想之归宿处"。"中国文化对世界人类生存之贡献，主要亦即在此。"他说，自己已年老体衰，思维迟钝，无力对此再作阐发，惟待后来者之继续努力。我不揣谫陋，对钱先生的提示提出一个"新解"。

我认为，在历史上，世界人类共创造了两大文化体系，一东一西。其间根本区别来源于思维模式之不同，东方主综合的思维模式，西方主分析的思维模式。"天人合一"的思想就是东方思维的最具有代表性的表现。我理解的"天"是指大自然，"人"指我们人类。人与自然应该成为朋友，不应当像西方那样要"征服自然"，视大自然为敌对者。当今世界上许多弊端，比如生态平衡被破坏，物种灭绝，环境污染，臭氧层出洞，如此等等，无一不与西方工业革命以后"征服自然"的思想和行动有关。在将来，我们必须以东方文化之优点"天人合一"的思想济西方文化之穷，人类庶不致走上绝路。东、西文化关系的特点是"三十年河东，三十年河西"。

14.《〈"伊朗学在中国"学术讨论会论文集〉序》

伊朗学研究在中国起步较晚，但进步颇快，对其原因我做了两个解释。第一，伊朗同中国一样，有极为古老的又极为辉煌的迄未中断的文化传统。古代波斯对世界文化宝库做出了巨大的贡献，出过伟大的诗人菲尔多西；在医学、哲学和自然科学等领域内，成就巨大，影响了全世界。第二，伊朗同中国有极悠久的文化交流的历史。即以糖一项而论，中国汉末出现的所谓"西极（国）石蜜"，很可能就来自伊朗和印度。这在南北朝许多正史中都有记载。

15.《〈韩国学论文集〉新序》

这一篇我名之曰"新序"，有别于以前为《朝鲜学论文集》写的那一篇序。内容仍然讲，到了 21 世纪，包括韩国文化在内的东方文化，将重现辉煌，把全人类的共同文化推向一个新的高峰。我在这里不仅谈了文化。也谈了经济。中、韩、日等国的一些学者有一个不约而同的共同的看法，即：21 世纪世界经济文化中心将是亚太地区，再缩小一点范围，将是中、韩、日三国的金三角地带。经济学家从经济发展的速度方面明确无误地论证了这个问题。

1993 年

本年共写文章三十一篇，数量不算太多。文章中可以算做学术论文的共有十五篇。下面分别以加介绍：

1.《所谓"中天音旨"》

前面 1990 年学术研究部分，介绍我在当年写过的一篇论文《梵语佛典与汉译佛典中四流音 ṛ ṝ ḷ ḹ 问题》时，我曾提到，本文的第五段的题目是"所谓中天音旨"。但在写作过程中感到，文章已经够长，而关于"中天音旨"这一段的材料又特别多；因此临时决定，这一段先不写，等以后再补上。现在介绍的这一篇文章，就是偿宿愿之作。本应与上文合在一起的，但既然已经独立了，就让它独立下去吧。

本文一开始就用了颇长的一段话，介绍了《梵语佛典与汉译佛典中四流音 ṛ ṝ ḷ ḹ 问题》的大体轮廓。接着就引用了玄奘和智广的说法，说明中天音旨的重要性。

接着我就论证了中天音旨的一些问题。我先将章节目录抄在下面。

    一、中天竺在佛徒心中的地位
        （一）众佛诞生地
        （二）神仙说中印度话
        （三）大乘诞生地
    二、中天竺语发音的特点
        （一）中天音兼于龙宫

（二）鼻音

三、四流音在中天的地位及其发音特点

四、中天音同余国音的关系

五、汉音与吴音　中国与印度

我在下面把主要内容介绍一下，不再分章节。印度古代佛徒相信，中天竺乃众佛诞生地，众神都说中印度话，而且大乘也起源于此。他们不可能有"佛教混合梵语"的概念。他们知道，天竺语言有中天、南天、北天、东天、西天、胡地之别；但他们认为，借用玄奘的话来说："而中印度特为详正，辞调和雅，与天同音，气韵清亮。"其中的含义是什么呢？

当时的佛教徒相信："中天音兼于龙宫"，其中当然有幻想、迷信的成分。《悉昙要诀》说："夫人有刚柔异性，言音不同，斯则系风土之气，亦习俗所致也。今案此意云：龙性刚，故其音浊软？北天风强，故其音亦浊软？南天风柔气温，故其音柔清软？"总之，音之清浊是由于风土和习俗之不同。

下面，我经过详细的分析和论证，证明中天音的特点是鼻音。我从日本玄照撰《悉昙略记》中抄了一个完整的梵文字母汉译音表，证明了我这个说法。表很长，不便抄录。读者如有兴趣，请自行参阅。

接着我谈了"四流音在中天的地位及其发音特点"。慧琳是激烈地排斥四流音元音的，唐代日本僧人的著述中也多有排斥之者。可是在我抄录的那个字母表中，四流音元音却赫然与其他梵文并列，这是梵文的特点之一。原因大概是，此时梵文在佛教中已经取得了正统的垄断的地位。密宗或其他宗的经典都用梵文写成。连大师如玄奘者也不了解，古代佛典有一些是用俗语或佛教混合梵语以及中亚古代语言写成的这个情况。

最后我论述了汉音和吴音的关系以及中国和印度的对比。唐代的日本僧人非常重视二者的区别。他们所谓吴音，含义是清楚的；所谓"汉音"则指中国北方的音。他们认为，中天音似汉音，南天音似吴音。《悉昙三密钞》说："然中天音并以汉音得呼梵音，若以吴音不得梵音。其南天音并以吴音得呼梵音，若以汉音不得梵音。"原因可能是，唐代佛教密宗大盛，诵念咒语，必须十分准确，否则就会影响咒语的神力。所以日本和尚才这样重视汉吴之分。

2.《中国古史应当重写》

中国过去写历史，基本上都是黄河文化或北方文化中心论。但是，事实上，早在先秦时期楚文化或南方文化，或长江文化，就已经发展到了很高的水平。近年来，考古发掘出来的编钟被称为"世界第八奇迹"。即以《楚辞》论，没有一个长期发展的背景，是不可能出现的。总之，写中国历史必须包括南方。中国历史必须重写。

3.《〈东方文学名著鉴赏大辞典〉序》

新中国建立以来，中国研究外国文学的学者，约略可以分为两大"阵营"：一个是综合大学外语系和外国语大学的老师们组成的；一个是由中文系教外国文学课的教师组成的。二者各有优缺点：前者外语水平高而文艺理论和汉语水平往往较低；后者文艺理论和汉语水平高而外语水平则较低，甚至不能通解。两个"阵营"如能协作，则能互助互补，其结果必有极可观者。四十多年的历史证明了，两者是能愉快地协作的。由此产生了许多水平比较高的大学外国文学的教材和研究专著。这一部《东方文学名著鉴赏辞典》就是双方协作的结果。作者两个"阵营"里的学者都有，因此这一部辞典的学术水平得到了可靠的保证。

4.《〈人学大辞典〉序》

人类自称为"万物之灵"，这话不能说没有道理；但这道理是颇为有限的。人生于世，必须正确处理好三个关系：(1)人本身的关系，人体解剖我们能够做到；但是，一遇到神经问题、气功问题等等，便束手无策。(2)人与人的关系，也就是社会关系。(3)人与大自然的关系。后二者我们都没能处理好；处理不好，则对人类生存前途有不利的、甚至致命的影响。

5.《关于"天人合一"思想的再思考》

我在上面1992年13中介绍了我的《"天人合一"新解》，其中颇有遗漏：引古人的著作有遗漏；引今人的著作也有遗漏，因而写了这一篇《再思考》，意在弥补该文中存在的缺憾。

在"补充"部分，我补充了：

（1）宋代大哲学家张载的学说，把他的《西铭》全部抄录下来。

（2）日本的资料，主要是仓泽行洋的论述。

（3）朝鲜的资料。我列举了一批程朱理学的代表人物，比如李穑、郑梦周、郑道传等等。我特别介绍了权近的关于"天人合一"的学说。

统观我的《新解》和《再思考》两篇文章，中、印、日、朝（韩）等主要东方国家，都有"天人合一"的思想，这现象很明确，很值得重视。我说，"天人合一"思想是东方思想的特征，不是没有根据的。

下面我介绍了李慎之先生的一篇文章：《中国哲学的精神》。慎之先生说，原来他认为我们的意见"大相径庭"，后来又发现"我们的看法原来高度一致"。但是一致中还有不一致的地方。我现在专谈不一致。首先，在对西方科学技术的副作用问题的看法上，我们不一致。他认为我看得太多，我认为他看得太少。其次，在东西方文化融合的问题上，我们的意见也不一致。从人类历史上来看，文化一旦产生，必然就会融合。我当然不会反对融合，问题是"怎样融合？"他的论点似乎是东、西文化对等地融合。我则认为，融合有主次之分。过去的融合，以西方为主；21世纪的融合则必以东方为主。这就是我经常说的"三十年河东，三十年河西"。对于这两句话，慎之先生激烈地反对，屡屡形诸文字。然而，回顾一下东、西文化融合的历史，回顾一下汉唐时期中国文化在世界上的地位，事情就一清二白，皎若天日了。最后还有一点分歧。李先生认为，西方科技所产生的弊端，只要西方科技进一步发展就能够铲除。我认为，这是不可能的。西方科技，如不改弦更张，则越发展，弊端也会越多。语云："解铃还得系铃人"，这话在这里用不上。

下面我介绍了郑敏教授的一篇文章《诗歌与科学：世纪末重读雪莱〈诗辨〉的震动与困惑》。文章介绍了英国浪漫诗人雪莱对工业发展恶果的预言。诗人真不愧是预言家，在西方工业正蓬勃发展的时候，诗人却预言到它将来的恶果。到了今天，预言已经变成了现实，郑敏教授"震动"，我们也"震动"。诗人对这些工业弊端或灾害开出的药方是诗与想象力，再加上一个爱。对这个药方，我不发表意见。我也有我自己的药方是：正确处理好人与大自然的关系，宣传"天人合一"（我的新解）的思想，西方要向东方学习。我又讲了东西方有两种不同的思维方式。郑教授文章中讲到，西方新兴解构主义吸收了一些东方思想，比如"道"等等。

在这篇文章的最后，我补充了一点中国少数民族关于"天人合一"的思想，说明在中国范围内有这种思想的不限于汉人。

6.《〈清代海外竹枝词〉序》

"竹枝词"是一类文学作品的总名，其产生地我觉得可能是四川东部巴渝一带地区。最初流行于民间，后来为文人学士所采用。内容和形式都生动活泼，给人一种新鲜感觉。它可能与带有点浪漫主义色彩的《楚辞》有一些联系，与北方的《诗经》颇异其趣。所谓"海外竹枝词"是指中国诗人用竹枝词的体裁和情趣歌咏在外国所见所闻的事物的。我写有关中印关系的文章时，就曾引用过清尤侗的《外国竹枝词》。

7.《〈孟加拉国政治与经济〉序》

孟加拉，明初几部记载南洋或"西洋"情况的书中译为"榜葛刺"，是当时南亚次大陆文化最昌明、经济最繁荣的地区，同中国往来最频繁，交流成果最丰富。一直到近现代，孟加拉国以及印度的西孟加拉邦，仍然是人文荟萃之地。孟加拉国建国后，同中国的关系一向友好，是我们的友好邻邦。

8.《漫谈文学作品的阶级性、时代性和民族性》

这是一篇颇短的文章，然而却提出了一个过去不大有人敢明目张胆地提出来的问题。我从诸葛亮的《出师表》、李密的《陈情表》和韩愈的《祭十二郎文》三篇古文出发，谈到了文学的阶级性、时代性和民族性。这些性质都是不能否定的。可为什么这三篇文章，还有其他许多篇文章，以及李杜的诗，一直到今天还为广大读者所爱读而且读后受到感动呢？这证明，在那"三性"之上还巍然高踞着一个人性。

9.《〈文学语言概论〉序》

所谓"文学语言"，不出两途：一曰修辞，一曰风格，后者尤难于前者。古代以及现代散文大家，大都有自己鲜明的风格。在眼前的散文文坛，我认为，可以分为两派：一曰搔首弄姿派，一曰松松散散派。前者刻意雕琢，后者故意或非故意松垮，我皆难以接受。

10.《〈东方文学史〉序》

这一部《东方文学史》长达一百二十万言，在中国是空前的一部，在世界上也是少有的。

我的这一篇序，比起我在 1986 年为《简明东方文学史》写的那一篇颇长的"绪论"来，对东方文学有了不少新的看法；但是，同我最近一些年来所写的谈东、西文化的同和异的文章相比，则没有什么新东西。我在这里讲的仍然是东西方思维模式不同。我宣扬的仍然是东方的"天人合一"的思想。

11.《〈关于"天人合一"思想的再思考〉的一点补充》

写完了《关于"天人合一"思想的再思考》一文后，接到韩国东国大学吴亨根教授的信，信中说：《大乘起信论》中的"色心一如"的思想，还有僧肇的"天地与我同根，万物与我一体"，这都是东洋思想的最极致。我把吴教授的意思补充上去。

12.《在郑和研究国际会议开幕式上的致词》

郑和，在中国和世界历史上都是一个伟大人物。云南有郑和，是云南的骄傲。研究郑和，不出三途：出使目的、出使次数和所产生的影响。我个人认为，应多研究其结果、其影响，对目的和动机不必过分探求。从今天的国际形势看起来，郑和实已成为中国与南洋和西洋国家友谊的象征。

13.《再谈 cīnī》

cīnī 这个字在印度许多语言中义为"白砂糖"，它的原意是"中国的"。可见"白砂糖"是从中国传入印度的。W. L. Smith 写文章反对此说。我于 1987 年文章驳之。后来我在《明史》三二一卷"榜葛刺"条找到了证据，这里说，孟加拉"百工技艺悉如中国，盖皆前世所流入也"。我认为，"百工技艺"中就包括制白砂糖术。这问题我在《东方文化集成》《文化交流的轨迹——中华蔗糖史》中有详细论述，可参阅。这一个小例子说明，中印文化交流决不是"一边倒"的。

14.《〈南亚政治发展研究〉序》

中国同南亚诸国都可以说是近邻,在历史上文化交流频繁。中国史籍中关于这些国家的记载,对研究这些国家的历史有无法估量、无法代替的重要意义。可惜自欧风东渐,许多国家沦为殖民地。中国同它们的文化交流几乎中断。近几十年来,情况有了好转。这一部书对我们了解南亚情况极有帮助。

15.《国学漫谈》

自从《人民日报》1993年8月16日发表了《国学,在燕园中悄然兴起》以后,在全国一部分学人中,特别是青年学生中,颇引起了轰动。这不是没有原因的。我认为,原因就在于"弘扬中华民族的优秀文化"这个口号的提出。这个口号顺乎人心,应乎潮流,它说到了人们的心坎上。"国学"的目的,我理解,就是从事探讨研究中华文化优秀之处究竟何在?国学决不是发思古之幽情,而是与现在和过去有密切联系,又与未来有密切联系。我们现在常讲建设有中国特色的社会主义,"中国特色"表现在什么地方呢?决不会仅仅表现在科技上。因为,即使中国科技能在世界上占第一位,同别的国家相比,也只是量的差别,而决不是什么"特色"。特色只能表现在哲学、宗教、文学、艺术、伦理、道德、经营、管理等方面。我称前者为"硬件",后者为"软件"。"软件"中的许多学问都包含在国学范围以内。其次,国学还能帮助我们弘扬中华民族的爱国主义传统。说到爱国主义,我们就必须分清"正义的爱国主义",也就是被侵略被屠杀的国家或民族的爱国主义。而在另一方面,侵略人、屠杀人,也就是奴役别国人民的所谓"爱国主义"是邪恶的非正义的"爱国主义"。中国的爱国主义从古至今,都属于前者。国学的好处还可以举出一些来,现在暂且不举了。但是,世界上离奇的事情之多是颇令人吃惊。竟有人对国学研究大唱反调,真不知是何居心!我现在再补上一句:有人竟说搞国学是对抗马克思主义的,我除了摇头叹息之外,还能说些什么呢?

总　结

中国东方学奠基人季羡林

关于本书的撰著

撰著缘起

我本来还想继续写下去的，一直把《自述》写到今天。但是，事与愿违，近半年来，屡次闹病，先是耳朵，后是眼睛，最后是牙，至今未息。耄耋之人，闹点不致命的小病，本来是人生常事，我向不惊慌。但却不能不影响我的写作，进度被拖了下来，不能如期完成。"期"者，指敏泽先生给我定下的期限：今年（1997）年底，其他诸位写同样题目的老先生，据说都有成稿，至少都有"成竹"，只有我另起炉灶。我不愿拖大家的后腿，偏又运交华盖，考虑再三，只好先写到1993年了。

另外还有一个原因。我性与人殊，越是年纪大，脑筋好像越好用，于是笔耕也就越勤。有一位著名作家写文章说，季羡林写文章比他读的还快。这当然有点溢美地夸大。实际上，他读到的所谓"文章"都是我的余兴，真正用力最勤的这部回忆学术研究历程的《自述》，除了我自己以外，世界上还没有第二人读到。我不是在这里"老王卖瓜"，我只想说明，从1993年到今年1997年这四年中我用中外文写成的专著、论文、杂文、序、抒情散文等等，其量颇为可观，至少超过过去的十年或更长的时间。

总之，我不过想说明，无论从身体状况上来看，还是从写作难度上来看，甚至从时间限制上来看，我只能暂时写到眼前的程度，暂时写到1993年，剩下的几年，只有俟诸异日了。

　　说句老实话，我从来压根儿没有想到写什么"自述"。但是，敏泽先生一提出他的建议，我立即一惊，惊他的卓见；继则一喜，喜他垂青于我。我不敢用"实获我心"一类的说法，因为我心里原本是茫然、懵然，没有想到这一点。最后是"一拍即合"，没有费吹灰之力，立即答应下来。

　　我一生都在教育界和学术界里"混"。这是通俗的说法。用文雅而又不免过于现实的说法，则是"谋生"。这也并不是一条平坦的阳关大道，有"山重水复疑无路"，也有"柳暗花明又一村"。回忆过去六十年的学术生涯，不能说没有一点经验和教训。迷惑与信心并举，勤奋与机遇同存。把这些东西写了出来，对有志于学的青年们，估计不会没有用处的。这就是"一拍即合"的根本原因。

撰著方法

　　紧跟着来的就是"怎样写"的问题。对过去六十年学术生涯的回忆，像一团纠缠在一起的蜘蛛网，把我的脑袋塞得满满的，一时间很难清理出一个头绪来。最简单易行的办法就是，根据自己现在回忆所及，把过去走过的学术道路粗线条地回顾一下，整理出几条纲来，略加申述，即可交卷。这样做并不难，我虽已至望九之年，但脑筋还是"难得糊涂"的。回忆时决不会阴差阳错，张冠李戴。但是，我又感到，这样潦草从事，对不起过去六十年的酸甜苦辣，于是决意放弃这个想法。

　　经过了反复思考，我终于想出了现在这个办法——采用了以著作为纲的写法。因为，不管在不同时期自己想法怎样，自己的研究重点怎样，重点是怎样转移的，以及其他许许多多的问题，最终必然都表现在自己写的文章上。只要抓住文章这一条纲，则提纲而挈领，纲举而目张，其他问题皆可迎刃而解了。

　　这样做，确实很费精力。自己写过的许多文章，有的忘得一干二净，视若路人。我在这里不能不由衷地感谢李铮、令恪、钱文忠等先生细致详尽地编纂了我的著译目录。特别是李铮先生，他几十年如一日，细心整理我的译著。没有这几位朋友的帮助，我这一部《自述》是无论如何也写不出来的。

我现在就根据他们提供的目录，联系我自己的回忆，把我过去六十年所走过的道路描画出几条轨迹来，也把本书之所以这样写的理由写了出来。

关于学术研究

我的学术研究的特点

特点只有一个字，这就是：杂。我认为，对于"杂"或者"杂家"应该有一个细致的分析，不能笼统一概而论。从宏观上来看，有两种"杂"：一种是杂中有重点，一种是没有重点，一路杂下去，最终杂不出任何成果来。

先谈第一种。纵观中外几千年的学术史，在学问家中，真正杂而精的人极少。这种人往往出在学艺昌明繁荣韵时期，比如古希腊的亚里士多德，文艺复兴时期的达·芬奇，以及后来德国古典哲学家中的几个大哲学家。他们是门门通，门门精。藐予小子，焉敢同这些巨人相比，除非是我发了疯，神经不正常。我自己是杂而不精，门门通，门门松。所可以聊以自慰者只是，我在杂中还有几点重点。所谓重点，就是我毕生倾全力以赴，锲而不舍地研究的课题。我在研究这些课题之余，为了换一换脑筋，涉猎一些重点课题以外的领域。间有所获，也写成了文章。

中国学术传统有所谓"由博返约"的说法。我觉得，这一个"博"与"约"是只限制在同一研究范围以内的。"博"指的是在同一研究领域内把基础打得宽广一点，而且是越宽广越好。然后再在这个宽广的基础上集中精力，专门研究一个或几个课题。由于眼界开阔，研究的深度就能随之而来。我个人的研究同这个有点类似之处；但是我并不限制在同一领域内。所以我不能属于由博返约派。有人用金字塔来表示博与约的关系。笼统地说，我没有这样的金字塔，只在我研究的重点领域中略有相似之处而已。

我的学术研究的范围

既然讲到杂，就必须指出究竟杂到什么程度，否则头绪纷繁，怎一个"杂"字了得！根据我自己还有一些朋友的归纳统计，我的学术研究涉及的范围约有以下几项：

一、印度古代语言，特别是佛教梵文

二、吐火罗文

三、印度古代文学

四、印度佛教史

五、中国佛教史

六、中亚佛教史

七、糖史

八、中印文化交流史

九、中外文化交流史

十、中西文化之差异和共性

十一、美学和中国古代文艺理论

十二、德国及西方文学

十三、比较文学及民间文学

十四、散文及杂文创作

这个分类只是一个大概的情况。

学术研究发展的轨迹——由考证到兼顾义理

清儒分学问为三门：义理、辞章、考据。最理想的是三者集于一人之身，但这很难。桐城派虽然如此主张，但是，他们真正的成就多半在辞章一门，其他两门是谈不上的。就我个人而言，也许是由于天性的缘故，我最不喜欢义理，用现在的说法或者可以称为哲学。哲学家讲的道理恍兮惚兮，以我愚钝，看不出其中有什么象。哲学家公说公有理，婆说婆有理，天底下没有哪两个哲学家的学说是完全一样的。我喜欢实打实，摸得着，看得见的东西。这是我的禀赋所决定的，难以改变。所以，我在三门学问中最喜爱考证，亦称考据。考据，严格说来，只能算是一个研究方法，其精髓就是：无证不信，"拿证据来"，不容你胡思乱想，毫无根据。在中国学术史上，考据大盛于清朝乾、嘉时代，当时大师辈出，使我们读懂了以前无法读的古书，这是它最大的贡献。

在德国，实证主义的研究方法，其精神与中国考据并无二致，其目的在拿出证据，追求真实——我故意不用"真理"二字——然后在确凿可靠的证据的基础上，抽绎出实事求是的结论。德国学术以其"彻底性"（Gründlichkeit）蜚声世界。这与他们的民族性不无联系。

至于我自己，由于我所走过的学术道路和师承关系，又由于我在上面讲到的个人禀性的缘故，我在学术探讨中、在潜移默化中受到了中、德两方面的影响。在中国，我的老师陈寅恪先生和汤用彤先生都是考据名手。在德国，我的老师 Prof. Sieg 和 Prof. waldschmidt 和后者的老师 Prof. H. Lüders，也都是考证巨匠。因此，如果把话说得夸大一点的话，我承受了中、德两方面的衣钵。即使我再狂妄，我也不敢说，这衣钵我承受得很好。在我眼中，以上这几位大师依然是高山仰止，景行行止。我一生小心翼翼地跟在他们后面行走。

可是，也真出乎我自己的意料，到了晚年，"老年忽发少年狂"，我竟对义理产生了兴趣，发表了许多有关义理的怪论。个中因由，我自己也尚不能解释清楚。

我的义理

我在上面提到的我一生所写的许多文章中都讲到我不喜欢义理，不擅长义理。但是，我喜欢胡思乱想，而且我还有一些怪想法。我觉得，一个真正的某一门学问的专家，对他这一门学问钻得太深，钻得太透，或者也可以说，钻得过深，钻得过透，想问题反而缩手缩脚，临深履薄，战战兢兢，有如一个细菌学家，在他眼中，到处是细菌，反而这也不敢吃，那也不敢喝，窘态可掬。一个外行人，或者半外行人，宛如初生的犊子不怕虎，他往往能看到真正专家、真正内行所看不到或者说不敢看到的东西。我对于义理之学就是一个初生的犊子。我绝不敢说，我看到的想到的东西都是正确的；但是，我却相信，我的意见是一些专家绝对不敢想更不敢说的。从人类文化发展史来看，如果没有绝少数不肯受钳制，不肯走老路，不肯固步自封的初生犊子敢于发石破天惊的议论的话，则人类进步必将缓慢得多。当然，我们也必须注意常人所说的"真理与谬误之间只差毫厘"、"真理过一分就是谬误"。一个敢思考敢说话的人，说对了了不得，说错了不得了。因此，我们决不能任意胡说八道。如果心怀哗众取宠之意、故作新奇可怪之论，连自己都不信，怎么能让别人相信呢？我幸而还没有染上这种恶习。

总之，我近几年来发了不少"怪论"，我自己是深信不疑的，别人信不信由他，我不企图强加于人。我的怪论中最重要的是谈中、西文化同异问题的。经过多年的观察与思考，我处处发现中、西文化是不同的。我的基本论点是东西方思维模式不同：东综合而西分析。这种不同的思维模式表现在许多方面。举其荦荦大者，比如在处理人与大自然的关系问题上，西方对自然分析再分析，征服再征服。东方则主张"天人合一"，用张载的话来说就是："民，吾同胞；物，吾与也。"结果是由西方文化产生出来的科学技术，在辉煌了二三百年，主宰了世界，为人类谋了很大的福利之后，到了今天，其弊端日益暴露；比如大气污染，臭氧层出洞，环境污染，淡水资源匮乏，生态平衡破坏，新疾病层出不穷，如此等等，哪一个问题不解决都能影响人类生存的前途。这些弊端将近二百年前英国浪漫诗人雪莱就曾预言过，如今不幸而言中。这些东西难道能同西方科技的发展分得开吗？

令人吃惊的是，到了今天，竟还有少数学者，怀抱"科学"的上方宝剑，时不时祭起了"科学"的法宝，说我的说法不"科学"，没有经过"科学"的分析。另外还有个别学者，张口"这是科学"，闭口"这是科学"，来反对中国的医学，如针灸、拔罐子等等传统医疗方法。把中国传统的东西说得太神，我也无法接受；但是实践是检验真理的唯一标准，经过国内外多年的临床应用，证明有些方法确实有效，竟还有人视而不见，听而不闻，死抱住他所谓的"科学"不放，岂不令人骇异吗？

其实，这些人的"科学"，不过是西方的主要在近代发展起来的科学。五四运动时，中国所要求的"赛先生"者就是。现在事实已经证明了，这位"赛先生"确实获得了一部分成功，获得了一些真理，这是不能否认的。但是，通向真理的道路，并不限于这一条。东方的道路也同样能通向真理。这一个事实，才刚露出了端倪，还没有被广大群众所接受，至于后事如何，21世纪便可见分晓。

关于治学主张

一些具体的想法

同我在上一节谈到的"我的义理"有一些联系的是我的一些具体的想法，我希望这些想法能变为事实。

我在下面把我目前所想到的一些具体的问题和做法加以简略的介绍。

一、关于汉语语法的研究

世界语言种类繁多，至今好像还没有一个为大家所公认的"科学"的分类法。不过，无论如何，汉语同西方印欧语系的语言是截然不同的两类语言，这是无论谁也无法否认的事实。然而，在我们国内，甚至在国外，对汉语的研究，在好多方面，则与对印欧语系的研究无大差异。始作俑者恐怕是马建忠的《马氏文通》。这一部书开创之功不可没，但没能分清汉语和西方语言的根本不同，这也是无法否认的。汉语只有单字，没有字母，没有任何形态变化，词性也难以确定，有时难免显得有点模糊。在五四运动期间和以后一段时期内，有人就想进行改革，不是文字改革，而是语言改革，鲁迅就是其中之一，胡适也可以算一个。到了现在，"语言改革"的口号没有人再提了。但是研究汉语的专家们的那一套分析汉语语法的方式，我总认为是受了研究西方有形态变化的语言的方法的影响。我个人认为，这一条路最终是会走不通的。

汉语有时显得有点模糊，但是，妙就妙在模糊上。试问世界上万事万物百分之百地彻底地绝对地清楚的有没有？自从西方新兴科学"模糊学"出现以后，给世界学人——不管是人文社会科学家，还是自然科学和技术科学家——一个观察世间错综复杂的现象的新的视角，这对世界文化的进步与发展是大有裨益的。因此，我建议，汉语语法的研究必须另起炉灶，改弦更张。

二、中国通史必须重写

从历史上一直到现在，在世界民族之林中，最重视历史的民族是中华民族。从三皇五帝一直到今天的中华人民共和国，在长达几千年的时期内，我们都有连续不断的历史的文字记录，而且还不止有一种，最著名的是《二十四史》，这是举世闻名的。我们每一个朝代都有断代史。正史之外，还有杂史。至于通史这种体裁，古代我们也有，司马迁的《史记》、司马光的《资治通鉴》都有通史的性质。我们决不敢说，这些史籍中所记录的全是事实，那是根本不可能的。但是，中华民族是一个颇为实事求是的，没有多少想入非非的不着边际的幻想的民族，却也是大家所公认的。

近代以来，一些学者颇写了一些《中国通史》之类的著作。根据丰富的历史资料，而观点则见仁见智，各不相同。这是很自然的事。这些书不同程度地受到了读者的欢迎。新中国成立后，大力提倡学习马克思主义。这事情本身应该说是一件好事，可惜的是，五六十年代我们所学的相当一些内容是"苏联版"的、带有"斯大林的印记"的。在这种情况下，我们的人文社会科学的研究，其中当然包括历史研究，都受到了感染。专以中国通史而论，历史分期问题议论蜂起，异说纷纭，仅"封建社会起源于何时"这一个问题，就争论不休，意见差距超过千年，至今也没有大家比较公认的意见，只好不了了之。我真怀疑，这样的争论究竟有什么意义。再如一些书对佛教的谩骂，语无伦次，连起码的常识和逻辑都不讲。鲁迅说，谩骂不是战斗。它决不能打倒佛教，更谈不到消灭。这样的例子，我还可以举出一些来，现在先到此为止吧。

在当时极"左"思想的指导下，颇写出了几本当时极为流行的《中国通史》，大中小学生学习的就是这样的历史。不管作者学问多么大，名气多么高，在教条主义流行的年代，写出来的书绝对不可能不受其影响，有时是违反作者本意的产品。有人称之为"以论代史"，而不是"以论带史"。关键在于一个"论"字。这是什么样的"论"呢？我在上面已经指出来过，这是带有前苏联印记的"论"，而不一定是真正马克思主义的"论"。历史研究，贵在求真，决不容许歪曲历史事实，削足适履，以求得适合某种教条主义的"论"。因此，我主张，中国通史必须重写。

另外还有一些情况，我们必须注意，一个是中国历史长短的问题，一个是中国文化发源地广袤的问题。关于第一个问题，我们过去写通史，觉得最有把握的是，最早只写到商代，约公元前17世纪至11世纪，在《古史辨》派眼中，夏禹还只是一条虫，遑论唐虞，更谈不到三皇五帝。这样我们的历史只有三千多年，较之埃及、巴比伦，甚至印度，瞠乎后矣。硬说是五千年文明古国，不是硬吹牛吗？然而，近年来，由于考古工作的飞速进步，夏代的存在已经完全可以肯定，也给禹平了反，还他以人形。即以文字发展而论，被称为最古的文字的甲骨文已经相当成熟，其背后还必有一段相当长的发展的历史。我们相信，随着考古发掘工作进一步的发展，中国的历史必将更会向前推断，换句话说，必将会更长。

至于中国文化发源地的广袤问题，过去一般的意见是在黄河流域。现在考古发掘工作告诉我们，长江流域的文化发展决不可轻视。有的人甚至主张，长江早于黄河。不管怎样，长江流域也是中国文化发源地之一。这只要看一看《楚辞》便可明白。没有一个比较长期的文化积淀，《楚辞》这样高水平的文章是产生不出来的。长江流域以外，考古工作者还在南方许多地区发现了一些文化遗址。这一切都说明，过去只看到黄河流域一个地方，是不够的。今天我们再写历史，决不能再走这一条老路。

因此，我主张，中国通史必须重写。

三、中国文学史必须重写

在20世纪以前，尽管我们的正史和杂史上关于中国文学的记载连篇累牍，可是专门的中国文学史却是没有的。有之，是自20世纪初期始，可能受了点外来的影响。在新中国成立前的几十年中，颇出了一些《中国文学史》，书名可能有一些不同，但内容却是基本上一样的，水平当然也参差不齐。连《中国文学批评史》也出了几种。

新中国成立以后，四五十年来，更出了不少的文学史，直至今日，此风未息。应该说，对学术界来说，这都是极好的事情，它说明了我国学术界的繁荣昌盛。

但是，正如可以预料的那样，同上面讲到的《中国通史》一样，《中国文学史》的纂写也受到了极"左"思潮的影响。中国的极"左"思潮一向是同教条主义、僵化、简单化分不开的。在这种思想左右下，我们中国的文学史和文艺理论研究，无疑也受到前苏联很大影响。50年代，我们聘请了一些苏联文艺理论专家来华讲学。他们带来的当然带有苏联当时的那一套教条，我们不少人却奉为金科玉律，连腹诽都不敢。前苏联一个权威把极端复杂的、花样繁多，然而却又是生动活泼的哲学史上哲学家的学说，一下子化为僵死、呆板、极端简单化了的教条。可在一段相当长的时期内，这就是我们研究中国文学史以及中国历史上文艺理论的一个指针。在这样的情况下，文学史和文艺理论的研究焉能生动活泼、繁荣昌盛呢？

在外来的影响之外，还有我们自己土产的同样贴上了马克思主义标签的教条主义的东西。不错，文学作品有两个标准，政治标准和艺术标准。但却不能只一味强调政治标准，忽视艺术标准。在其时，一般的中国文学史家，为了趋吉避凶，息事宁人，就拼命在第一条标准上做文章，而忽视了这个第二条艺术性标准。翻看近四五十年来所出版的几部部头比较大、影响比较大的《中国文学史》或者有类似名称的书，我们不难发现，论述一个作家作品的政治性或思想性时，往往不惜工本，连篇累牍地侃侃而谈，主要是根据政治教条，包括从前苏联来的洋教条在内，论述这位作家的思想性，有时候难免牵强附会，削足适履。而一旦谈到艺术性，则缩手缩脚，甚至潦潦草草，敷敷衍衍，写上几句道三不着两的话，好像是在应付差事，不得不尔。

根据我个人的浅见，衡量一部文学作品的标准，艺术性绝对不应忽视，甚至无视，因为艺术性是文学作品的灵魂。如果缺乏艺术性，思想性即使再高，也毫无用处，这样的作品决不会为读者所接受。有一些文学作品，思想性十分模糊，但艺术性极高，照样会成为名作而流传千古，李义山的许多无题诗就属于这一类。可惜的是，正如我在上面说过的那样，近几十年来几乎所有的文学史，都忽视了作品艺术性的分析。连李白和杜甫这样伟大的诗人，文学史的作者对他们的艺术风格的差异也只能潦草地说上几句话，很少有言之有物、切中肯綮的分析，遑论其他诗人。

这样的文学史是不行的。因此，我主张，中国文学史必须改写。

四、美学研究的根本转型

在中国古代，美学思想是丰富多彩的，但比较分散，没有形成体系。"美学"这一门学问，在某种意义上来看，可以说是一个"舶来品"，是受到了西方影响之后才成立的。这一个事实恐怕是大家所公认的。新中国建立以后，有一段时期，美学浸浸乎成了显学，出了不少人才，出了不少的书，还形成了一些学派，互相争辩，有时候还相当激烈。争论的问题当然很多，但是主要集中在美的性质这个问题上：美是主观的呢？还是客观的？抑或是主客观相结合的？跟在西方学者后面走，拾人牙慧，不敢越雷池一步，结果走进了死胡同，走进了误区。

何以言之？按西方语言，"美学"这个词儿的词源与人的感官（sense organ）有关。人的感官一般说有五个，即眼、耳、鼻、舌、身。中国和印度等国都是这样说。可是西方美学家却只讲两官，即眼与耳。美术、绘画、雕塑、建筑等属于前者，音乐属于后者。这种说法实际上也可归入常识。

可是，中国美学家忘记了，中国的"美"同西方不一样。从词源学上来讲，《说文》："美，羊大也。"羊大了肉好吃，就称之为"美"。这既不属于眼，也不属于耳，而是属于舌头，加上一点鼻子，鼻子能嗅到香味。我们现在口头上时时都在讲"美酒"、"美味佳肴"等等，还有"美食城"这样的饭店。这些在西方都不能用"美"字来表述。西方的"美"不包括舌头和鼻子。只要稍稍想一想，就能够明白。中国学者讲美学，而不讲中国的"美"，岂非咄咄怪事！我说，这是让西方学者带进了误区。

现在，中国已经有了一些美学家谈论美学转型的问题。我认为，这谈得好，谈得及时。可惜这些学者只想小小地转一下型，并没有想到彻底走出误区，没有想到我在上面提到的那一些带根本性的问题。

我从20世纪30年代起就陆续读过一些美学的书，对美学我不能说是一个完全的外行。但是浅尝辄止，也说不上是一个真正的内行，只能说是一个半瓶醋。常识告诉我们，只有半瓶醋才能晃荡出声。我就是以这样的身份提出了一个主张：美学必须彻底转型，决不能小打小闹，修修补补。而必须大破大立，另起炉灶。

五、文艺理论在国际上"失语"问题

近七八十年以来，在世界范围内，文艺理论时有变化，新学说不时兴起。有的延续时间长一点，有的简直是"蟪蛄不知春秋"，就为更新的理论所取代。我常套用赵瓯北的诗句，改为"江山年有才人出，各领风骚数十天"。可是，令人奇怪的是，在国际文艺论坛上的喧嚣闹嚷声中，独独缺少中国的声音，有人就形象地说，中国患了"失语症"。

难道我们中国真正没有话可说吗？难道国际文艺理论的讲坛上这些时生时灭的"理论"就真正高不可攀吗？难道我们中国的研究文艺理论的学者就真正蠢到鸦雀无声吗？非也，非也。我个人认为，其中原因很多；但是最主要的原因之一是，我们有一些学者过多地屈服于"贾桂思想"，总觉得自己不行；同时又没有勇气，或者毋宁说是没有识见，去回顾我们自己有悠久历史传统的、水平极高的旧的文艺理论宝库。我们传统的文艺理论，特别是所使用的"话语"，其基础是我在上面提到的综合的思维模式，与植根于分析的思维模式的西方文艺理论不同。我们面对艺术作品，包括绘画、书法、诗文等等，不像西方文艺理论家那样，把作品拿过来肌劈理分，割成小块块，然后用分析的"话语"把自己的意见表述出来。有的竟形成极端复杂的理论体系，看上去令人目眩神摇。

我们中国则截然不同，我们面对一件艺术品，或耳听一段音乐，并不像西方学者那样，手执解剖刀，把艺术品或音乐分析解剖得支离破碎；然后写成连篇累牍的文章，使用不知多少抽象的名词，令读者如堕入五里雾中，最终也得不到要领。我们中国的文艺批评家或一般读者，读一部文学作品或一篇诗文，先反复玩味，含英咀华，把作品的真精神灿然烂然映照于我们心中，最后用鲜明、生动而又凝练的语言表达出来。读者读了以后得到的也不是干瘪枯燥的义理，而是生动活泼的综合的印象。比方说，庾信的诗被综合评论为"清新"二字，鲍照的诗则是"俊逸"二字，杜甫的诗是"沉郁顿挫"，李白的诗是"飘逸豪放"；其余的诗人以此类推。对于书法的评论，我们使用的也是同一个办法，比如对书圣王羲之的书法，论之者评为"龙跳天门，虎卧凤阙"，多么具体凝练，又是多么鲜明生动！在古代，月旦人物，用的也是同样的方式，不赘述。

我闲常考虑一个问题：为什么在中国文学批评史上，除了《文心雕龙》《诗品》等少数专门著作之外，竟没有像西方那样有成套成套的专门谈文艺理论的著作？中国的文艺理论实际上是历史悠久，内容丰富，而又派别繁多，议论蜂起的。许多专家的理论往往见之于《诗话》（《词话》）中，不管什么"神韵说"、"性灵说"、"肌理说"、"境界说"等等，都见之于《诗话》中；往往是简简单单的几句话，而内容却包罗无穷。试拿中国——中国以外，只有韩国有《诗话》——《诗话》同西方文艺理论的皇皇巨著一比，其间的差别立即可见。我在这里不作价值评判，不说哪高哪低，让读者自己去评论吧。

这话说远了，赶快收回，还是谈我们的"失语"。我们中国文艺理论并不是没有"语"，我们之所以在国际上失语，一部分原因是欧洲中心主义还在作祟，一部分是我们自己的腰板挺不直，被外国那一些五花八门的"理论"弄昏了头脑。我个人觉得，我们有悠久雄厚的基础，只要我们多一点自信，少一点自卑，我们是大有可为的，我们决不会再"失语"下去的。

重视文化交流

对于文化产生的问题，我是一个文化产生多元论者。换句话说就是，文化不是世界上哪一个民族单独创造出来的。世界上民族众多，人口有多有少，历史有长有短；但是基本上都对人类文化有所贡献，虽然贡献大小不同，水平也参差不齐。而且，我认为，文化有一个特点：它一旦被创造出来，自然而然地就会通过人类的活动进行交流。因此，文化交流，无时不在，无地不在。它是推动人类社会前进的主要动力之一。

我对文化交流重要性的议论，在我的很多文章中和发言中都可以找到。我对中外交流的研究，其范围是相当广的，其时间是相当长的。我的重点当然是中印文化交流史，这与我的主要研究课题——印度古代的佛教梵语——有关。我的研究还旁及中国与波斯和其他一些国家的文化交流。就连我多年来兀兀穷年搞的貌似科技史之类的课题，其重点或者中心依然是文化交流史。

抓住一个问题终生不放

根据我个人的观察，一个学人往往集中一段时间，钻研一个问题，搜集极勤，写作极苦。但是，文章一旦写成，就把注意力转向另外一个题目，已经写成和发表的文章就不再注意，甚至逐渐遗忘了。我自己这个毛病比较少，我往往抓住一个题目，得出了结论，写成了文章；但我并不把它置诸脑后，而是念念不忘。我举几个例子。

我于1947年写过一篇论文《浮屠与佛》，用汉文和英文发表。但是限于当时的条件，其中包括外国研究水平和资料，文中有几个问题勉强得到解决，自己并不满意，耿耿于怀者垂四十余年。一直到1989年，我得到了新材料，又写了一篇《再谈"浮屠"与"佛"》，解决了那一个悬而未决的问题，心中极喜。最令我欣慰的是，原来看似极大胆的假设竟然得到了证实，心中颇沾沾自喜，对自己的研究更增强了信心。觉得自己的"假设"确够"大胆"，而"求证"则极为"小心"。

第二个例子是关于佛典梵语中 –am>o 和 u 的几篇文章。1944年我在德国哥廷根写过一篇论文，谈这个问题，引起了国际上一些学者的注意。有人，比如美国的 F. Edgerton，在他的巨著《混合梵文文法》中多次提到这个音变现象。最初坚决反对，提出了许多假说，但又前后矛盾，不能自圆其说，最后，半推半就，被迫承认，却又不干净利落，窘态可掬；因此引起了我对此人的鄙视。回国以后，我连续写了几篇文章，对 Edgerton 加以反驳。但在我这方面，我始终没有忘记进一步寻找证据，进一步探索。这些情况我在上面的叙述中都已经谈到过。由于资料缺乏，一直到了 1990 年，上距 1944 年已经过了四十六年，我才又写了一篇比较重要的论文《新疆古代民族语言中语尾 -am>u 的现象》。在这里，我用了大量的新资料，证明了我第一篇论文的结论完全正确，无懈可击。

例子还能举出一些来，但是，我觉得，这两个也就够了。我之所以不厌其烦地谈论这个问题，是因为我看到有一些学者，在某一个时期集中精力研究一个问题，成果一出，立即罢手。我不认为这是正确的做法。学术问题，有时候一时难以下结论，必须锲而不舍，终生以之，才可能得到越来越精确可靠的结论。有时候，甚至全世界都承认其为真理的学说，时过境迁，还有人提出异议。听说，国外已有学者对达尔文的"进化论"提出了不同的看法。我认为，这不是坏事，而是好事，真理的长河是永远流逝不停的。

搜集资料须"竭泽而渔"

对研究人文社会科学的人来说，资料是最重要的。在旧时代，虽有一些类书之类的书籍，可供搜集资料之用，但作用毕竟有限。一些饱学之士主要靠背诵和记忆。后来有了索引（亦称引得），范围也颇小。到了今天，可以把古书输入电脑，这当然方便多了。但是已经输入电脑的书，为数还不太多，以后会逐渐增加的。到了大批的古书都能输入电脑的时候，搜集资料，竭泽而渔，便易如反掌了。那时候的工作重点便由搜集转为解释，工作也不能说是很轻松的。

我这一生，始终从事人文社会科学的研究工作。我搜集资料始终还是靠老办法，笨办法，死办法。只有一次尝试利用电脑，但可以说是毫无所得，大概是那架电脑出了毛病。因此我只能用老办法，一直到我前几年集中精力写《糖史》时，还是靠自己一页一页地搜寻的办法。关于这一点，我在上面已经谈到过，这里不再重复了。

不管用什么办法，搜集资料决不能偷懒，决不能偷工减料，形象的说法就是要有竭泽而渔的魄力。在电脑普遍使用之前，真正做到百分之百的竭泽而渔，是根本不可能的。但是，我们至少也必须做到广征博引，巨细不遗，尽可能地把能搜集到的资料都搜集在一起。科学研究工作没有什么捷径，一靠勤奋，二靠个人的天赋，而前者尤为重要。我个人认为，学者的大忌是仅靠手边一点搜集到的资料，就茫然做出重大的结论。我生平有多次经验，或者毋宁说是教训，我对一个问题做出了结论，甚至颇沾沾自喜，认为是不刊之论。然而，多半是出于偶然的机会，又发现了新资料，证明我原来的结论是不全面的，或者甚至是错误的。因此，我时时提醒自己，千万不要重蹈覆辙。

总之，一句话：搜集资料越多越好。

我的考证

我在上面叙述中，甚至在“总结”的“学术研究发展的轨迹——由考证到兼顾义理”中，都谈到了考证，但仍然觉得意犹未竟，现在再补充谈一谈“我的考证”。

考证并不是什么神秘的东西，把它捧到天上去，无此必要；把它贬得一文不值，也并非实事求是的态度。清代的那一些考据大师，穷毕生之力，从事考据，给我们带来了极大的好处；好多古书，原来我们读不懂，或者自认为读懂而实未懂，通过他们对音训词句的考据，我们能读懂了。这难道说不是极大的贡献吗？即使不是考据专家，凡是从事人文社会科学研究工作的学者，有时候会引征一些资料，对这些资料的真伪迟早都要进行一些必要的考证工作。这些几乎近于常识的事情，不言自喻。因此，我才说，考证不是什么神秘的东西，而且考证之学不但中国有，外国也是有的。科学研究工作贵在求真，而考据正是达到这个目的的手段，焉能分什么国内国外？

至于考证的工拙精粗，完全决定于你的学术修养和思想方法。少学欠术的人，属于马大哈一类的人，是搞不好考证工作的。死板僵硬，墨守成规，不敢越前人雷池一步的人，也是搞不好考证的。在这里，我又要引用胡适先生的两句话："大胆的假设，小心的求证"。假设，胆越大越好。哥白尼敢于假设地球能转动，胆可谓大矣。然而只凭大胆是不行的，必须还有小心的求证。求证，越小心越好。这里需要的是极广泛搜集资料的能力，穷极毫末分析资料的能力，坚韧不拔、锲而不舍的精神，然后得出的结论才能比较可靠。这里面还有一个学术道德或学术良心的问题，下一节再谈。

　　在考证方面，在现代中外学人中，我最佩服的有两位：一位是我在德国的太老师 Heinrich Lüdets，一位是我在中国的老师陈寅恪先生。他们两位确有共同的特点。他们能在一般人都能读到的普通的书中，发现别人看不到的问题，从极平常的一点切入，逐步深入，分析细致入微，如剥春笋，层层剥落，越剥越接近问题的核心，最后画龙点睛，一笔点出关键，也就是结论；简直如"石破天惊近秋雨"，匪夷所思，然而又铁证如山。此时我简直如沙漠得水，酷暑饮冰，凉沁心肺，毛发直竖，不由得你不五体投地。

　　上述两位先生都不是为考证而考证，他们的考证中都含有"义理"。我在这里使用"义理"二字，不是清人的所谓"义理"，而是通过考证得出规律性的东西，得出在考证之外的某一种结论。比如 Heinrich Lüdets 通过考证得出了，古代印度佛教初起时，印度方言林立，其中东部有一种古代半摩揭陀语，有一部用这种方言纂成的所谓"原始佛典"（Urkanon），当然不可能是一部完整的大藏经，颇有点类似中国的《论语》。这本来是常识一类的事实。然而当今反对这个假说的人，一定把 Urkanon 理解为"完整的大藏经"，真正是不可思议。陈寅恪先生的考证文章，除了准确地考证史实之外，都有近似"义理"的内涵。他特别重视民族与文化的问题，这也是大家所熟悉的。我要郑重声明，我决不是抹煞为考证而考证的功绩。钱大昕考出中国古无轻唇音，并没有什么"义理"在内；但却是不刊之论，这是没有人不承认的。类似的例子还可以举出不少来，足证为考证而考证也是有其用处的、不可轻视的。

但是，就我个人而言，我的许多考证的文章，却只是手段，而不是目的。比如，我考证出汉文的"佛"字是 put、but 的音译；根据这一个貌似微末的事实，我就提出了佛教如何传入中国的问题。我自认是平生得意之作。

学术良心或学术道德

"学术良心"，好像以前还没有人用过这样一个词，我就算是"始作俑者"吧。但是，如果"良心"就是儒家孟子一派所讲的"人之初，性本善"中的"性"的话，我是不信这样的"良心"的。人和其他生物一样，其"性"就是"食、色，性也"的"性"；其本质是一要生存，二要温饱，三要发展。人的一生就是同这种本能做斗争的一生。有的人胜利了，也就是说，既要自己活，也要让别人活，他就是一个合格的人。让别人活的程度越高，也就是为别人着想的程度越高，他的"好"，或"善"也就越高。"宁要我负天下人，不要天下人负我"，是地道的坏人，可惜的是，这样的人在古今中外并不少见。有人要问：既然你不承认人性本善，你这种想法是从哪里来的呢？对于这个问题，我还没有十分满意的解释。《三字经》上的两句话"性相近，习相远"中的"习"字似乎能回答这个问题。一个人过了幼稚阶段，有意识地或无意识地会感到，人类必须互相依存，才都能活下去。如果一个人只想到自己，或都是绝对地想到自己，那么，社会就难以存在，结果谁也活不下去。

这话说得太远了，还是回头来谈"学术良心"或者"学术道德"。学术涵盖面极大，文、理、工、农、医，都是学术。人类社会不能无学术，无学术，则人类社会就不能前进，人类福利就不能提高；每个人都是想日子越过越好的，学术的作用就在于能帮助人达到这个目的。大家常说，学术是老老实实的东西，不能搀半点假。通过个人努力或者集体努力，老老实实地做学问，得出的结果必然是实事求是的。这样做，就算是有学术良心。剽窃别人的成果，或者为了沽名钓誉创造新学说或新学派而篡改研究真相，伪造研究数据，这是地地道道的学术骗子。在国际上和我们国内，这样的骗子亦非少见。这样的骗局绝不会隐瞒很久的，总有一天真相会大白于天下的。许多国家都有这样的先例。真相一旦暴露，不齿于士林，因而自杀者也是有过的。这种学术骗子，自古已有，可怕的是于今为烈。我们学坛和文坛上的剽窃大案，时有所闻，我们千万要引为鉴戒。

这样明目张胆的大骗当然是绝不允许的。还有些偷偷摸摸的小骗，也不能不引起我们的戒心。小骗局花样颇为繁多，举其荦荦大者，有以下诸种：在课堂上听老师讲课，在公开学术报告中听报告人讲演，平常阅读书刊杂志时读到别人的见解，认为有用或有趣，于是就自己写成文章，不提老师的或者讲演者的以及作者的名字，仿佛他自己就是首创者，用以欺世盗名，这种例子也不是稀见的。还有有人在谈话中告诉了他一个观点，他也据为己有。这都是没有学术良心或者学术道德的行为。

我可以无愧于心地说，上面这些大骗或者小骗，我都从来没有干过，以后也永远不会干。

我在这里补充几点梁启超在他所著的《清代学术概论》中谈到的清代正统派的学风的几个特色："隐匿证据或曲解证据，皆认为不德。""凡采用旧说，必明引之，剿说认为大不德。"这同我在上面谈的学术道德（梁启超的"德"）完全一致。可见清代学者对学术道德之重视程度。

此外，梁启超上书中还举了一点特色："孤证不为定说。其无反证者姑存之。得有续证，则渐信之。遇有力之反证则弃之。"可以补充在这里，也可以补充在上一节中。

勤奋、天才（才能）与机遇

人类的才能，每个人都有所不同，这是大家都看到的事实，不能不承认的。但是有一种特殊的才能一般人称之为"天才"。有没有"天才"呢？似乎还有点争论，有点看法的不同。"文化大革命"期间，有一度曾大批"天才"，但其时所批"天才"，似乎与我现在讨论的"天才"不是一回事。根据我六七十年来的观察和思考，有"天才"是否定不了的，特别在音乐和绘画方面。你能说贝多芬、莫扎特不是音乐天才吗？即使不谈"天才"，只谈才能，人与人之间也是相差十分悬殊的。就拿教梵文来说，在同一个班上，一年教下来，学习好的学生能够教学习差的而有余。有的学生就是一辈子也跳不过梵文这个龙门。这情形我在国内外都见到过。

拿做学问来说，天才与勤奋的关系究竟如何呢？有人说"九十九分勤奋，一分神来（属于天才的范畴）"。我认为，这个百分比应该纠正一下。七八十分的勤奋，二三十分的天才（才能），我觉得更符合实际一点。我丝毫也没有贬低勤奋的意思。无论干哪一行的，没有勤奋，一事无成。我只是感到，如果没有才能而只靠勤奋，一个人发展的极限是有限度的。

现在，我来谈一谈天才、勤奋与机遇的关系问题。我记得六十多年前在清华大学读西洋文学时，读过一首英国诗人 Thomas Gray 的诗，题目大概是叫《乡村墓地哀歌（Elegr）》。诗的内容，时隔半个多世纪，全都忘了，只有一句还记得："在墓地埋着可能有莎士比亚"，意思是指，有莎士比亚天才的人，老死穷乡僻壤间。换句话说，他没有得到"机遇"，天才白白浪费了。上面讲的可能有张冠李戴的可能；如果有的话，请大家原谅。

总之，我认为，"机遇"（在一般人嘴里可能叫做"命运"）是无法否认的。一个人一辈子做事，读书，不管是干什么，其中都有"机遇"的成分。我自己就是一个活生生的例子。如果"机遇"不垂青，我至今还恐怕是一个识字不多的贫农，也许早已离开了世界。我不是"王半仙"或"张铁嘴"，我不会算卦、相面，我不想来解释这一个"机遇"问题，那是超出我的能力的事。

满招损，谦受益

这本来是中国一句老话，来源极古，《尚书·大禹谟》中已经有了，以后历代引用不辍，一直到今天，还经常挂在人民嘴上。可见此话道出了一个真理，经过将近三千年的检验，益见其真实可靠。

这话适用于干一切工作的人，做学问何独不然？可是，怎样来解释呢？

根据我自己的思考与分析，满（自满）只有一种：真。假自满者，未之有也。吹牛皮，说大话，那不是自满，而是骗人。谦（谦虚）却有两种，一真一假。假谦虚的例子，真可以说是俯拾即是。故做谦虚状者，比比皆是。中国人的"菲酌"、"拙作"之类的词，张嘴即出。什么"指正"、"斧正"、"晒正"之类的送人自己著作的谦词，谁都知道是假的；然而谁也必须这样写。这种谦词已经深入骨髓，不给任何人留下任何印象。日本人赠人礼品，自称"粗品"者，也属于这一类。这种虚伪的谦虚不会使任何人受益。西方人无论如何也是不能理解的。为什么拿"菲酌"而不拿盛宴来宴请客人？为什么拿"粗品"而不拿精品送给别人？对西方人简直是一个谜。

我们要的是真正的谦虚，做学问更是如此。如果一个学者，不管是年轻的，还是中年的、老年的，觉得自己的学问已经够大了，没有必要再进行学习了，他就不会再有进步。事实上，不管你搞哪一门学问，决不会有搞得完全彻底一点问题也不留的。人即使能活上一千年，也是办不到的。因此，在做学问上谦虚，不但表示这个人有道德，也表示这个人是实事求是的。听说康有为说过，他年届三十，天下学问即已学光。仅此一端，就可以证明，康有为不懂什么叫学问。现在有人尊他为"国学大师"，我认为是可笑的。他至多只能算是一个革新家。

在当今中国的学坛上，自视甚高者，所在皆是；而真正虚怀若谷者，则绝无仅有。我不认为这是一个好现象。有不少年轻的学者，写过几篇论文，出过几册专著，就傲气凌人。这不利于他们的进步，也不利于中国学术前途的发展。

我自己怎样呢？我总觉得自己不行。我常常讲，我是样样通，样样松。我一生勤奋不辍，天天都在读书写文章，但一遇到一个必须深入或更深入钻研的问题，就觉得自己知识不够，有时候不得不临时抱佛脚。人们都承认，自知之明极难；有时候，我却觉得，自己的"自知之明"过了头，不是虚心，而是心虚了。因此，我从来没有觉得自满过。这当然可以说是一个好现象。但是，我又遇到了极大的矛盾：我觉得真正行的人也如凤毛麟角。我总觉得，好多学人不够勤奋，天天虚度光阴。我经常处在这种心理矛盾中。别人对我的赞誉，我非常感激；但是，我并没有被这些赞誉冲昏了头脑，我头脑是清楚的。我只劝大家，不要全信那一些对我赞誉的话，特别是那些顶高得惊人的帽子，我更是受之有愧。

没有新意，不要写文章

在芸芸众生中，有一种人，就是像我这样的教书匠，或者美其名，称之为"学者"。我们这种人难免不时要舞笔弄墨，写点文章的。根据我的分析，文章约而言之可以分为两大类：一是被动写的文章，一是主动写的文章。

所谓"被动写的文章"，在中国历史上流行了一千多年的应试的"八股文"和"试帖诗"，就是最典型的例子。这种文章多半是"代圣人立言"的，或者是"颂圣"的，不许说自己真正想说的话。换句话说，就是必须会说废话。记得鲁迅在什么文章中举了一个废话的例子："夫天地者乃宇宙之乾坤，吾心者实中怀之在抱。千百年来，已非一日矣。"（后面好像还有，我记不清楚了）这是典型的废话，念起来却声调铿锵。"试帖诗"中也不乏好作品，唐代钱起咏湘灵鼓琴的诗，就曾被朱光潜先生赞美过，而朱先生的赞美又被鲁迅先生讽刺过。到了今天，我们被动写文章的例子并不少见。我们写的废话，说的谎话，吹的大话，也是到处可见的。我觉得，有好多文章是大可以不必写的，有好些书是大可以不必印的。如果少印刷这样的文章，出版这样的书，则必然能够少砍伐些森林，少制造一些纸张；对保护环境，保持生态平衡，会有很大的好处的；对人类生存的前途也会减少危害的。

至于主动写的文章，也不能一概而论。仔细分析起来，也是五花八门的，有的人为了提职，需要提交"著作"，于是就赶紧炮制；有的人为了成名成家，也必须有文章，也努力炮制。对于这样的人，无需深责，这是人之常情。炮制的著作不一定都是"次品"，其中也不乏优秀的东西，像吾辈"爬格子族"的人们，非主动写文章以赚点稿费不行，只靠我们的工资，必将断炊。我辈被"尊"为教授的人，也不例外。

在中国学术界里，主动写文章的学者中，有不少的人学术道德是高尚的。他们专心一致，惟学是务，勤奋思考，多方探求，写出来的文章尽管有点参差不齐；但是他们都是值得钦佩、值得赞美的，他们是我们中国学术界的脊梁。

真正的学术著作，约略言之，可以分为两大类：单篇的论文与成本的专著。后者的重要性不言自明。古今中外的许多大部头的专著，像中国汉代司马迁的《史记》、宋代司马光的《资治通鉴》等等，都是名垂千古、辉煌璀璨的巨著，是我们国家的瑰宝。这里不再详论。我要比较详细地谈一谈单篇论文的问题。单篇论文的核心是讲自己的看法、自己异于前人的新意，要发前人未发之覆。有这样的文章，学术才能一步步、一代代向前发展。如果写一部专著，其中可能有自己的新意，也可能没有。因为大多数的专著是综合的、全面的叙述。即使不是自己的新意，也必须写进去，否则就不算全面。论文则没有这种负担，它的目的不是全面，而是深入，而是有新意，它与专著的关系可以说是相辅相成的。

我在上面几次讲到"新意"，"新意"是从哪里来的呢？有的可能是从天上掉下来的，是出于"灵感"的，比如传说中牛顿因见苹果落地而悟出地心吸力。但我们必须注意，这种灵感不是任何人都能有的。牛顿一定是很早就考虑这类的问题，昼思夜想，一旦遇到相应的时机，便豁然顿悟。吾辈平凡的人，天天吃苹果，只觉得它香脆甜美，管它什么劳什子"地心吸力"干吗！在科学技术史上，类似的例子还可以举出不少来，现在先不去谈它了。

在以前极"左"思想肆虐的时候，学术界曾大批"从杂志缝里找文章"的做法，因为这样就不能"代圣人立言"；必须心中先有一件先入为主的教条的东西要宣传，这样的文章才合乎程式。有"学术新意"是触犯"天条"的。这样的文章一时间滔滔者天下皆是也。但是，这样的文章印了出来，再当做垃圾卖给收破烂的（我觉得这也是一种"白色垃圾"），除了浪费纸张以外，丝毫无补于学术的进步。我现在立一新义：在大多数情况下，只有到杂志缝里才能找到新意。在大部头的专著中，在字里行间，也能找到新意的，旧日所谓"读书得间"，指的就是这种情况。因为，一般说来，杂志上发表的文章往往只谈一个问题、一个新问题，里面是有新意的。你读过以后，受到启发，举一反三，自己也产生了新意，然后写成文章，让别的学人也受到启发，再举一反三。如此往复循环，学术的进步就寓于其中了。

可惜——是我觉得可惜——眼前在国内学术界中，读杂志的风气，颇为不振。不但外国的杂志不读，连中国的杂志也不看。闭门造车，焉得出而合辙？别人的文章不读，别人的观点不知，别人已经发表过的意见不闻不问，只是一味地写去写去。这样怎么能推动学术前进呢？更可怕的是，这个问题几乎没有人提出。有人空喊"同国际学术接轨"。不读外国同行的新杂志和新著作，你能知道"轨"究竟在哪里吗？连"轨"在哪里都不知道，空喊"接轨"，不是天大的笑话吗？

对待不同意见的态度

端正对待不同意见（我在这里指的只是学术上不同的意见）的态度，是非常不容易办到的一件事。中国古话说："良药苦口利于病，忠言逆耳利于行。"可见此事自古已然。

我对于学术上不同的观点，最初也不够冷静。仔细检查自己内心的活动，不冷静的原因绝不是什么面子问题，而是觉得别人的思想方法有问题，或者认为别人并不真正全面地实事求是地了解自己的观点，自己心里十分别扭，简直是堵得难受，所以才不能冷静。

最近若干年来，自己在这方面有了进步。首先，我认为，普天之下的芸芸众生，思想方法就是不一样，五花八门，无奇不有，这是正常的现象，正如人与人的面孔也不能完完全全一模一样相同。要求别人的思想方法同自己一样，是一厢情愿、完全不可能的，也是完全不必要的。其次，不管多么离奇的想法，其中也可能有合理之处的。采取其合理之处，扬弃其不合理之处，是唯一正确的办法。至于有人无理攻击，也用不着真正的生气。我有一个怪论：一个人一生不可能没有朋友，也不可能没有非朋友。我在这里不用"敌人"这个词，而用"非朋友"，是因为非朋友不一定就是敌人。最后，我还认为，个人的意见不管一时觉得多么正确，其实这还是一个未知数。时过境迁，也许会发现它并不正确，或者不完全正确。到了此时，必须有勇气公开改正自己的错误意见。梁任公说："不惜以今日之我，攻昨日之我。"这是光明磊落的真正学者的态度。最近我编《东西文化议论集》时，首先自己亮相，把我对"天人合一"思想的"新解"（请注意"新解"中的"新"字）和盘托出，然后再把反对我的意见的文章，只要能搜集到的，都编入书中，让读者自己去鉴别分析。我对广大的读者是充分相信的，他们能够明辨是非。如果我采用与此相反的方式：打笔墨官司，则对方也必起而应战。最初，双方或者还能克制自己，说话讲礼貌，有分寸。但是笔战越久，理性越少，最后甚至互相谩骂，人身攻击。到了这个地步，谁还能不强词夺理，歪曲事实呢？这样就离开真理越来越远了。中国学术史上这样的例子颇为不少。我前些时候在上海《新民晚报》"夜光杯"副刊上写过一篇短文：《真理越辨越明吗？》。我的结论是：在有些时候，真理越辨（辩）越糊涂。是否真理，要靠实践，兼历史和时间的检验。可能有人认为我是在发怪论，我其实是有感而发的。

必须中西兼通，中外结合

这一节其实都是"多余的话"，可以不必写的。可我为什么又写了呢？因为，经过多年的观察，我发现，在中国学者群中，文献与考古相结合多数学者是做到了；但是，中外结合这一点则做得很不够。我在这里不用"中西"，而用"中外"，是包括日本在内的，并非笔误。

我个人认为，居今之世而言治学问，决不能坐井观天。今天已经不是乾嘉时代了。许多学术发达的外国，科学、技术，灿然烂然；人文社会科学方面，也已达到了相当高的水平。我们中国学者，包括专治中国国学的在内，对外国的研究动向和研究成果，决不能视若无睹。那样不利于我们自己学问的进步，也不利于国与国之间的学术文化交流。可是，令人十分遗憾的是，国内学术界确有昧于国外学术界情况的现象。年老的不必说，甚至连一些中年或青年学者，也有这种现象。我觉得，这种情况必须尽快改变。否则，有人慨叹中国一些学科在国际上没有声音。这不能怪别人，只能怪自己。说汉语的人虽然数目极大，可惜外国人不懂。我们的汉语还没有达到今天英语的水平。你无论怎样"振大汉之天声"，人家只是瞠目摇头。在许多国际学术的讨论会上，出席的一些中国学者，往往由于不通外语，首先在大会上不能自己用外语宣读论文，其次在会议间歇时或联欢会上，孑然孤立，窘态可掬。因此，我希望我们年轻的学者，不管你是哪一门，哪一科，尽快掌握外语。只有这样，中国的声音才能传向全球。

研究、创作与翻译并举

这完全是对我自己的总结，因为这样干的人极少。

我这样做，完全是环境造成的。研究学问是我毕生兴趣之所在，我的几乎是全部的精力也都用在了这上面。但是，在济南高中读书时期，我受到了胡也频先生和董秋芳（冬芬）先生的影响和鼓励；到了清华大学以后，又受到了叶公超先生、沈从文先生和郑振铎先生的鼓励，就写起文章来。我写过一两首诗，现在全已逸失。我不愿意写小说，因为我厌恶虚构的东西。因此，我只写散文，六十多年来没有断过。人都是爱虚荣的，我更不能例外。我写的散文从一开始就受到了上述诸先生的垂青，后来又逐渐得到了广大读者的鼓励。我写散文不间断的原因，说穿了，就在这里。有时候，搞那些枯燥死板的学术研究疲倦了，换一张桌子，写点散文，换一换脑筋。就像是磨刀一样，刀磨过之后，重又锋利起来，回头再搞学术研究，重新抖擞，如虎添翼，奇思妙想，纷至沓来，亦人生一乐也。我自知欠一把火，虽然先后成为中国作家协会的会员、理事、顾问，却从来不敢以作家自居。在我眼中，作家是"神圣"的名称，是我崇拜的对象，我哪里敢鱼目混珠呢？

至于搞翻译工作，那完全是出于无奈。我于1946年从德国回国以后，我在德国已经开了一个好头的研究工作，由于国内资料完全缺乏，被迫改弦更张。当时内心极度痛苦。除了搞行政工作外，我是一个闲不住的人，我必须找点工作干，我指的是写作工作。写散文，我没有那么多真情实感要抒发。我主张散文是不能虚构的，不能讲假话的；硬往外挤，卖弄一些花里胡哨的辞藻，我自谓不是办不到，而是耻于那样做。想来想去，眼前只有一条出路，就是搞翻译。我从德国的安娜·西格斯的短篇小说译起，一直扩大到梵文和巴利文文学作品。最长最重要的一部翻译是印度两大史诗之一的《罗摩衍那》。这一部翻译的产生是在我一生最倒霉、精神最痛苦的时候。当时"文化大革命"还没有结束，我虽然已经被放回家中；北大的"黑帮大院"已经解散，每一个"罪犯"都回到自己的单位，群众专政，监督劳改；但是我头上那一摞莫须有的帽子，似有似无，似真似假，还沉甸甸地压在那里。我被命令掏大粪，浇菜园，看楼门，守电话，过着一个"不可接触者"的日子。我枯坐门房中，除了传电话，分发报纸信件以外，实在闲得无聊。心里琢磨着找一件会拖得很长，但又绝对没有什么结果的工作，以消磨时光，于是就想到了长达两万颂的《罗摩衍那》。从文体上来看，这部大史诗不算太难，但是个别地方还是有问题有困难的。在当时，这部书在印度有不同语言的译本，印度以外还没有听到有全译本，连英文也只有一个编译本。我碰到困难，无法解决，只有参考也并不太认真的印地文译本。当时极"左"之风尚未全息，读书重视业务，被认为是"修正主义"。何况我这样一个半犯人的人，焉敢公然在门房中摊开梵文原本翻译起来，旁若无人。这简直是在太岁头上动土，至少也得挨批斗五次。我哪里有这个勇气！我于是晚上回家，把梵文译为汉文散文，写成小纸条，装在口袋里。白天枯坐门房中，脑袋里不停地思考，把散文改为有韵的诗。我被进一步解放后，又费了一两年的时间，终于把全书的译文整理完。后来时来运转，受到了改革开放之惠，人民文学出版社全文出版，这是我事前绝对没有妄想过的。

我常常想，如果没有"文化大革命"，如果我没有成为"不可接触者"，则必终日送往迎来，忙于行政工作，《罗摩衍那》是绝对翻译不出来的。有人说：坏事能变成好事，信然矣。人事纷纭，因果错综，我真不禁感慨系之了。

"总结"暂时写到这里。有几点需要说明一下。

第一，这本书是以回忆我这一生六七十年来的学术研究的内容为主轴线来写作的，它不是一般的《自述》，连不属于狭义的学术研究范围的文学创作和文学翻译，都不包括在里面。目的无它，不过求其重点突出，线索分明而已。但是，考虑到文学创作与文学翻译与学术研究工作毕竟是紧密相连的，所以在"总结"的最后又加上了一节。

第二，《自述》本来打算而且也应该写到1997年的。但是，正如我在上面说到过的那样，我是越老工作干得越多，文章写得也多，头绪纷繁，一时难以搜集齐全，"自述"写起来也难，而且交稿有期，完成无日。考虑了好久，终于下定决心，1994年以后的"学术自述"以后再写，现在暂时告一段落。

第三，但是，我在这里却遇到了矛盾。按理说，"自述"写到哪一年，"总结"也应该做到哪一年。可是，事实上却难以做到，"自述"可以戛然而止，而"总结"则难以办到。许多工作是有连续性的。"总结"必须总结一个全过程，不能说停就停。因此，同这部《自述》不能同步进行，"总结"一直写到眼前。将来"自述"写到1997年时，"总结"不必改动，还会是适合的、有用的。

第四，"总结"的目的是总结经验和教训的。我这一生活得太长，活儿干得太多，于是经验和教训就内容复杂，头绪纷纭。我虽然绞尽了脑汁，方方面面，都努力去想；但是，我却一点儿把握也没有，漏掉的东西肯定还会有的。在今后继续写"学术自述"的过程中，只要我想到还有什么遗漏，我在"自述"暂告——只能暂告，我什么时候给生命画句号，只有天知道——结束时，我还会补上的。

附　录

季羡林在指导研究生

回眸五十年

今年正值建国五十周年，又是本世纪的最后一年。这真可以说是一个关键时刻。在这样一个关键时刻，回顾一下过去的年代，进行一些必要的反思，是非常有意义的。

我自己已至望九之年，五十年占了我生命的一大半。这一大半同前一小半比较起来，显然更为重要，更为值得反思，因为它是我为祖国教育事业竭尽绵薄的一半，是我从中年步入老年的一半，虽然一直到现在我自己还并没有多少衰老的感觉。

怎样来回顾这五十年呢？编者提出可写"一人一事"，我揣测他是怕大而无当，空而无实。但是，"事"有大小之别，我取其大者，我一生唯一的一个职业，就是教书，过去五十年也是如此。我的一事就是教书。我这样做，还有一个好处：涵盖面大。中国是世界上人口最多的国家，从事教书这个职业的知识分子无虑数千百万。我在其中宛如大海中的一滴水；但是，一滴水中可见大海，这已属于常识之列。我认为，从我这一滴水中可以看出整个大中小学教员的真实情况。当然，每个人的情况都有特性，不能一概而论。但是，自其大者言之，共性会大于特性。因此我在下面讲我自己的情况与感受，就颇具一些代表性了。

我想勉强借用一下黑格尔对事物发展的正、反、合三阶段的说法，来概括过去的五十年。前八年为正，中间二十一年为反，最后二十一年为合。这当然只能是极为粗略的概括。历史的发展决不是这样泾渭分明的，你中有我，我中有你，是绝对不可能避免的。

在第一阶段中，也就是建国初期，全体教员，甚至全体知识分子，再甚至全国人民，无不喜气洋洋，兴高采烈。三座大山毕竟推倒了，中国人民毕竟站起来了，我们毕竟看到我们前途的光辉了。我们前进的路上仿佛铺满了玫瑰花，玫瑰花香仿佛弥漫整个宇宙。虽然已经有了一些小的磕磕碰碰；但是涉及面不大，只能算是小事一桩，无伤大雅。

但是，到了1957年，风云突变，一场涉及整个知识界的反右斗争在人们措手不及的情况下开始了。不管是"阴谋"，还是"阳谋"，还有什么"引蛇出洞"，反正许多正直的肯说真话的包括教员在内的知识分子，怀着一腔爱国爱党的虔诚，提了一些现在看起来不过是些鸡毛蒜皮的意见，他们就被"阳谋"射中，成了出洞的蛇，被戴上了最初还掂不出轻重的帽子。个别优秀的天真的党员，为了完成本支部被分配的右派指标，自动站出来要完成党的任务而戴上这一顶帽子。他们哪里会想到后果呢？有的比较快地得到了平反，有的则家破人亡，妻离子散，抱恨终生。这一点，任何受过难的教员和其他知识分子都不会忘记的。

然而，这仅仅只是开始。从那以后，一个运动接着一个运动，马不停蹄，而运动的对象都是包括教员在内的知识分子。今天你斗我，明天我斗你，弄得人人胆战，个个心惊。哪里还有什么团结？哪里还有什么合作？最令我们新老教书匠不能容忍的是挑动学生斗教师，美其名曰评教评学。实际上，评学是虚，评教才是实。师生定期开会，学生对老师评头论足，有的态度也并不诚恳，说话没有分寸。老师的学问有高有低，教学方法有巧有拙，无论如何总是查书备课，辛辛苦苦，到头来被学生数落一顿，你想，当教师的心里是什么滋味？唐代韩愈说过："师不必贤于弟子，弟子不必不如师。"这是非常通达的话。可是老师毕竟是多活了几岁，多读过几本书，教学生或多或少总是有点资本的。否则老师这个职位就根本没有必要存在了。还有更荒唐的，就是让一年级的学生编三年级的教材，名之曰放卫星，这究竟是一颗什么样的卫星？脑筋不太糊涂的人一想就能明白了。

又一个"然而"，这也仅仅只是开始，到了1966年爆发了所谓

"无产阶级文化大革命"。众所周知，这是一场极端野蛮，极端残酷，极端荒谬，极端愚昧，极端灭绝人性，极端违反天良的空前绝后（这仅仅是我的希望）的人类悲剧。别的界我不谈，我只谈学界。前一阶段开始的学生斗老师的现象后来达到无法无天、登峰造极的地步。前一阶段，不管怎样说，还只是"文斗"，后来则发展为"武斗"。有的中学教师活活被自己的学生打死，这种前所未闻的禽兽行为给伟大的中华民族脸上抹了黑。结果是全国大乱，不是乱了敌人，而是乱了自己。经济走近破产，文化教育走近灭亡。

以上可以算是反的阶段。

1978 年十一届三中全会的召开，开辟了一个新纪元。天日重明，拨乱反正。这给政治经济带来了生机，给人民带来了希望，给知识分子带来了思想解放，打掉了戴在他们头上几十年的紧箍，使他们心情愉快，能有机会发挥他们真诚的爱国主义情操。中华民族获救了，普天同庆。

以上可以算是合的阶段。正是这个合的阶段把我们带进一个新的世纪，一个新的千年。

1999 年 6 月 2 日

《季羡林学术论著自选集》自序

我舞笔弄墨，五六十年于兹矣。我从来没有想到搞什么自选集，更谈不到什么"精华"。而今已近耄耋之年，垂垂老矣。北京师范学院出版社提出来，要我自选"精华"，编入丛书中。我最初觉得非常新鲜，但窃以为恐怕不会搞出什么名堂来，想加以拒绝，托辞是，自己写的东西里面有不少的古怪文字，排印困难。想以此吓退出版社。我万没有想到，出版社的胡乃羽同志竟认真对待，说是回去研究一下。我想，这下子一定是"黄鹤一去不复返"了，颇以自己托辞巧妙而沾沾自喜。

然而事实却出我意料。过了一些时候，胡乃羽同志打电话告诉我，出版社经过研究，仍然决定出。这无疑击了我一猛掌。出版社这样认真对待，而我自己则轻率托辞，这形成了鲜明的对比，我必须端正态度，也认真对待了。

我于是根据令恪同志和李铮同志编纂的我的《著作系年》，认真考察了自己一生所写的东西。古人说："文章是自己的好"。不能说，我认为自己写的东西全都是垃圾，有一些文章自己也是颇为满意的。但是，总起来看，自己写的东西中真正有很高水平的并不多。虽间有新的发现或见解，也并不见得都十分深刻。看了中外大师们写的文章，读到那些石破天惊的新见解，如饮醍醐，百读不厌，对这些大师们只有高山仰止了。谈到"精华"的问题，我曾对胡乃羽同志说过，自己挑选而称之为"精华"，不是有点狂妄了吗？她说，这也无大妨碍，你只把自己认为比较满意的文章挑选出来就行了。

我就遵照这个意见，考虑了一下：哪些文章自己比较满意。这并不困难。满意或者不满意，是一个简单的事实，决定起来，比较容易。我从过去几十年写成的大约将近二百万字的学术论文中，选出了若干篇，算是完成了任务。选的文章决不是照原样重印一次，而是由于胡乃羽和李铮二位同志的努力，校出了一些错误或者不确切的地方，在新版中都一一加以改正。因此，收入本集的文章其可靠性增加了。这是一个很大的收获。

但是，选完了以后，再加以仔细思考，却发现了一些自己从没有意识到的现象。我挑选的时候，丝毫也没有先入之见，一定要选哪一类的文章。我只是根据自己喜爱近乎本能地挑选自己比较满意的文章，就说是"精华"吧。但是，挑选的结果，入选的全是属于考证一类的文章。这明确无误地告诉我，自己的兴趣或者自己的能力究竟在什么地方。

清代桐城派主将姚鼐《复秦小岘书》说："天下学问之事，有义理、文章、考证三者之分，异趋而同为不可废。"我觉得，这种三分法是符合实际情况的，它为后来的学者所接受，是十分自然的，它也为我所服膺。

在三者之中，我最不善义理，也最不喜欢义理。我总觉得，义理（理论）这玩意儿比较玄乎。公说公有理，婆说婆有理。一个唯心主义与唯物主义的矛盾，矛盾了几千年，到现在还没有哪一个理论家真正说透。以我的愚见，绝对纯之又纯的唯心主义和唯物主义，都是没有的。说一部哲学史就是唯心主义和唯物主义的斗争史，显然也与历史事实不完全符合。特别是最近几十年以来，有一些理论家，或者满篇教条，或者以行政命令代替说理，或者视理论如儿戏，今天这样说，明天那样说，最终让读者如对丈二和尚，摸不着头脑。反正社会科学的理论不像自然科学的实验那样，乱说不能立即受到惩罚。搞自然科学，你如果瞎鼓捣，眼前就会自食其果，受到惩罚。社会科学理论说错了，第二天一改，脸也用不着红一红。因此，我对于理论有点敬鬼神而远之。这类的文章，我写不出，别人写的我也不大敢看。我对理论的偏见越来越深。我安于自己于此道不擅长，也不求上进。

这并不等于说，我抹煞所有的理论。也有理论让我五体投地地佩服的，这就是马克思主义的根本理论。经过了几十年的学习与考验，我觉得，马克思主义的根本理论完全反映了客观现实，包括了历史、人类社会与自然界。即使马克思主义仍然要不断发展，但是迄今它发展达到的水平让我心服口服。

这种轻视理论的做法是不是一种根深蒂固的偏见呢？可能是的。一个人难免有这样或那样的偏见。即使是偏见吧，我目前还不打算去改变。我也决不同别人辩论这个问题，因为一辩论，又是公说公有理，婆说婆有理，最终弄得大家一起坠入五里雾中。我只希望理论家们再认真一点，再细致一点，再深入一点，再严密一点。等到你们的理论能达到或者接近马克思主义基本理论的水平时，无须辩论，无须说明，我自然会心悦诚服地拜倒在你们脚下。

谈到文章，我觉得，里面包含着两个问题：一个是专门搞文章之学的，一个是搞义理或考证之学而注意文章的。专门搞文章之学的是诗人、词人、散文家等等。小说家过去不包括在里面。这些人的任务就是把文章写好，文章写不好，就不能成为诗人、词人、散文家、小说家。道理一清二楚，用不着多说。搞义理或考证之学的人，主要任务是探索真理，不管是大事情上的真理，还是小事情上的真理，都要探索。至于是否能把文章写好，不是主要问题。但是，古人说：言之无文，行之不远。孔子要求弟子们在讲话方面要有点文采，是很有道理的。过去的和现在的义理学或考证学的专家们，有的文章写得好，有的就写得不怎么好。写得好的，人家愿意看，你探索的真理容易为别人所接受。写得不好的，就会影响别人的接受，这个道理也是一清二楚的。所以，我认为，对不专门从事文章之学的学者来说，认真把文章写好也有很重要的意义。

谈到考证，亦称考据，如上文所述，是我最喜欢的东西，也是清代朴学大师所最擅长的东西，同时又是解放后受到一些人责难的东西。最近我写了一篇短文《为考据辩诬》，这里不再重复。我在这里只谈我的想法和做法。

首先，我觉得考证之学并没有什么神秘的地方，没有一些人加给它的那种作用，也没有令人惊奇的地方，不要夸大它的功绩，也不要随便加给它任何罪状，它只是做学问的必要的步骤，必由之路。特别是社会科学，你使用一种资料，一本书，你首先必须弄清楚，这种资料，这本书，是否可靠，这就用得着考证。你要利用一个字、几个字或一句话、几句话证明一件事情，你就要研究这一个字、几个字或一句话、几句话，研究它们原来是什么样子，后来又变成了什么样子，有没有后人窜入的或者更改的东西？如果这些情况都弄不清楚，而望文生义或数典忘祖，贸然引用，企图证明什么，不管你发了多么伟大的议论，引证多么详博，你的根据是建筑在沙漠上的，一吹就破。这里就用得着考证。必须通过细致的考证才能弄清楚的东西，你不能怕费工夫。现在间或有人攻击烦琐的考证，我颇有异议。如果非烦琐不行的话，为什么要怕烦琐？用不着的烦琐，为了卖弄而出现的烦琐，当然为我们所不取。

其次，在进行论证时，我服膺两句话：大胆的假设，小心的求证。这两句话已经被批了很长的时间了，也许有人认为，已经被批倒批臭，永世不得翻身了。现在人们都谈虎色变，不敢再提。可是我对此又有异议。过去批判这两句话，批判一些人，是在极"左"思想支配下——用形而上学的方法冒充辩证法，鱼目混珠，实际上是伪辩证法——来进行的。头脑一时发热，在所难免，我自己也并非例外。但是，清醒之后，还是以改一改为好。我现在就清醒地来重新评估这两句话。

我个人认为，古今中外，不管是自然科学家，还是社会科学家，哪一个人在进行工作时也离不开这两句话。不这样，才是天大的怪事。在开始进行一个课题的研究时，你对于这个课题总会有些想法吧，这些想法就是假设。哪里能一点想法都没有而进行一个课题的研究呢?为什么要"大胆"? 意思就是说，不要受旧有的看法或者甚至结论的束缚，敢于突破，敢于标新立异，敢于发挥自己的幻想力或者甚至胡想力，提出以前从没有人提过或者敢于提出的假设。不然，如果一开始就谨小慎微，一大堆清规戒律，满脑袋紧箍，一点幻想力都没有，这绝对不会产生出什么好结果的。哥白尼经过细致观测，觉得有许多现象是太阳绕地球旋转说解释不了的，于是假设了日中心说。这真是石破天惊的假设，大胆的假设。没有这个胆量，太阳恐怕还要绕地球运转若干年。没有大胆的假设，世界学术史陈陈相因，能有什么进步呢？

那么，大胆的假设，其罪状究竟何在呢？

有了假设，不等于就有了结论。假设只能指导你去探讨，去钻研。所有的假设，提出来以后，都要根据资料提供的情况，根据科学实验提供的情况来加以检验。有的假设要逐步修正，使之更加完善。客观材料证实了多少，你就要在假设中肯定多少。哪些地方同客观材料相违，或者不太符合，你就要在假设中加以修正。这样可能反复多次，十次，百次，几百次；假设也要修正十次，百次，几百次，最后把假设变成结论。有的假设经不住客观材料的考验，甚至必须完全扬弃，重新再立假设，重新再受客观材料的考验。凡是搞点科学研究的人，都能了解其中的味道，或甘或苦，没有定准儿。这就叫作小心的求证。

那么，小心的求证，其罪状究竟何在呢？

也有人灵机一动，提出了一个假设，自己认为是神来之笔，是灵感的火花，极端欣赏，极端自我陶醉。但是后来，客观材料，包括实验结果证明这个假设不能成立。在这个关键时刻，真正有良心的科学工作者应该当机立断，毅然放弃自己的假设，另觅途径，另立新说。这是正途。可是也有个别的人，觉得自己的假设真是美妙绝伦，丢掉了万分可惜。于是不惜歪曲材料，顺我者昌，逆我者亡，只选取对自己的假设有利的材料，堆累在一起，形成了一个迁就自己的假设的结论。这是地道的学术骗子。这样的"学者"难道说是绝无仅有吗？

这就是我理解的大胆的假设，小心的求证。

这是丝毫也无可非议的。

但是确实有一些学者是先有了结论，然后再搜集材料，来证实结论。"以论带史"派的学者，我认为就有这种倾向。比如要研究中国历史上农民战争问题，他们从什么人的著作里找到了农民战争解放生产力的结论。在搜集材料时，凡有利于这个结论的，则统统收进来；

凡与这个结论相违反的，则统统视而不见。有时甚至不惜加以歪曲，爬罗剔抉，刮垢磨光，最后磨出一个农民战争解放生产力的结论，而让步政策则是"修正主义"。研究清官与赃官问题时，竟然会说赃官要比清官好得多，因为清官能维护封建统治，而赃官则能促成革命，从而缩短封建统治的寿命。如此等等，不一而足。这样的研究方法根本用不着假设，不大胆的假设也用不着。至于小心的求证，则是戴着有色眼镜去衡量一切，谈不到小心不小心。

对这样的科学工作者来说，大胆的假设，小心的求证是必须彻底批判的。

对这样的科学工作者来说，他们的结论是先验的真理，不许怀疑只准阐释。他们是代圣人立言，为经典作注。

用这样的方法，抱这样的态度，来研究学问，学问会堕落到什么程度，不是一清二楚了吗？

我服膺被批判了多年的大胆的假设，小心的求证，理由就是这一些。另外可能还有别的解释，则非愚钝如不佞者所能知矣。

统观自己选出来的这一些文章，不管它们是多么肤浅，我总想在里面提出哪怕是小小的一点新看法。要提出新看法，就必须先有新假设。假设一提出，还不就是结论。不管假设多么新，在证实之前，都不能算数。我经常被迫修改自己的假设，个别时候甚至被迫完全放弃。有的假设，自己最初认为是神来之笔，美妙绝伦；一旦证实它站不住脚，必须丢弃。这时往往引起内心的激烈波动，最终也只能忍痛丢弃。我的做法大体上就是如此。鹦鹉学舌，非我所能；陈陈相因，非我所愿。我也决不敢说，我的这些所谓新看法都是真理。一部人类的学术史证明了，学术一定要随时代的前进而前进；将来有新材料发现，或者找到了观察问题的新的角度，自己的看法或者结论也势必要加以修改，这是必然的。

现在归纳起来可以说，我过去五六十年的学术活动，走的基本上是一条考证的道路。可是原来自己并没有意识到。到了今天，通过这个自选活动，我才真正全面而明确地认识到这一点。考证要达到什么目的呢？无非是寻求真理而已。伟大科学家爱因斯坦说："凡在小事上对真理持轻率态度的人，在大事上也是不足信的。"这句话可以有多种解释。什么叫真理？大家的理解也未必一致。有的人心目中的真理有伦理意义。我不认为是这样。我觉得，事情是什么样子，你就说它是什么样子。这是唯物主义，同时也是真理。我体会爱因斯坦在这里所说的真理就是这样的真理。他这一句颇耐人寻味。同样是真理，事情却有大小。哥白尼倡日中心说，这是大事情上的真理。语言文字学家，训诂学家，弄清楚一个字或一句话的古音古义，这是小事情上的真理。事情有大有小，而其为真理则一也。有人夸大考证的作用，说什么发现一个字的古音，等于发现了一颗新星。这有点过分夸张。这样的发现与哥白尼的日中心说是不能比的。不管怎样，整个人类的历史，就是追求真理、探索真理的历史，这一点恐怕是无法否认的。从事各种工作的人，都在自己的领域内追求真理、探索真理。

我自己也在我所从事的领域内追求真理、探索真理，一直探索了五六十年。我经常说，我少无大志。不但在中小学里没有立志成为学者，就是到了大学以后，除了写点散文之外，真正的学术论文没有写几篇。写成了的那几篇水平都不高。我是阴差阳错才走上现在这样一条道路的。但是一旦走了上来，我却能坚持不放。过去在极"左"思想黑云压城的时期，一个人如果想写点什么，想努力钻研点什么，现成的帽子就悬在你的头上：名利思想，修正主义。我搞了几十年的行政工作，在过去四十年中，至少有四分之一的时间是泡在无穷无尽的会议中，消磨在花样繁多的社会活动中。但是，我仍然坚持看书写作不辍，我是利用时间的边角废料来从事这项工作的。就时间来说，我每天不比任何人多一分一秒，在时间面前，人人平等。我一向被认为是智育第一，业务至上的。连带我工作的北京大学东语系也成了业务挂帅的典型。我却乐此不疲，坚持不改。每一次政治运动，我首先检查业务至上的"修正主义"，大家都认为是抓到了点子上，顺利地过了关。但是，我是一个"死不改悔"的顽固派，检查完了，运动一过，我照样搞我的"修正主义"：智育第一，业务至上。我担心不担心下一次运动呢？担心的。但是，我对自己那一套检讨的本领很有信心，抓自己的问题，一抓就灵。因此也不过分担心。现在回想起来，我真有点后怕，有点不寒而栗。如果我不是一个顽固派，一度检查，真心悔改，同"修正主义"一刀两断，同智育第一、业务至上划清界限，今天我在科学研究方面还能留下什么东西，就很值得怀疑了。"死不改悔"的顽固派有时候也会有点好处的，这就是我的结论。

那么，我搞这一套东西是不是为名为利呢？说一点都没有，那不是事实。但是我再三检查自己的动机，觉得并不完全是那个样子。研究一个问题，提出一个假设，经过反复的验证，得到了自己认为满意的结论，虽然不过是小事情上的真理，自己却往往大喜过望，以为人生之乐无过于此矣。我之所以拼命钻研，老而不已，置危险于不顾，视饥饿如儿戏，不是为名为利，而是为了探索真理。我想，很多科学工作者恐怕也有同我一样的动力。

我还想讲另外一个情况。我在上面曾提到令恪同志和李铮同志编的我的《著作系年》。我除了根据这个《系年》来挑选文章以外，还粗粗地检查了我在过去几十年中写作的情况。从1932年我二十一岁时起，几乎每年都写点东西。从1937年到1942年，表面上没有写什么东西，实际上是我一生学习最努力的时期。从1967年至1977年，在长达十一年的时间内，竟然一篇东西都没有，不能不令人吃惊。这情况我过去朦朦胧胧地意识到过，但是很不具体。现在一看《系年》，赫然白纸黑字，我真是震惊不已。至于为什么成为这个样子，大家心里都明白，用不着多说。我一个人如此，全国又不知道有多少成千上万的人也是如此。想到这里，所谓"文化大革命"究竟产生了多么严重的后果，不是清清楚楚了吗？我又有点后怕，又有点不寒而栗。如果真正让"文化大革命"七八年搞一次，一次搞上七八年，搞的结果恐怕要把全国知识分子的知识都搞成光板。卫星上不了天，是可以肯定的；所谓"红旗落地"，是否还有红旗都是值得怀疑的，还谈得上什么落地不落地呢？

在人生的征途上，我已经走了七十多年。如果照古人的说法：行百里者半九十，那么我走了还不到一半。但这是比喻，不是事实。应该承认，自己前面的道路有限了。可我也并不想现在就给自己做结论，我认为还不到时候。我在这一生选择了这样一条道路，走起来并不容易。高山、大川、深涧、栈道、阳关大道、独木小桥，我都走过了，一直走到今天，仍然活着，并不容易。说不想休息，那是假话。但是自谓还不能休息。仿佛有一种力量，一种探索真理的力量，在身后鞭策我，宛如鲁迅散文诗《过客》中的那一位过客一样，非走上前去不行，想休息恐怕是不可能的了。如果有人问："倘若让你再活一生，你还选择这样一条并不轻松的路吗？"我用不着迟疑，立刻就回答：还要选这一条路的。我还想探索真理，这探索真理的任务是永远也完不了的。

在这里我要感谢北京师范学院出版社，在目前出版条件这样困难的情况下，还毅然决定出版这一套丛书，又让我滥竽其中。我还感谢李铮同志，他用他那特有的细致认真的态度来帮我整理稿件。最后但不是最少，我还必须提一提本书的责任编辑胡乃羽同志。她那种对待编辑工作的细致、严肃、认真负责的态度，决非轻轻的一句"感谢"所能报答的。它对我是一次活生生的教育，我不由得由衷地对自己说："干工作就得像胡乃羽这个样子！"

1988 年 4 月 18 日写完

《赋得永久的悔》自序

　　我向不敢以名人自居，我更没有什么名作。但是当人民日报出版社的同志向我提出要让我在"名人名家书系"中占一席地时，我却立即应允了。原因十分简单明了：谁同冰心、巴金、萧乾等我的或师或友的当代中国文坛的几位元老并列而不感到光荣与快乐呢？何况我又是一个俗人，我不愿矫情说谎。

　　我毕生舞笔弄墨，所谓"文章"，包括散文、杂感在内，当然写了不少。语云："当局者迷，旁观者清。"自己的东西是好是坏，我当然会有所反思；但我从不评论，怕自己迷了心窍，说不出什么符合实际的道道来。别人的评论，我当然注意；但也并不在意。我不愿意像外国某一个哲人所说的那样"让别人在自己脑袋里跑马"。我只有一个信念、一个主旨、一点精神，那就是：写文章必须说真话、不说假话。上面提到的那三位师友之所以享有极高的威望，之所以让我佩服，不就在于他们敢说真话吗？我在这里用了一个"敢"字，这是"画龙点睛"之笔。因为，说真话是要有一点勇气的，有时甚至需要极大的勇气。古今中外，由于敢说真话而遭到厄运的作家或非作家的人数还算少吗？然而，历史是无情的。千百年来流传下来为人所钦仰颂扬的作家或非作家无一不是敢说真话的人。说假话者其中也不能说没有，他们只能做反面教员，被钉在历史的耻辱柱上。

　　但是，只说真话，还不能就成为一个文学家。文学家必须有文采和深邃的思想。这有点像我们常说的文学的思想性和艺术性的问题。我说"有点像"，就表示不完全像，不完全相等。说真话离不开思想，但思想有深浅之别，有高下之别。思想浮浅而低下，即使是真话，也不能感动人。思想必须是深而高，再济之以文采，这样才能感动人，影响人。我在这里特别强调文采，因为，不管思想多么高深，多么正确，多么放之四海而皆准，多么超出流俗，仍然不能成为文学作品，这一点大家都会承认的。近几年来，我常发一种怪论：谈论文艺的准则，应该把艺术性放在第一位。上面讲的那些话，就是我的"理论根据"。

谈到文采，那是同风格密不可分的。古今中外，有成就的作家都有各自的风格，泾渭分明，决不含混。杜甫诗："清新庾开府，俊逸鲍参军"。这是杜甫对庾信和鲍照风格的评价。而杜甫自己的风格，则一向被认为是"沉郁顿挫"，与之相对的是李白的"飘逸豪放"。对于这一点，自古以来，几乎没有异议。这些词句都是从印象或者感悟得来的。在西方学者眼中，或者在中国迷信西方"科学主义"的学者眼中，这很不够意思，很不"科学"，他们一定会拿起他们那惯用的分析的—"科学的"解剖刀，把世界上万事万物，也包括美学范畴在内肌分理析，解剖个淋漓尽致。可他们忘记了，解剖刀一下，连活的东西都立即变成死的。反而不如东方的直觉的顿悟、整体的把握，更能接近真理。

这话说远了，就此打住，还来谈我们的文采和风格问题。倘若有人要问："你追求的是一种什么样的文采和风格呢？"这问题问得好。我舞笔弄墨六十多年，对这个问题当然会有所考虑，而且时时都在考虑。但是，说多了话太长，我只简略地说上几句。我觉得，文章的真髓在于我在上面提到的那个"真"字。有了真情实感，才能有感人的文章。文采和风格都只能在这个前提下来谈。我追求的风格是：淳朴恬澹，本色天然，外表平易，秀色内涵，形式似散，经营惨淡，有节奏性，有韵律感，似谱乐曲，往复回还，万勿率意，切忌颠顸。我认为，这是很高的标准，也是我自己的标准。别人不一定赞成，我也不强求别人赞成。喜欢哪一种风格，是每一个人自己的权利，谁也不能干涉。我最不赞成刻意雕琢，生造一些极为别扭，极不自然的词句，顾影自怜，自以为美。我也不赞成平板呆滞的文章。我定的这个标准，只是我追求的目标，我自己也做不到。

我对文艺理论只是一知半解，对美学更是门外汉。以上所言，纯属野狐谈禅，不值得内行一顾。因为这与所谓"名人名作"有关，不禁说了出来，就算是序。

1995 年

原始佛教的语言问题

现在印度正以极其隆重的仪式纪念佛教创始人释迦牟尼涅槃2500 周年。我们都知道，佛教在中印文化交流中起过很大的作用，对中国文化的许多方面都有过影响。因此，有很多人关心这次的纪念，这是完全可以理解的。下面我从佛教史里选出一个国外梵文学者和佛教研究者多少年来争而未决的问题，提出我的看法，借表纪念之意。

巴利文《小品》(Cullavagga) V. 33. 1 叙述了一个故事：

这时有两个比丘，姓耶弥卢谛拘罗，是兄弟俩，原来生在婆罗门家中，声音良好，善于谈说。他们来到世尊那里，向世尊致过敬，坐到一旁去；坐下以后，两个比丘向世尊说："大德！现在的比丘，不同姓，不同名，不同门阀，不同家室，都来出家。他们用自己的方言俗语毁坏了佛所说的话。请允许我们用梵文表达佛语。"佛世尊呵责他们说："你们这些傻瓜，怎么竟敢说：'请允许我们用梵文表达佛语。'傻瓜呀！这样既不能诱导不信佛的人信佛，也不能使信佛的人增强信仰，而只能助长不信佛的人，使已经信了的人改变信念。"呵责完了以后，又给他们说法，然后告诉比丘说："比丘呀，不许用梵文表达佛语！违者得突吉罗。" [1]

佛最后说：anujānāmi bhikkhave sakāya niruttiyā buddhavacanam pariyāpunitun ti。

上面这个故事牵涉到原始佛教的一个比较重要的问题，语言的问题。佛教在初兴起的时候，在许多方面，可以说是对当时占统治地位的宗教婆罗门教的一种反抗，一种革命。它坚决反对使用婆罗门教的语言梵文，是非常自然的。尽管在公元前五六世纪，梵文的发展已达到最高峰，如果使用它的话，可以给宣传教义带来很多好处，然而为了贯彻自己的主张，佛仍然丝毫不加考虑，并且骂这两个比丘是"傻瓜"。这两个比丘大概是由于出身婆罗门家庭的关系，脑筋里还有一些旧的思想意识，所以向佛建议采用梵文，因而受到了佛的呵责。

　　不用梵文，究竟用什么语言呢？在宗教宣传方面，"语言政策"还是一个比较重大的问题，对这个问题必须有一个决定。佛最后的一句话，就是回答这个问题的。

　　然而问题也就出在这里。这一句话本身比较含混，直译出来就是：

　　　　我允许你们，比丘呀，用自己的语言学习佛所说的话。

　　从汉文译文看起来，这句话也还算是清楚。但是专就巴利文原文来看，"自己的语言"（sakāya niruttiyā）这个词就可能有两种解释：一种是"佛自己的语言"，另一种是"比丘自己的语言"。多少年来，国外梵文学者和佛教研究者争论之点，就在这里。

　　英国学者 T. W. Rhys Davids 和德国学者 H. Oldenberg 把这个词解释为"比丘自己的语言"。[2] 德国学者 W. Geiger 把它解释为"佛自己的语言"。[3] 自从他们引起争端以后，国外的梵文学者和佛教研究者纷纷参加，展开了热烈的争论。大体上可以分为三派：一派同意前者，一派同意后者，一派异军突起，另立新说。否认 W. Geiger 的说法的有德国学者 F. Weller、[4] 英国学者 A. B. Keith、[5] 德国学者 M. Winternitz [6] 等。

　　英国学者 E. J. Thomas 提出了一个新的解释。他把 nirutti 解释为"文法"，把佛最后说的那一句话译为：

　　　　我允许你们，比丘呀，根据它的文法去了解佛所说的话。[7]

这当然是讲不通的，因为 nirutti 决不能解释为"文法"。[8]

　　W. Geiger 看起来很孤立。但是他有一个很有力量的靠山。他引用了巴利文佛典注释的权威佛音（Buddhaghosa）的注释作为自己的依据：

　　此处所谓 sakā nirutti 就是三藐三佛陀所说的摩揭陀方言。[9] 这又是怎么一回事呢？要想说明这些问题，解决这些纠纷，必须研究一下佛在世时所说的方言和佛典编纂的过程。

　　我们知道，释迦牟尼生在当时印度的北部边陲地区，在现在的尼泊尔境内。但是他一生游行传教却多半是在当时的摩揭陀国（Magadha，约当现在的比哈尔邦）。因而他利用的语言，很可能就是摩揭陀语。[10] 从各方面来推测，他活着的时候，还不会有写定的佛典，不管用什么语言。

　　根据佛教的传说，他涅槃后不久，他的弟子大迦叶就在王舍城召集五百罗汉，结集佛经。因为有五百人参加，故名"五百结集"。佛涅槃后一百年，佛教徒又在毗舍离集会。因为有七百人参加这次大会，故名"七百结集"。据早期的传说，这次集会的主要目的是铲除教律方面的十种邪说。[11] 但是较后的传说则说，这次集会延续了八个月，把世尊的遗说校阅了一遍。[12] 这说法显然有点太过火了。但是，佛死了已经一百年，前此专恃口头流传的佛经可能有一些已经写定下来。所以这个传说里面可能包含着一些历史事实。

　　据学者们一般的意见，大概在第三次结集的时候，大规模地编纂大藏经才有可能。[13] 这时候正是佛教护法大王阿育王（即位时间约为公元前 273 年）在位的期间。高僧 Tissa Moggaliputta 在波吒利弗（Pātaliputra，现在的巴特那）会集众僧，来编纂佛典。我们上面已经说过，佛在世时宣扬教义所用的语言，可能是摩揭陀语。那么，在他死后，佛徒们根据口头流传下来的一些零碎经典而编纂佛典的时候，编定时所用的语言也就会是摩揭陀语。但又不会是纯粹的摩揭陀语，因为时间渐久，佛教传布的区域渐广，想保持一种纯粹的语言，是不能够想象的。所以德国学者 H. Lüders 就把这原始佛典所用的语言称为古代半摩揭陀语。Tissa Moggaliputta 属于上座部（梵文是 sthaviravāda，巴利文是 theravāda），所以他带头编纂的也就是这一派的经典。他还派遣和尚四出宣传佛教。被派到锡兰去的就是阿育王的弟弟（一说是阿育王的儿子）摩哂陀（Mahinda）。[14] 据锡兰佛教徒的传说，现存的巴利文《大藏经》就是摩哂陀带到锡兰去的，而巴利文也就是摩揭陀语（Māgadhā nirutti，Māgadhikā bhāsā），换一句话说，巴利文就是佛所说的话，而巴利文《大藏经》也就是佛教的唯一正统的经典。

写到这里，我们再回头看上面说过的佛音对 sakā nirutti 这两个字的解释，我们就可以明白，他之所以这样解释，是他的立场决定的。他是巴利文佛经注释的权威，他拥护巴利文经典，他当然会不遗余力地为巴利文经典争一个正统的地位。他的解释之不可靠，之主观，原因也就在这里。

我们还可以从语言特征上来阐明巴利文不是摩揭陀语。关于巴利文的流行地区问题，学者们有各种不同意见。Westergaard[15] 和 E. Kuhn[16] 认为巴利文是优禅尼（Ujjayinī）地方的方言。R. O. Franke 从从碑刻方面来着手研究这个问题，结论是：巴利文是宾陀山（Vindya）中部至西部一带的方言。[17] Sten Konow 也以为宾陀山地带就是巴利文的故乡，[18] 因为他发现巴利文与毗舍遮语之间相同的地方很多，而毗舍遮的故乡他就定为优禅尼。[19] H. Oldenberg 最初主张巴利文是羯锐迦（Kaliṅga）方言。[20] 附和此说者有 E. Müller。[21] 但是 H. Oldenberg 后来又放弃了前说，另立新说，说巴利文是马拉提语的前身。[22] E. Windisch[23] 和 W. Geiger[24] 则复归旧说，说巴利文就是摩揭陀方言。[25]

上面这些说法虽然纷歧，但也有比较一致的一点，这就是，多数学者都主张巴利文是一个西部方言。事实上也正是这样子。巴利文的形态变化与阿育王石刻的吉尔那尔（Girnār）石刻相似，如"于"格的语尾是 -amhi、-e，"业"格复数的语尾是 -ne 等等。但是另一方面，摩揭陀语则是一个东部方言，r 就成 1，s 变成 ś，以 -a 作尾声的字"体"格的语尾是 -e 等等。两者的区别是非常大的，无论如何也不能混为一谈。

根据上面的论证，我觉得，我们已经有把握来下一个结论了：

sakānirutti 不是指"佛自己的语言"，也不是指什么"文法"，而是指"比丘们自己的语言"。佛允许比丘们用自己的方言俗语来学习佛所说的话。

如果还有人认为这样的论证还不够的话，那么我们可以再举出一些新的证据。上面引的巴利文《小品》里的那一个故事，在中译《大藏经》里有不少的异本。现在条列如下：

《毗尼母经》卷四：

> 有二婆罗门比丘，一字乌嗟呵，二字散摩陀，往到佛所，白世尊言："佛弟子中，有种种姓，种种国土人，种种郡县人，言音不同，语既不正，皆坏佛正义。唯愿世尊听我等依阐陀至（指梵文）持论，撰集佛经，次比文句，使言音辩了，义亦得显。"佛告比丘："吾佛法中不与美言为是。但使义理不失，是吾意也。随诸众生应与何音而得受悟，应为说之。"是故名为随国应作。[26]

《四分律》卷五十二：

> 时有比丘字勇猛，婆罗门出家，往世尊所，头面礼足，却坐一面，白世尊言："大德，此诸比丘众姓出家，名字亦异，破佛经义。愿世尊听我等以世间好言论（samskrta，梵文）修理佛经。"佛言："汝等痴人，此乃是毁损，以外道言论而欲杂糅佛经。"佛言："听随国俗言音所解，诵习佛经。[27]"

《五分律》卷二十六：

> 有婆罗门兄弟二人，诵阐陀鞞陀（Chandas-veda）书，后于正法出家。闻诸比丘诵经不正，讥呵言："诸大德久出家，而不知男女语、一语多语、现在过去未来语、长短音、轻重音，乃作如此诵读佛经。"比丘闻羞耻。二比丘往至佛所，具以白佛。佛言："听随国音诵读，但不得违失佛意，不听以佛语作外书语，

犯者偷兰遮。"[28]

《十诵律》卷三十八：

　　佛在舍卫国。有二婆罗门，一名瞿婆，二名夜婆，于佛法中笃信出家。本诵外道四围陀（Veda）书。出家已，以是音声诵佛经。时一人死，一人独在，所诵佛经，忘不通利。更求伴不得，心愁不乐，是事白佛。佛言："从今以外书音声诵佛经者，突吉罗。"[29]

《根本说一切有部毗奈耶杂事》卷六：

　　缘处同前。时尊者舍利子与二婆罗门子而为出家，一名牛授，二号牛生。二人悉教读诵经教。后时此二人共游人间，至一聚落，多获利养，便住此村。时彼二人先学婆罗门歌咏声法。由串习故，今时诵读作本音辞。时彼一人遇病，忽然身死。其现存者既溺忧心，经多废忘。即便还诣室罗伐城，入逝多林。既停息已，便诣尊者憍陈如所。礼敬事毕，白言："尊者，可共温经。"答言："善哉！我为汝诵。"既诵少多，报言："尊者所诵经典，文皆谬误，声韵不长，致有所阙。"答言："子我从先来如是习诵。"即便辞礼，更别往诣马胜、跋陀罗、大名、婆涩波、名称、晡律拿、牛主、毗摩罗、善臂、罗怙罗。既至彼已，白言："尊者，共我温经。"答曰："善哉！我为汝诵。"既诵少多，广如前说，乃至辞礼，遂诣尊者舍利子所。既礼敬已，白言："邬波驮耶，可共温经。"答曰："善哉！我为汝诵。"同诵之时，长引声韵。其舍利子声更倍长。白言："大师，自余尊老，诵习皆谬。唯独亲教，音句无差。"报言："汝愚痴人，自为谬误，谤余智者，不善诵经。彼诸大德，成非谬误。"既被挫折，默尔无言。时诸苾刍以缘白佛。佛作是念："苾刍诵经，长牵音韵，作歌咏声。有如是过。由是苾刍不应歌咏引声而诵经法。若苾刍作阐陀（Chandas，梵文）声诵经典者，得越法罪。若方国言音，须引声者，作时无犯。"[30]

以上共引了五个异本。同一节经文，同一首伽陀，同一个故事，在佛经里可以找到许多异本，这是一件常见的事情。上面引用的异本里有相同的地方，也有相异的地方。相同的地方说明，它们出自一源；相异的地方说明，它们有了不同的发展。在这些异本里，尽管详略不同，但是基本内容是一致的，同巴利文《小品》里的那个故事比较，基本内容也是一致的。因此，我们可以说，这些中文异本同巴利文本也是来自同源。说明这一点是有必要的。只有在这个基础上，我们才能根据中文异本确定对巴利文本的解释。

这五个中文异本在"语言政策"方面都表达了同一个思想：梵文绝对不允许用，但是方言俗语的利用是完全可以的。根据这一点来看巴利文《小品》里那个故事最后佛所说的那一句话，它的涵义就非常清楚，毫无可以怀疑的余地了。那一句多少年来争论未决的话我们只能译为：

我允许你们，比丘呀，用（你们）自己的语言来学习佛所说的话。

这个结论看起来平淡无奇，但是它实际上却解决了一个佛教史上比较重要的问题，语言问题。我们上面已经说到过，佛教初兴起的时候，是对婆罗门教的一种反抗。因此它在被压迫的人民大众中间找到了不少的信徒。这些人流品很杂，语言不同，出身各种姓，来自各地区。如果决定利用梵文，或者利用摩揭陀语来作学习媒介，就一定会有不少困难，就一定会影响佛教在人民大众中的传播。因此，原始佛教采取了放任的语言政策，一方面它不允许利用婆罗门教的语言梵文；另一方面，也不把佛所利用的语言摩揭陀语神圣化，使它升为经堂语而定于一尊。它允许比丘们利用自己的方言俗语来学习、宣传佛教教义。这对于接近群众，深入群众有很大的好处。据我看，佛教初起时之所以能在人民群众中有那样大的力量，能传播得那样快，是与它的语言政策分不开的；另一方面，后来佛经异本很多，语言很杂，不像婆罗门教那样能基本上保持圣典的统一和纯洁，这也是与放任的语言政策分不开的。

1956 年 12 月 17 日

[附记]

此文写完后，曾送请向觉明（达）先生指正。向先生回信说："我以为你的意见是正确的，也能说明佛陀的革命性和平等观。就在大乘佛教的传说中，也可以证明你的说法。如大乘佛教中经常说：'佛以一音演说法，众生随类各得解。'虽然是大乘的传说，而原始佛教的语言问题，就在这里也还是可以反映出一点真实情况来的。大乘佛教中这一传说应照尊说解释，剥去那神秘的外衣，归还佛陀的人间面目，从而连大乘佛教的用语问题也迎刃而解了。"我觉得觉明先生这个解释很好。爱本"貂尾续狗"之义，把它抄录在这里。

注释

[1] 巴利文《律藏》The Vinaya Pitakam, ed. by Hermann Oldenberg, Vol. II, The Cullavgga, London 1880, P 139.

[2] 巴利文《律藏》英译本 Vinaya Texts., III, Sacred Books of the East XX, P 151.

[3]《巴利文，文献和语言》(Pāli, Literatur und Sprache). Strassburg 1916, P 5.

[4]《佛教杂志》Zeitschrift für Buddhismus, n. F. I, 1992, P 211 ff.

[5]《印度历史季刊》Indian Historical Quarterly, I, 1925, P 501.

[6]《印度文学史》A History of Indian Literature, II, P 602.

[7]《佛陀传》The Life of Buddha, New York 1927, P 253 f.

[8] 参阅 M. Winternitz,《印度文学史》, II, P 602 ff.

[9] Samantapāsādikā ed. Saya u pye IV, 416[10].

[10] H. Oldenberg,《佛陀》Buddha, London 1928, P 177.

[11] Cullavagga XX, Sacred Books of the East Vol. XX, P 409 ff.

[12] 巴利文《岛纪》Dipavamsa, V. 27 ff.;《大纪》Mahāvamsa, IV.

［13］E. J. Thomas，《佛陀传》，P 170 f.；Copleston，《佛教》Buddhism，P 154，171，175.

［14］Barth，《印度的宗教》Reiigions of India，London 1921，P 130；Copleston，《佛教》，P 176 ff.

［15］《论印度史的最古时代》Über den ältesten Zeitraum der indischen Geschichte. P 87.

［16］《巴利文法述论》Beiträge zur Pāli-Grammatik，P 6 ff.

［17］《巴利文与梵文》Pāli und Sanskrit，P 131 ff.

［18］《毗舍遮语的故乡》The Home of Paiśāci，ZDWG. 64，P 95 ff.

［19］Grierson，《印度西北部的毗舍遮语》The Paiśāca Languages of North-Western India，Asiatic Society Monographs. Vol. Ⅷ，1906. 书中说毗舍遮语是印度西北部方言。

［20］巴利文《律藏》，Vol. I. London 1879，PL ff.

［21］《简明巴利文法》Simplified Grammar of the Pāli Language，London 1884，P 111.

［22］《奥义书的学说和佛教的起源》Die Lehre des Upanishaden und die Anfänge des Buddhismus，Göttingen 1915，P 283.

［23］《论巴利文的语言性质》Über den sprachlichen Charakter des Pāli，Actes du XIVᵉ Congres International des Orientalistes，prem. partie，Paris 1906，P 252 ff.

［24］同注［3］。

［25］关于这个问题的文献不胜枚举，请参阅：季羡林《使用不定过去时作为确定佛典年代和来源的标准》Die Verwendung des Aorists als Kriterium für Alter und Ursprung buddhistischer Texte，德国《哥廷根科学院集刊·语言学历史学类》，1949，P 288. Anm，2.

［26］《大正新修大藏经》(下面缩写为⊗)，24，822.

［27］⊗ 22，955a。

［28］⊗ 22，174b。174 页中。参阅《五分律》卷六 (⊗ 22，39e)："时诸比丘种种国出家，诵读经偈，音句不正。诸居士便讥呵言：'云何比丘昼夜亲承，而不知男女黄门二根人语及多少语法？'诸比丘闻，个个羞耻，以是白佛。佛以是事集比丘僧，问诸比丘：'汝等实尔不？'答言：'实尔，世尊！'佛即遥责诸居士：汝愚痴人，如何讥呵异国诵经，音句不正！'"

［29］⊗ 23，274a。

［30］⊗ 24，232b-c。

三论原始佛教的语言问题

引　言

　　1956 年，我写过一篇《原始佛教的语言问题》。1958 年，我又写了一篇《再论原始佛教的语言问题》。到现在已经有二十多年了，在这一段相当长的时间内，特别是在"十年浩劫"期间，我对国外研究这个问题的情况十分隔膜，因而没有能对这个问题继续探讨与钻研。只是在最近二三年内，我才又有可能了解外国的研究成果。原来在 1953 年美国学者爱哲顿（Franklin Edgerton）发表了 Buddhist Hybrid Sanskrit Grammar and Dictionary，1954 年德国学者吕德斯（Heinrich Lüders）发表了：Beobachtungen über die Sprache des buddhistischen Urkanons: aus dem Nachlass herausgegeben von Ernst Waldschmidt。出版以后，曾在国外激起了一阵讨论原始佛教语言的热潮。[1] 爱哲顿的那几册皇皇巨著，我是知道的。我的那一篇《再论》就是针对他的巨著而写的。其余情况则茫无所知。1954 年，德国东方学学者大会举办了一个讲坛讨论会，讨论了与此有关的问题。到了 1976 年，在联邦德国哥廷根（Göttingen）举行的"最古佛教传承的语言"（佛教研究座谈会Ⅱ），可以说是研究原始佛教语言问题的一次大检阅，集中地表现了在这方面的最新成果。我怀着十分愉快、兴奋的心情反复地阅读了座谈会上的全部文章，一方面感觉到，这样一个冷门居然还有这样多的学者在钻，大有空谷足音之感；另一方面又感觉到，会上某些文章的论点是值得商榷的。我不禁技痒起来，着手写这一篇《三论》。

同前两论比起来，这篇《三论》涉及面要大得多，它涉及原始佛教经典的形成、佛教的传播、宗派的形成，以及对阿育王碑的评价等等一系列问题。不是我有意这样去做，而是其势使然。

我想谈以下几个问题：

一　有没有一个"原始佛典"？"原始佛典"使用什么语言？是否有个"翻译"问题？

二　释迦牟尼用什么语言说法？

三　阿育王碑是否能显示方言划分？

四　《毗尼母经》等经中讲的是诵读方法（音调），还是方言的不同？

五　我的看法。

现分论如下。

一

为了论证方便起见，我在这一节里着重阐述反对有一个"原始佛典"的学者们的意见。至于我自己的看法，留待最后一部分去谈。

有没有一个"原始佛典"？好像是 1976 年哥廷根座谈会的中心议题。参加会的大多数学者似乎都否认有这样一部经典，从而也就否认了使用东部方言古代半摩揭陀语写成经典的论断。因此，我想先来探讨这个问题。

据我所知道的，首先提出"原始佛典"这个概念的是吕德斯。他在一些文章中使用了这个名词；在我上面讲到的他死后出版的那一部著作中，他又集中地、系统地论述了"原始佛典"的语言特点。他首先使用的德文原文是 Urkanon 这个字，德国以外的学者也经常使用。总之，吕德斯是主张有一个"原始佛典"的。

法国学者烈维（Sylvain Lévi）使用过 précanonique（前经典）这个词儿。[2] 他把原始佛教经典称之为"前经典"，可见他不把它看作是经典。他根据早期佛教的一些术语，特别是律藏的一些术语，认为有一种"前经典语言"。我自己感觉到，这种"前经典语言"同吕德斯所说的"原始佛典"有某些联系，不管烈维承认不承认有一个"原始佛典"。

贝歇特（H. Bechert）等一些参加 1976 年哥廷根座谈会的学者们，大部分不承认有一个原始佛典。他们的理由何在呢？在否认派之间观点也不尽相同，论证的方法也多种多样。归纳起来，其理由约略有以下数端：

（一）语言问题与是否曾经有过一个 Urkanon 互相依存；

（二）佛的语言政策如此决定；

（三）佛典最初只是口头流传；

（四）没有一部现存的佛典能反映佛本人的语言；

（五）要使用新的研究方法；

（六）不能使用"翻译"这个词儿。

我在下面分别按顺序加以讨论。

（一）什么叫做"语言问题与是否曾经有过一个 Urkanon 互相依存"呢？用贝歇特的话来说，就是"可靠地去确定最古佛教传承的语言形式（liguistic form）这件工作，不能够同确定它的书面形式（literary form）分开来。"[3] 他认为，最早的佛教传统的书面综合物（literary complex）的形成是一个逐渐进展的过程。"拼凑起来的佛典的本子很可能在比丘们还是沙门（śramanas？）时跟随长老四处云游的最早时期就已经存在了。三藏中所有的本子并不是同时编定成为经典的，专就巴利文经典而论，也并不都是同时传入锡兰的。[4] 先有一个个的个别的口头流传的教义传统，这些传统是地域性的。然后随着佛教的传播与推进，一步一步地逐渐汇成了超地域性的传统，结果形成了一部经典。因此说，佛教的经典传统是拼凑起来的。不同的传统之间，即使有相同的地方，也不一定要追溯出一个原型（archetype）来。所以，对所谓原始佛典的存在必须抱最大的怀疑态度。[5] 贝歇特问道："真正有那么一个'原始佛典'吗？还是毋宁说是许多个别的传统形成了一个最古的传统，这些个别的传统凑在一起随着佛教的传播与分化而逐渐形成一部佛典呢？"[6] 他的意思是说，没有一部原始佛典，只有许多个别的佛教传统。接下去他就说，最初佛教的传统材料是按照不同的分类原则来排比分类的，有藏（pitaka），有尼迦耶或阿含（nikāya, āgama），有部类（aṅga）等。后来不同的地域传统汇成了超地域的传统，而不同的分类原则也汇合了起来，而"藏独"占了垄断地位，其他分类原则仅仅成为经藏的分支。法国学者 Colette Caillat 抱着同样的观点。她写道："我想到，所谓'原始佛教语言'这一个词儿，实际上仅仅只是我们构拟的结果；而且，一般是仅仅把支离破碎的情况加以考虑，结果绝大部分是从部分分析中得出来的。"[7]

贝歇特还主张，不能只根据语言方面的论证来探讨问题，必须与部派的形成相结合。他说："从上面的叙述中可以看出，研究个别传本与最古传统的关系问题，必须与早期佛教部派的历史联系起来；也必须探讨这些部派的地域；这样巴利文的老家就不能完完全全按照语言的论证来确定，而应注意到上座部早期的历史。"[8]他又说："地域的现实性大概也能够解释，为什么巴利文与超世部（Lokottaravādin）的语言相似，只看部派形成的历史，这是难以理解的。"[9]总之，贝歇特认为，不但要注意部派历史，还要注意地域性，他的意思似乎是，吕德斯只根据语言方面的论证就"构拟"出来一个"原始佛典"，这样做是不行的。

英国学者 K. R. Norman 支持贝歇特的看法。他说"原始佛教语言问题是吕德斯非常注意的问题之一。巴利文经典中出现了许多不规则的形式，这引导他假设出一个用他所谓的古代半摩揭陀语写成的 Urkanon。我们看到了他搜集的想证实自己的理论的资料。贝歇特曾经正确地指出来过，这些特点并不一定必须支持吕德斯的理论，因为它们本身证实的只是，巴利文佛典的一些部分根据的传统是在某一个时候从与巴利文有点区别的一种或多种方言那里抄过来的。"[10] Norman 的意见与 Caillat 有相通之处。

最值得注意的是贝歇特等提出的层次说。贝歇特认为，首先出现的是律条部派，不久以后又出现了教义部派，这些部派总是出现在地区僧伽形成的部派内部。"值得注意的是，存在着分歧并不阻碍采用和改编经典编撰和分类安排的型式以及经典或经典的一些部分的型式。"上座部对经典的分类安排为所有的部派所采用。非上座部在借过来的模型中也窜入了自己的东西。总而言之，贝歇特的意思是说，佛教经典的形成分为许多层次（stratum，复数 strata）。吕德斯从巴利文和佛教梵文的典籍中搜集来的那一些语言特点，不属于一个层次，而是属于许多不同的层次；能够证明是属于最古老的层次的语言特点可以追溯到最古的口头传统那里去，这个传统存在于任何零散的佛典或一部佛经的任何分类安排之前。他的结论是，没有必要像吕德斯那样设想有一部"原始佛典"或最初的佛典。[11] 他还在其他一些论文中多次讲到层次的问题，例如："所以，在探讨我们的问题时，我们要仔细区分不同的历史层次。"[12] 在讲到梵文化的过程时，他也讲到"语言变化的不同的层次"，虽然他在这里使用了另外一个词儿 Schicht 来表示"层次"这个概念。[13]

他们提出层次论的目的是非常清楚的，无非是想证明吕德斯提出的那一些证据都不可靠而已。

（二）佛的语言政策，至少对绝大多数的梵文学者来说，是很明确的：他不允许和尚们使用梵文，而允许他们使用自己的方言。关于这一点，请参阅这一节和下面的第四节。

但是贝歇特在这里提出了佛的语言政策，却节外生枝，加上了许多"新"的解释。他写道："我们也应该看一看早期佛教语言与僧伽的生活方式以及僧伽成员的社会出身的那种错综复杂的关系。如果从这个角度上看，佛不允许使用标准化了的语言，也就是梵文，那么语言多样化就必然是他那'语言政策'的结果。这还并不一定意味着，佛本人使用不同的方言，虽然这种可能也并不排除。"[14] 他又说："佛最初一点也不想为了传播自己的学说而使语言规范化，大概是有意与婆罗门传统相对立。难道我们不更应该承认，最古的传统语言是多样化的，来证明没有一个'最古佛教传统的语言'吗？"[15] 在另一个地方，他又写道："总而言之，几乎可以肯定地承认，'最古的佛教传统'没有一个单一的语言，佛教传统的语言的多样化同佛教本身一样地古老。"[16]

贝歇特这样翻来覆去地强调最古的佛教的语言多样化，可见他认为这是一个重要的问题。应该承认，到此为止，他的意见是正确的。但是，接着就会提出另一个与此有关的问题：佛教语言是多样化的，难道佛本人的语言也要陪着多样化吗?

在这里,他们这些意见基本相同的人意见也有了分歧。贝歇特本人对这个问题的意见模棱两可,上面已经引证过。Norman 写道:"我们的探讨告诉我们,在佛教史上从非常古的阶段起,也许是从佛本人的时代起,同一首诗的许多形式,带着不同的方言特色,带着许多同义的异读,在流行着。佛说法不用同一种语言或方言,这似乎是清楚的。"[17] 以我之愚钝,我实在是并不"清楚"。比利时学者Étiernne Lamotte 说:"那是很自然的,在王舍城、舍卫国、婆罗疤斯、吠舍离、憍赏弥等地佛在巡回说法的过程中,传授圣谛,使用在摩揭陀、憍萨罗、迦湿、弗栗特、婆蹉等地流行的一种或多种语言,这些语言都可以认为是圣语(ārya vāc)的或者中国语言(madhyadeśavāc)的变种。"[18] 以我之愚钝,我实在也看不出为什么是"自然"(naturel)。

与上面的意见相适应,贝歇特还强调"方言的多样性"(variety of dialects)。他说:"当时还不存在规范化了的中世印度语言,或者像我们在德文中说的那样,还不存在一种中世印度雅利安语的 Hochsprache(标准语)。这种情况好像是还反映在阿育王碑铭使用的方言的多样化中,这种多样化很可能与当时佛教僧伽的语言情况相适应。当时阿育王在碑铭上使用多样的方言时,甚至可能有意模仿早期佛教僧伽。"[19] 他又说:"无论如何用不着怀疑,当时的中世印度雅利安话(vernaculars)仍然只是'方言',还没有形成清清楚楚的不同的语言,也就是说,我们可以肯定地假设,那些说这些不同雅利安方言的人互相了解对方的话。"[20] 他接着说:"规范化语言的形成必然是一个长期而又复杂的过程;有两个因素(在起作用),这就是,存在着一种早期规范化了的语言,梵文,它没有停止被使用,也没有停止对发展的影响;还有印度雅利安方言的多样化,这些方言当时在广大地区被使用。"[21]

总之,贝歇特等主张,既然佛的语言政策允许使用各自的方言,而方言又是多样化的,当时还没有可能规范化。说方言的人能互相了解。因此,不可能有一个原始佛典的语言。

(三)口头流传也是贝歇特等特别强调的一点。他写道:"这是另外一种转化（transformation），是从一个方言转化为另一个方言，这个转化是在仍然只是口头流传的传统中实现的，但这传统已经开始语言方面的定型化，形成了书面作品，在以后这些作品要把最古传统的遗留的东西都包括进来。在这些早期经典中，我们碰到了口头流传的一些特殊标志。当然，口头流传的方法在经典写定以后仍然应用。"[22]在另一个地方他又写道："当我们在我们眼前的佛典中去寻找比较古老的语言形式时，我们必须考虑到口头流传的特点。"[23]接下去，他又阐明，在寻找较古的语言形式的痕迹时，必须遵守烈维和 H. Berger 的行之有效的办法。什么办法呢？"必须经常寻找使异方言保留在语言文献中的条件；无论如何，不能把有关语言单纯说成是一种'混合方言'，而是一种从某种传统中'翻译'（übertragen 或 umgesetzt）过来的语言形式。"接着他就举出了 H. Berger 的看法：把这种语言重复形式（Dublette）看作是"摩揭陀语的残余"（Magadhismen），这种形式只存在于固定不变的同义词系列中和诗歌中，在诗歌中有时用正规的巴利文形式则破坏韵律。"这两个前提适合于口头流传或口头翻译。"[24]在下面，贝歇特又强调说，他和从前一样仍然坚持，像巴利文中的pure 等不能看作是"摩揭陀语的残余"，因为，他又引证 Berger 的话："看不出，为什么巴利文译者（把东部佛典）译为西部方言时偏偏在这一个普普通通的字上犯错误，而在别的副词（tato，bahuso 等等）上从不失误呢？"[25]贝歇特曾一度把巴利文中的 pure 等以 -e 收尾的语言形式归之于受锡兰俗语的影响，没有得到学者们的承认。[26]他又引 Berger 为同调，强调口头流传的影响。

（四）关于没有一部现存的佛经能反映佛本人的语言的问题，贝歇特写道："我们可以从这里出发，没有一部流传给我们的佛典能准确地代表佛的语言或者仅仅代表最古的佛教传统的语言；与此相适应，我们眼前的佛典在某种形式上来源于一个语言不同的、较古的传承阶段，以至于我们必须假设，这是从一种语言译为另外一种语言——有或者没有中间阶段，形式上是有意识地去翻译，也许是逐渐转化为口头流传的东西。在这样翻译的过程中，有一些已经佚失了的、较古的传承阶段的语言形式特点被保留了下来，我们一致同意，管这些特点叫作'摩揭陀语言的残余'，其中有一些可能代表佛的语言。"[27]

（五）贝歇特十分强调要使用新方法。他写道："必须做到，使研究方法本身向前发展，同时必须应用对印度以外的相类的发展研究的成果。"[28]他又写道："我不敢肯定，使用迄今使用的方法我们能否确定佛本人所使用的语言。"[29]在另一个地方他又写道："解释佛典诸异本不同之点，要求使用同对比阿育王碑铭诸异本完全不同的方法，虽然从语言方面和时间方面来看，这些碑铭同佛典属于同一范围。"[30]至于他推崇的烈维和 Berger"行之有效的"理论，上面第三节中已经谈到。他还谴责吕德斯只看语言形式，而不注意上下文。[31]贝歇特提出了诸如此类一连串的"新方法"。Caillat 响应他的意见，也提出了"新方法"。她写道："因此我建议，特别是如果我们考虑到我们能掌握的新资料的数量的话：为什么不承认我们只能希望建立一个语言的原型呢？……为什么在我们领域内不像在任何别的语言构拟中那样系统地、彻底地进行工作呢？无论如何，我们不应该尝试着去使用在其他方面证明是行之有效的方法吗？"[32]她提出的是什么"新方法"呢？是分析小品词和虚词。据我浅见所知，这方法并不新。在七十多年前，H. Oldenberg 在他那研究 Mahāvastu 的论文中已经仔细分析了 khalu 和 dāni 两个虚词的意义。[33]

（六）贝歇特反对使用"翻译"这个词儿。他写道："在当前讨论的情况下，大多数学者，虽然不是全体，似乎都同意，没有哪一部现存的佛典完全反映佛本人的语言或者当时存在于摩揭陀国最早的僧伽的语言。所以，现存的佛典必须描述为较古的传统变形（transformation）为现存的语言形式的某种样板。某一些语言特点，比如说已经提到的'摩揭陀语的残余'，是在变形后留下来的。我迟疑不敢用'翻译'（translation）这个词儿。在我的德文论文中我用的是Übertragung，而不是Übersetzung，因为在这里我们面临着另一个主要矛盾问题：有一些学者相信，这种变形是当时已经写定的书面经典的'翻译'。另外一些学者认为——我同意他们的意见——这种换位（transposition）不是正规化的翻译，它是从一种方言转化为另一种方言，这种变形发生在口头流传的过程中。"[34]话虽然这样说，贝歇特自己在使用名词方面也时有矛盾，虽然他在这里搞的近于名词游戏，是修辞学，而不是语言学或历史学。有一些学者虽然被贝歇特引为同调，实际上却是承认有"翻译"（translation）的，比如 Norman。[35]

把上面六条归纳起来，我们可以说，贝歇特等一些参加哥廷根座谈会的学者们，挖空心思，否认有一个用东部方言写成的原始经典，说那是构拟的结果。他们有时直截了当地说，有时绕着弯子说；他们之间说法有矛盾，一个人自己前后也有矛盾。对他们意见的评价，留到下面第五部分中去做。

二

关于释迦牟尼用什么语言或方言说法的问题，上面已稍有所涉及，现在在这里再集中地谈一谈。

小乘上座部一向认为佛言就是巴利文，而且他们还把巴利文同摩揭陀文等同起来。这里面问题十分复杂，现在不去细谈。请参阅本书《中世印度雅利安语二题》。

在这次哥廷根座谈会上这个问题又重新被提了出来。这个问题实际上包含着两个问题：

1. 佛说法是用一种语言或方言呢，还是用多种？

2. 如果是一种的话，这一种又是什么？

（一）先谈多种语言或方言说。

在这次座谈会上，大多数学者似乎都同意这个说法：释迦牟尼说法不用一种单一的语言或方言，而是用多种，他到什么地方就说什么地方的话。现将他们的意见分别介绍如下。爱哲顿的意见是：佛的家乡迦毗罗卫、他最喜欢住的地方舍卫国和他第一次转法轮的地方婆罗疟斯，都不在摩揭陀境内：因此佛不可能在这些地方说摩揭陀语，他涅槃的地方亦然。只有在王舍城，他可能这样做。[36] Norman 的意见是："这似乎是清楚的，佛说法不用一种特定的语言或方言，因此谈论一种'原始语言'是不正确的。""我们对公元前 6 世纪、前 5 世纪这个地区使用的方言的性质能得到的知识，使我们能够这样论断，至少佛的某一些说法使用的是我称之为古代摩揭陀语的方言。如果我们承认这种假设，说在摩揭陀疆域以内很可能有一种与古代摩揭陀语不同的方言，只有 s，而没有 ś，如果我们假设佛在说法时改变方言以适应本地的需要，那么我们就可以下结论，说他也用古代半摩揭陀语说法。"[37] Norman 又说："能够说佛说哪一种语言，他用哪一种语言说法吗？必须立刻就说，没有理由假设，佛什么时候都说同一种语言。"[38] Lamotte 的意见我们在上面第一部分第二节中已经谈过，这里不再重复。至于贝歇特的意见，我在上面也已引了一些。他似乎有点动摇，有点模棱两可。但是，归根结底，他似乎也主张佛是说多种语言的。

他们这种观点有没有根据呢？不能说完全没有。大家都知道，一方面佛不承认梵文的权威，允许和尚们用他们自己的语言来阐释、传布佛法（参阅下面第四部分）。另一方面，据说当时还没有一种 Hochsprache。因此佛的语言政策只能是多语言的。仔细推究起来，这里面似乎有点问题。梵文在当时还没有取得压倒其他语言的权威。除了婆罗门使用外，政府并没有把它定为官方的语言。佛反对梵文，不过是反婆罗门垄断的一种表示而已。至于说当时还没有一种 Hochsprache，学者们似乎忘记了一个历史事实，古代摩揭陀语，特别是古代半摩揭陀语实际上已逐渐成为一种 Hochsprache，晚于佛二百年（一说一百年）的阿育王就以这种语言为政府的官方语言（参阅下面第三部分）。

不管怎样，佛的语言政策是主张多语言的，这一点已为绝大多数学者所承认。除了 sakāya niruttiyā 这一句有名的话之外，我在这里还想举出一个例证。《十诵律》卷二十六，《大正新修大藏经》（以下缩写为Ⓣ），23，193a：

佛以圣语说四谛法：苦、集、尽、道。二天王解得道，二天王不解。佛更为二天王以䭾婆罗语说法。……是二天王一解一不解。佛复作弥梨车语。……四天王尽解。示教利喜已，礼佛足而去。

这是一段神话，目的在宣扬佛的神通；但其中也有点历史的内核：编造者相信，佛是主张多语言的。但是，如果有人据此就说，佛自己也是能说多种语言的，未免有点太天真。

那么佛是不是真像上面几位学者主张的那样，自己说多种语言呢？我认为，至少没有可靠的证据，学者们也没能举出令人信服的证据，证明他们的意见是正确的。因此，我们只能回到一种语言说上来。

（二）如果佛只说一种语言或方言的话，那么这究竟是哪一种呢？

一个人的"母语"一般是同他的出生地的语言有关。释迦牟尼出生在今天的尼泊尔境内，是在摩揭陀以外的地方。语言从大的方面来看属于印度雅利安语的东北语支。具体细节我们还说不清楚。

但是他一生活动说法的范围一部分是在摩揭陀境内，他在这里说法使用摩揭陀语是顺理成章的。他最早的一次关于四圣谛的说法，在佛典中有许多异本，语言不同；但是作为这些异本的基础的俗语是摩揭陀语。[39] 这个事实对于研究佛的语言有很大的启发。

摩揭陀语一向被佛教徒，特别是上座部尊为圣语。巴利文《大纪》（Mahāvamsa）XXX Ⅶ，244～245 写道："sabbesam mūlabhāsāya Māgadhāya niruttiyā（一切（生物）的根本语言，摩揭陀语）。这大概是采自觉鸣（Bulddhaghosa）的说法：Māgadhikāya sabbasattānammūla-bhāsāya（vism 441，34）。在 Sammohavinodanī 中觉鸣说：一个没有听到过任何语言的小孩子自然而然地就会说摩揭陀语。这说法与耆那教关于半摩揭陀语的说法完全一样。摩揭陀语被说成是一切生物的根本语言，一切语言之母，是有原因的；它反映了公元前 4 世纪、前 3 世纪在北印度摩揭陀语是主要语言的真实情况。阿育王统治时期，摩揭陀语是大帝国首都波吒厘子城的通行语言，是北印度的行政语言。它或它的改良形式古代半摩揭陀语，被刻在全印度的碑上，让黎民百姓了解大皇帝的御旨。佛教派往锡兰的传教徒可能就采用行政语言。为了说服当地的人，就说，这是佛的语言，是一切语言的基础，包括僧伽罗语在内。耆那教采用这一句话，也出于同样的动机。[40]

在上面的叙述中，我们已经看到，同古代摩揭陀语并列的还有一个古代半摩揭陀语。这两种语言之间是什么样的关系呢？

一般的说法是，摩揭陀语在语法方面有三个特点：（1）阳性以 -a 收尾的名词单数体格的语尾是 -e（古典梵文的 -ah）；（2）r>1；（3）ś s s >ś。[41] 所谓古代半摩揭陀语，顾名思义，与古代摩揭陀语有一半相同。怎样划分这一半，有两种不同的意见。第一种意见认为，古代半摩揭陀语只有 -e 而无 r>1，也无 ś。Alsdorf 写道："但是什么叫半摩揭陀语呢？为什么耆那教经典传统的叫法是'半摩揭陀语'呢？Pischel § 17 所证引的、Lüders 上述意见所表露的迄今的答案是：因为它的体格以 -e 收尾，同摩揭陀语一样，而没有摩揭陀语的 ś 和 l。如果从戏剧残简和阿育王柱铭出发，可能有另外一种答案：它的语言是半摩揭陀语，因为摩揭陀语的两个特点它只有一个 l，而没有第二个 ś。"[42] 第二种意见认为，古代半摩揭陀语有 -e 和 r>l，这与摩揭陀语相同。但所有的嘶音都变成 s，这与摩揭陀语不同。Lüders 似乎有这个看法。[43] 关于这个问题，可参阅 Walther Schubrig，Die Lehre der Jainas，Grundriss der indo-arischen Philologie und Altertumskunde，Ⅲ. Band，7. Heft，Berlin und Leipzig 1935，第 14～17 页。

那么，佛说的话究竟是古代摩揭陀语呢，还是古代半摩揭陀语？这个问题确实是难以确定。因此，学者们的话都说得比较活。Norman 的话上面已经引用过。[44] Gustav Roth 说："当薄伽梵佛在王舍城和摩揭陀其他地方巡回说法时，他自然会用古代摩揭陀语或古代半摩揭陀语对老百姓讲话，古代半摩揭陀语这个名字说明，它已经是一个混合语言。"[45] 佛大概是两种话都说的。

三

我首先简略地把阿育王石碑的情况介绍一下。[46] 阿育王既统治了北印度全部，又统治了南印度大部。他在大帝国境内许多地方树立的柱和碑大体上可以分为四组：（1）小柱；（2）大柱；（3）小石碑；（4）大石碑。大小石柱和小石碑的铭文都是用阿育王的官方语言东部方言写成的。

在这四组中，大石碑是重要的一组。发现的地点都是在大帝国的边区，在印度的西北部、南部、北部和东部。这些碑的铭文同其他三组不同，共有三种不同的方言。十四个大石碑碑铭已知有八种不同文本，其中有五种，即东部的 Dhauli 和 Jaugada，西部的 Sopārā，南部的 Yerragudi 和北部的 Khālsī，同上面讲到的三组一样，是用东部方言写成的。剩下的三种中，有两种发现于极西北部：Shāhbāzgarhi 和 Mānsehrā，是用西北部方言翻译成的；有一种发现于西部：Girnār，是用西部方言翻译成的。

从上面方言的分布情况来看，我们可以看到：第一，大石碑铭的语言基本上与当地的方言相一致。在东部使用东部方言；在西部和西北部也都使用当地的方言。从使用字母的情况来看，大体上也得到相同的结论，比如佉卢文，就只在西北部使用。因此，我们首先必须承认，阿育王碑是能够区分方言的。如果不承认这一点，或者在这方面标新立异，那就必然会出现矛盾或者甚至笑话。第二，既然大石碑铭能区分方言，为什么西方、南方和北方的三个大石碑铭文又使用东部方言呢？我认为，对于这个问题唯一合理的解释就是 Lüders 等学者提出的翻译说，意思就是，先有一个底本，然后再译成当地的方言。翻译的程度有深有浅，根本不译或译得极少的就是上面说到的这三个大石碑。至于底本的语言是什么，看来只能是东部方言，古代摩揭陀语或古代半摩揭陀语，这同我们上面第二部分第二节中所谈到的释迦牟尼所说的语言是完全一致的。

阿育王统治下的孔雀王朝大帝国，是印度历史上空前的大帝国。版图极其辽阔，问题极其复杂，统治这样一个大帝国，语言也是一个极其重要的因素。由于情况不同，印度的阿育王虽然没有能够像中国的差不多与他同时的秦始皇那样搞"书同文"，可是阿育王也必须有一种官方语言，而这种语言，从世界上许多国家语言发展的历史来看，一定就是首都的语言。阿育王的首都华氏城在东方，官方语言采用东方语言，是顺理成章的。

这个意见 Norman 是承认的，我们上面已经引用过他的话，参阅上面第二部分第二节。他还进一步承认，阿育王碑铭的其他文本可能是根据一个摩揭陀语的原本而写成（或翻译成）的。[47]可是同时他又惋惜，没有能发现阿育王树立在华氏城的石碑，从而无法明确了解公元前3世纪摩揭陀语的性质。[48]我认为，倘能发现华氏城阿育王碑，当然很好；现在没有发现，也无关大局，摩揭陀语的基本性质还是清楚的。摩揭陀语是阿育王的官方语言，阿育王碑铭的底本是用这个语言写成的，这两件历史事实也是抹不掉的。

但是，令人吃惊的是，Norman 又提出了另外一种看法。他写道："最近对阿育王碑的研究，倾向于假设：在相当大的程度上，阿育王的抄写员写的要么是他们自己的方言要么是他们认为对这个地方最合适的方言，而不是真在当地说的方言。因此，这是很清楚的，根据阿育王碑方言地理得出来的结论，必须十分小心谨慎地加以检查。如果他们同其他发现有矛盾，就不算数。"[49]在另外一个地方，他写道："既然我们能够看到，阿育王的型式（铭文），'除了少数例外以外，代表抄写员们自己的方言，或者他们心目中的本地方言，而不表示事实的实际情况，这样的论证不是真凭实据。'"[50]John Brough 也反对根据阿育王碑 –e/–o 的分布情况来划分东部方言和西部方言。他说，在这样一个基础上，我们就会说，除 Kathiawar 半岛（Girnār）和印度河西白沙瓦县（Shāhbāzgarhi）之外，整个印度次大陆都是"东部"了。[51]

所有这些意见，我认为，都是站不住脚的。我们无法想象，在一个大皇帝的统治下，在树立御碑这样重大的事情上，抄写员竟有那么大的权力，可以任意更改诏旨的原文。至于说 –e/–o 不能区分东西部方言，更是迹近儿戏。关键问题就在于，这些学者对有一个摩揭陀语的底本，其他地区的碑铭在不同程度上译自这个底本这件事实，闪烁其词，半推半就，有时似乎是承认，基本上又加以否定，结果弄得自己不能自圆其说。从大的方面来看，阿育王碑铭是能够区分方言的，除了 –e 和 –o 外，还有别的语法特征，比如语尾 –am 转化 –o，–u 就只有西北部方言有；而且我上面已经说到过，佉卢文也只用在西北方言上，事情难道还不够清楚明白吗？

四

这是一个老问题了。七八十年来，很多国家的很多学者曾参加过讨论，提出了形形色色的论断、假说、疑问、设想，众说纷纭，莫衷一是。[52] 到今天我认为问题还并没有解决，因此有重新探讨的必要。

我们还是从头开始吧。首先把巴利文原文抄在下面：

vigarahitvā dhammiṃ kathaṃ katvā bhikkhū āmantesi：nabhikkhave buddhavacanaṃ chandaso āropetabbaṃ yo āropeyya， āpatti dukkatas-sa. anujānāmi bhikkhave sakāya niruttiyā buddhavacanaṃ pariyāpuṇi-tun ti ‖ 1 ‖ [53]

整个故事的译文，请参阅拙著《原始佛教的语言问题》。至于汉文译文，中外学者一向引用的共有五种：(1)《毗尼母经》卷四；(2)《四分律》卷五十二；(3)《五分律》卷二十六；(4)《十诵律》卷三十八；(5)《根本说一切有部毗奈耶杂事》卷六。这些都见于上引拙文中，这里不再抄录。《毗尼母经》卷八中还有一条，学者们还没有引用过。我把它抄录在下面：

> 有二比丘，一名乌蹉罗，二名三摩陀，来到佛所，白言："诸比丘有种种姓、种种国土人出家，用不正音，坏佛经义。愿世尊听我用阐提之论，正佛经义。"佛言："我法中不贵浮华之言语。虽质朴不失其义，令人受解为要。"[54]

以上这许多异体，内容虽有繁简之不同，人名和地名也不完全一样；但是，从总体上来看，它们有一个共同的来源，来源于一个"原始的"经文。John Brough 说："我们也不能相信，上面引用的律部的那一段话，能同佛的生存时代一样古老。它公认是相当早的，因为我们在不同的部派中有这样多的异本。"[55] 我认为，他的意见是正确的。换句话说，我们必须承认，巴利文本是最古老的，而且这个本子的字句也最明白清楚。所以我首先根据巴利文本子归纳出五个问题来，再结合汉文译本，加以探讨。这五个问题是：

（一）buddhavacanam

（二）chandaso

（三）āropema，āropetabham，āropeya

（四）nirutti

（五）整段文字讲的是语言问题，还是音调（诵读）问题？

现在分别叙述如下。

（一）我现在按顺序把在六种汉译本中与巴利文 buddhavacanam 相当的字写在下面：

1.《毗尼母经》（Vinaya-mātrkā）卷四佛正义

2.《四分律》（Dharmaguptaka）佛经义

3.《五分律》（Mahīśāsaka）佛经，佛意

4.《十诵律》（Sarvāstivāda）（诵）佛经

5.《根本说一切有部毗奈耶杂事》（Mūlasarvāstivāda）（诵）经典

6.《毗尼母经》卷八佛经义

看来，六种汉译文是一致的，它们都把 buddhavacanam 理解为“佛经”或“佛的教义”。只有 4 和 5 加以“诵”字。这问题下面再谈。

如果把 buddhavacanam 理解为“佛的语言”，那么，根据小乘上座部的传统说法，这就是摩揭陀语。值得注意的是，vacanam 是单数，也就是说，他们认为佛只说一种语言。

（二）与巴利文 chandaso 相当的字是：

1. [56] 阐陀至

2. 世间好言论

3. 诵阐陀鞞陀

4. 诵外道四围陀

5. 阐陀

6. 阐陀之

上面六种汉译文，基本上都是译音，只有 2 是“世间好言论”，好像是梵文 samskrta 的翻译。3 与 4 中这个字所占的地位与巴利文不相

当，但是含义相当，所以也列举了出来。

什么是阐陀（chandas）呢？根据《圣彼得堡梵文大字典》的解释，其有四种意思：愿望，圣歌，吠陀，韵律。Norman 把“圣歌”改为“梵文”，[57] 并且说，用这四种意思来翻译 chandaso，都有人主张过。汉译文中的“阐陀”，恐怕不是指吠陀，就是指梵文。Norman 却提出来了一种新的译法，他把 chandaso 这个字分解为 chanda+so，而 so 又来自梵文śas，并把 chanda 理解为“愿望”，整个字的意思就是“按照自己的愿望”。[58] 这个说法得到 John Brough 的同意，但也只同意一半，就是他只同意 chanda+śas，而不同意把 chanda 理解为“愿望”。[59] 贝歇特只说，这是“完全不同的解释”，而没加以评论。[60]

根据六个汉译本，我们可以肯定地说，Norman 的全新的解释是站不住脚的。汉译文中的“阐陀”，其含义决不会是“愿望”，否则尽可意译，根本用不着音译。既然音译，就说明这个字汉文中是没有的。我看，正如我在上面已经说过的那样，“阐陀”的意思只能是吠陀或者梵文。

但是，有一个问题还必须在这里答复。唐义净在翻译《根本说一切有部毗奈耶杂事》卷六时，在最后加了一个注：“言阐陀者，谓是婆罗门读诵之法。长引其声，以手指点空而为节段。博士先唱，诸人随后。”[61] 义净是根据在印度的亲身经历而写的，应当是绝对可靠的。我们怎样来解释这个问题呢？这个问题牵涉面比较大，我们在下面总起来予以答复。

（三）āropemā，āropetabham，āropeya 三个字都来自同一个字根，梵文ā+√ruh，致使动词āropayati，巴利文同。对这个字的含义的理解有些分歧。Horner 理解为“重复”（repeat）。[62] Norman [63] 和 Brough [64] 都认为应该理解为“翻译”。我认为，他们的意见是正确的。同时，我还联想到上面第一部分第六节中曾谈到过翻译的问题，下面本部分第五节中还要谈这个问题。

为了进行对比，确定字义，我现在仍然把在汉译文中与 āropema 等相当的字列表如下：

1. 撰集佛经，次比文句

2. 修理佛经

3. 诵读佛经

4. 诵佛经

5. 诵经

6. 正佛经义

这一些都没有"翻译"的意思；但这只是从表面上来看，实质上，只是用词不同而已。

（四）在整个这一段巴利文中，nirutti 是一个关键性的字，很多争论都与这个字有关。我还是按照老办法把与它相当的字列表如下：

1. 音

2. 国俗言音

3. 国音诵读

4. 外书音声诵佛经

5. 方国言音

6. 言语

汉译文的情况是这样子，巴利文 nirutti（梵文 nirukti）究竟是什么意思呢？先抄几部字典的解释。《圣彼得堡梵文大字典》：nirukti，"字的解释"（Deutung eines Wortes），"字的字源学解释"（etymologische Worterklärung）。Apte《实用梵英字典》："字的字源学解释"。Monier-Williams《梵英字典》："一个字的字源学解释"。巴利经典刊行会《巴利文英文字典》：nirutti，"字的解释"，"语法分析"，"字源学解释"；"发音"，"方言"，"说话方式"，"声调，词句"。梵巴对比一下，在巴利文中这个字的含义丰富多了。

至于巴利文注释，它对于这个字的解释是非常简单明了的。觉鸣的注释是 ettha sakā nirutti nāma sammā sambuddhena vuttappakāro Māgadhikavohāro（Samantapāsādikā 1214，18～19），意思是，所谓自己的话指的是佛所说的摩揭陀语。

对这样一句简单明了的话，西方学者偏又标新立异，掀起争论。I. B. Horner 把最后一个字译为"流行的摩揭陀的说话方式"，[65] E. J. Thomas 方面把这后半句译为"佛所说的摩揭陀语"，这无疑是正确的；但却又把 nirutti 解释为"语法"。而 Norman 则否认在早期巴利文经典中 nirutti 和 vohāro 有"语言"或"方言"的意思。他认为，在同其他的上下文相结合时，nirutti 的意思是"语法分析"或"字源学解释"。他还引证了 Edgerton 的《佛教混合梵文字典》，的解释。他又说，nirutti 原来的意思是"用同义词（或注解）来解释一个字的意思。"他对 The Vinaya Pitakam, Vol. Ⅱ, P 139 那一段话中的 te sakāya niruttiyā buddhavacanam dusenti 原来另有解释，现在改变了主意，改译为："他们用他自己或他们自己的注解破坏了佛的语调。"下面他又说到，应该是"他们自己的注解"。他的意思是说，为了让听众听懂自己说的法，佛就从听众的语言或方言中选一些更为通俗易懂的话来解释那些比较生僻的词句；或者是佛让自己说的法更能紧密地适应听众的词汇。对于这两层意思，把 sakāya 理解为"他们自己的"都是恰当的。但是，Norman 又讲到，觉鸣把 sakāya niruttiyā 理解为佛自己的 nirutti，如果从另外一个角度来解释，也是能站得住脚的。[66]

但是，总起来看，Norman 对 nirutti 这个字的解释却无论如何也是站不住脚的。上面引用的 Samantapāsādikā 1214, 18～19 那一句话明白无误地说 sakā nirutti 就是 Māgadhikovohāro。把 Norman 主张的"注解"摆在这个句子里，无论如何也是讲不通的。如果认为证据还不够的话，我再引一个例子：Mahāvamsa XXXⅦ 244～245:

> parivattesi sabbā pi Sīhaḷ' aṭṭhakathā tadā sabbesaṃ mūlabhāsāya.
> Māgadhāya niruttiyā.

他把全部僧伽罗注释译成了摩揭陀语，一切语言的母语。你在这里能把"摩揭陀语"改为"摩揭陀的注解"吗？

（五）写到这里，论题已经同我要谈的第五节有关了。因此，我就接下去谈巴利文那一段话讲的究竟是语言问题呢，还是诵经的声调问题。我先把六种汉译文分析一下。

《毗尼母经》卷四："吾佛法中不与美言为是。但使义理不失，是吾意也。随诸众生应与何音而得受悟，应为说之。"这里讲的是语言。

《四分律》："听随国俗言音所解，诵习佛经。"这里讲的也是语言。《五分律》："听随国音诵读，但不得违失佛意，不听以佛语作外道语，犯者偷兰遮。"这里面讲到"诵读"，好像是声调问题，但是上文提到"男女语、一语多语、现在过去未来语、长短音、轻重音"，主要说的都是语法，所以这一段话讲的仍然是语言。《十诵律》："从今以外书音声诵佛经者，突吉罗。"这里讲的是诵经的声调。《根本说一切有部毗奈耶杂事》整段讲的是诵经。"佛作是念：'苾刍诵经，长牵音韵，作歌咏声。有如是过。由是苾刍不应歌咏引声而诵经法。若苾刍作阐陀声诵经典者，得越法罪。若方国言音，须引声者，作时无犯。'"这里明白无误地讲的是诵经。义净在这里加了一条注，上面第四部分第二节中已经引过，他更明确地说阐陀是"读诵之法"。《毗尼经》卷八："佛言：'我法中不贵浮华之言语。虽质朴不失其义，令人受解为要。'"这里讲的又是语言。

现在我分析一下上面的情况。第一个事实是，在六种汉译文中有四种讲的是语言，有两种讲的是诵经的声调。第二个事实是，讲诵经声调的两个，一个是《十诵律》，一个是《根本说一切有部毗奈耶杂事》，而《十诵律》又是说一切有部的律，这两个原来是一家人。第三个事实是，说一切有部和根本说一切有部的经堂语是梵文，其余四种则是不同形式的俗语。

这三个事实是非常有启发性的。人们禁不住要问：为什么会形成了这样的事实呢？下面我尝试着来回答这个问题。

佛祖反对梵文，上面已经谈到过。然而作为佛祖子孙的说一切有部和根本说一切有部自己使用的竟是佛祖反对的语言，这一点他们大概不会不知道的。他们一定感到非常尴尬。他们为什么一开始就误入歧途而又不想改变这个局面呢？这是情势使然，他们无能为力。原来在印度古代语言发展的历史上，在释迦牟尼时代，甚至在阿育王时代，梵文并不得势。当时的典籍、官方语言、碑铭，都能证明这一点。以后，可能是从公元前 2 世纪开始，逐渐行时起来。佛教徒为了弘扬大法，不得不随顺时俗，改变语言政策，所谓早期佛典的梵文化就由此而起。估计说一切有部和根本说一切有部产生的时代晚于其他一些部派。他们无法倒转时代的车轮，再按照老办法，采用俗语作为经堂语，只有采用梵文。梵文起飞的势头一直维持下去。到了公元后4世纪、5世纪笈多王朝时代，梵文已占垄断地位。到了7世纪后半叶义净到印度去时，已经是梵文的一统天下了。义净所翻译的佛经，大部分都属于根本说一切有部，他显然是倾向于这个部派的，因而也就成了梵文派。在翻译"阐陀"这一个词儿时，他之所以加上了那样一条注，其根源就在这里。总之，《十诵律》和《根本说一切有部毗奈耶杂事》的原作者，为了掩盖自己处境的尴尬，虽然上面引的那一段话最古的根源也是巴利文；但是，他们却根本不谈语言，而是侈谈诵经的声调问题。不这样是不可能的，否则就要打自己的嘴巴。这一点烈维在他的文章《佛经原始诵读法》(Sur la Rścitation primitive des Texts bouddhiques Journal Asiatique，1951年，五~六月合刊)根本没有发觉，也跟着大谈佛经的原始诵读法，可谓没有搔着痒处。

我在这里还想引证另一组经文，来证实我在上面提出的看法。我选择的是有名的亿耳（Kotikarna）的故事。这个故事散见于许多佛经中。[67]内容大体上是：亿耳受戒以后，到舍卫国逝多林给孤独园去参谒佛祖。佛让他同自己共住一房。天将黎明时，佛告诉亿耳说：

1. Mahāvagga，V. 13. 9：

patibhātu tam bhikkhu dhammo bhāsitun ti

2. 巴利文《无问自说》(Udāna)，V，6：
与 1 同。

3. 《根本说一切有部毗奈耶皮革事》卷上：

汝可诵我所说经律，如我成道所说之者。[68]

4. 《十诵律》卷二十五：

"汝比丘呗！"亿耳发细声诵《波罗延》《萨遮陀舍》《修妒路》

竟。佛赞言："善哉，比丘！汝善赞法。汝能以阿槃地语声赞诵，了了清净尽易解。比丘！汝好学好诵。"[69]

5.《五分律》卷二十一：

"汝可说法。"亿耳受教，即说《十六义品经》。[70]

6.《四分律》卷三十九：

"汝可说法。"亿耳闻佛教已，在佛前说《十六句义》，不增不减，音声清好，章句次第，了了可解。[71]

7.《摩诃僧祇律》卷二十三：

"汝可诵之！"即细声诵已。……"汝所诵者，文字句义，如我先说。"[72]

我在这里再补充一点。《根本说一切有部毗奈耶皮革事》我们现在有了梵文原文。[73] 我现在把有关的那一段抄在下面：

atha bhagavān rātryāḥ pratyūsasamaye āyusmantaṃ śroṇaṃ koṭīkar-
nam āmantrayate sma | pratibhātu te śroṇa dharmo yo mayā svayam ab-
hijñābhisaṃbudhyākhyātaḥ | atha āyusmān śroṇo bhagavatā kṛtāvakā
śaḥ aśmaparāntikayā svaraguptikayā udānāt pārāyanāt satyadṛṣṭaḥ śaila-
gāthāmunigāthā–sthaviragāthā–sthavirīgāthārtha–vargīyāni ca sūtrāṇi
vistareṇa svareṇa svādhyāyaṃ karoti

同汉译文对比一下，我们可以发现：(1)汉译文的"诵"字，梵文是 pratibhātu；(2)汉译文没有提到亿耳使用的方言，梵文是 aparāntikā。在《十诵律》中提到他使用的方言了；但是却作"阿槃地语"。

现在再来分析七个异本给我们的启示。在这七个本子中，有四个明确地讲到"说法"，换句话说，讲的是语言。《摩诃僧祗律》讲到"诵经"，但下面立刻就说："汝所诵经，文字句义，如我先说。"讲的仍然是语言。只有两个讲"诵"和"呗"，两个字是一个意思，讲的是声调；而这两个偏偏又是以梵文作经堂语的说一切有部和根本说一切有部。这情况同我在上面讲的完全一致，难道这仅仅是巧合吗？

我还要做一点补充说明。在上面引用的佛典中，"诵"字大体上说有两种意思：一种是"长牵音韵"的"诵"，用现在的话来说，就是歌咏朗诵；一种是念诵的"诵"，用现在的话来说，就是口头表达。在佛教初形成期间，文字还没有被使用，仅有一点经典，也只是靠口头流传。印度佛教史上，有几次著名的"结集"，所谓"结集"就是，和尚们聚集在一起，整理编纂佛经。"结集"的梵文原文是 saṅgīti，来自字根 √gai，义云"唱歌"，有人将此字译为"合诵"。聚集在一起，口"诵"经典，加以整理。既无写定本，也只有如此。这与有意唱诵，意义不同。我觉得，《摩诃僧祗律》的"诵经"，就属这一类，而说一切有部和根本说一切有部的"诵"则属于前者。

现在把上面这一些论述归纳起来，我对在这一部分开始时提出的问题答复如下：巴利文那一段讲的是语言问题，而不是诵经的声调。

五

把我在上面所论述的归纳起来看，我认为，以贝歇特教授为首的哥廷根座谈会上的学者们的意见，很多都是难以接受的。关于这一点，我在论列中已经零零碎碎地讲了一些意见。现在再总起来比较系统地谈一下我自己的看法，对他们的主张也顺便再进一步加以剖析。

贝歇特在哥廷根座谈会上所做的主题报告最后一段画龙点睛地写道："如果孤立起来看，而又仅仅着眼于个别的语言现象，那么我们这次工作会议上提出的问题看上去只像一个非常专门化的学科的个别问题之一，解答这些问题只在非常个别的一点上影响整个科学的进步。如果我们正相反，从比较广阔的有关的联系中来看我们的问题，那么对问题的解答就会成为重要任务的一部分，能促进我们对公元前4至公元前1世纪印度语言、文学和宗教整个发展情况的正确理解。"[74]这一段话无疑是正确的，这叫做大处着眼，小处下手。但是，遗憾得很，贝歇特等学者对小处一个别的语言现象下手下得并不理想，大处从而也就落了空。我在下面想大小兼顾，谈一下与原始佛教语言问题有关的一些问题。

我们知道，佛教同其他宗教一样，是一个社会现象，一个历史现象；它的产生与发展受时代的政治、经济发展的制约。对创建人释迦牟尼来说，对当时一部分人民来说，一定是先有这个需要，然后才会产生这个宗教；否则既不会产生，更不会发展。如果只说宗教是人民的鸦片烟（这句话是正确的），创立宗教的人一开始就存心欺骗、麻醉，或者只说什么傻子撞着骗子，则是把极端复杂的问题过分地简单化了，为我们所不取。

公元前6世纪、前5世纪，在北印度，是一个社会剧烈变动的时期，有点像中国的春秋、战国时期。从政治上来看，摩揭陀国与憍萨罗国互争雄长。从经济上来看，生产方式有某种新的萌芽。从意识形态方面来看，以西方旁遮普为据点的婆罗门保守思潮，与以东方摩揭陀为据点的沙门新兴思潮尖锐对立。释迦牟尼创立的佛教属于沙门体系，有其进步意义。他一方面反对婆罗门的思想控制，一方面宣传一切无常的宗教哲学，成为一个新宗教的始祖。

世界上很多宗教都宣扬出世。实际上卖命地宣扬出世正是不出世的表现。佛教一旦创立，首先是教主本人，其次是他的一些弟子，就奋不顾身地加以宣传。宣传必有工具。当时还不使用文字，只能使用语言。因此就产生了使用什么语言，怎样使用语言的问题，从而出现了"语言政策"。

佛和最初的弟子们使用什么语言呢？

佛本人生在今天的尼泊尔境内。他的母语是什么样子，今天已无从推断。但他一生游行说教在摩揭陀国内的时间相当长。摩揭陀约略相当于今天的比哈尔，有自己的方言。佛在这里用摩揭陀语说法，是意中事。至于他的弟子，出身不同，来源不同；既然都相会于摩揭陀，则使用共同语言，也是可以理解的。他不规定一种语言为经堂语，并不等于他自己也不说一种语言或方言。Lamotte 说：佛到哪里就说哪里韵话，这一点我在前面已经谈到（第一部分第二节）。其他一些学者，特别是贝歇特，也再三强调佛的语言的多样性。所有这些都是主观臆测，缺乏根据。至于有的学者说，说印度雅利安语的人能互相了解，因为都是方言（上面第一部分第二节），更是缺少根据。退一步说，如果他这意见是正确的话，那么佛只说一种方言，在广阔的地区，就完全能够消除语言的障碍，又何必到哪里就说哪里的话呢？就算是方言吧，也不一定能互相了解。在今天中国浙江、福建一些山区，隔一座山，交谈就有困难。难道印度古代的情况竟这样迥乎不同吗？至于佛说的究竟是摩揭陀语，还是半摩揭陀语，学者间的意见也不一致，请参阅上面第二部分结尾。我自己的看法是，他说古代半摩揭陀语的可能性更大一些；因为，第一，摩揭陀语不是他的母语；第二，以中国旧日的蓝青官话为例，在政治、经济和文化中心的摩揭陀国，古代半摩揭陀语就好像是一种蓝青官话。我在上面第二部分第一节已经讲到，它实际上已经是一种 Hochsprache，一种 lingua franca。[75]

宗教创立了，现成的语言工具也找到了，释迦牟尼就到处游行说法。传说他第一次说法——用佛教的术语说就是"初转法轮"——是在迦湿国（贝拿勒斯）的鹿野苑。此地是商业中心，贸易通途。可见佛教一开始就同商人有着极其密切的关系。对于这个问题，我有专文阐述，这里不再细谈。不管怎样，释迦牟尼开始说法了。第一次说法，据巴利文记载，着重讲了四圣谛。[76]据 Fr. Weller 的研究，四圣谛最古的本子是用古代摩揭陀语写成的（参阅上面第二部分第二节）。结合我在上面谈到的那些问题，这一件事实是非常有意义的，非常有启发性的。

在这次初转法轮时，释迦牟尼还讲到两端的问题。不管怎样，最早的学说一定会是比较简单的，不成体系的。现在的佛典，不管是哪一个部派，其中记载的佛教义理都是后来系统化了的，不能据此以推定佛教原始教义。大概后来随着佛教势力的逐渐扩大，离开佛教的原始中心越远，便越感到需要有一部经典。最初的佛典决不会像后代这样体大思精，而是由小渐大，由粗渐精，有一个逐步形成的过程．这一点切不可忘记。

现在我们不妨设想一下原始佛典形成的过程。贝歇特主张，最古的佛典是属于律部的[77]，这是完全不可能的。我们先拿中国儒家经典的形成来做例子。学者们公认，在儒家经典中《论语》是最古的、最有权威的一部。其中有许多话可能真正来源于孔子。讲的都不是律条。当然，佛家与儒家不同；可是，难道二者之间竟没有一点共同之处吗？佛经的形成可能有类似《论语》的地方。佛说法时或者平常谈话时有一些常说的话，深深地印在弟子们的记忆中。到了适当的时候，比如说第一次结集时，弟子们聚集在一起，回忆佛语（buddhavacanam），把佛说话的时间和地点都一一说清楚，然后定了下来。每一部佛经都以"如是我闻"（evam mayā śrutam）开始，不外想说明事实的可靠性。原始佛典的滥觞大概就是这个样子。

我在这里想举一个小例子。我们在许多佛经中常常看到意思完全相同、词句微有不同的四句话：

<blockquote>
生死已尽　梵行已立　所作已办　不受后有

（《长职含经》卷三《游行经》，Ⓣ 1，17b）

我生已尽　梵行已立　所作已办　不受后有

（《根本说一切有部毗奈耶杂事》卷三十六，Ⓣ 24，389a）

我生已尽　梵行已立　所作已办　不复受身

（《四分律》卷三十八，Ⓣ 22，844c）
</blockquote>

我在上面只举了三部佛经，实际上数目比这个要多得多。为什么这四句话总是重复出现呢？我觉得，唯一合理的解释就是，这是佛常常挂在嘴上的话，对弟子印象深刻，因而传了下来。依此类推，佛常说的一些话就这样流传下来，形成了最初经典的核心或基础。以后，随着时间的推移，逐渐扩大，发展，像滚雪球似地越滚越大，最终形成了一部汪洋浩瀚，在量上来讲举世无二的三藏宝典。

贝歇特提出了佛典形成层次说：第一个层次，在部派形成以前，地区性的僧伽有自己的传统；第二个层次，由于对律的解释不同而形成了部派，教义部派又在律部派内产生。[78] 这个理论基本上是站得住脚的。按照这个理论，决不能说最早的佛典是律部，因为有了僧伽，才能有律，这个道理不是一清二楚吗？

同贝歇特一样，Norman 也是既有正确的看法，同时又有自相矛盾的地方。他说："在佛生前或死后不久，佛说法时的讲话已经根据听众的记忆收集了起来。随着时间的推移，这些材料形成了一种或多种本子；此时，'翻译'为其他方言的情况也出现了，也许是因为佛教正向不懂东部方言的印度一些地区传播，或者也因为，由于中世印度雅利安方言继续发展，古词必须去掉。"[79] 这个看法应该说也是站得住脚的；但是 Norman 又否认有什么"原始佛典"，结果不能自圆其说。

我所能够设想的原始佛典的形成过程大体上就是上面说的这个样子。虽然有了一些佛典的雏形，但由于还不使用文字，所以仍然是口头流传。不但第一次结集是这个样子，佛灭度后约一百年，公元前350年左右召开的第二次结集仍然是这个样子。这次结集是在吠舍离举行的，可见佛教已经传播开来。传播带来了新问题：原来使用的古代半摩揭陀语的经典，现在不行了，过时了，必须使用新的语言或方言。佛的语言政策也必须有某些修正或补充。此时离开佛教的原始中心越来越远，为了维护大法，越来越感到需要有某种形式的比较系统的经典。阿育王以后，古代摩揭陀语和古代半摩揭陀语益趋式微。佛教在西部和南部兴盛起来。西部方言渐渐行时。连耆那教用古代半摩揭陀语写成的经典也窜入了不少摩诃罗湿特罗语的成分。[80] 西部方言 Saurasenī 也流行起来。

到此为止，依然是口头流传。那么佛典是什么时候开始写定的呢？

阿育王已经使用了文字，有碑铭和柱铭为证。但是没有证据证明佛典已在阿育王时期写定。锡兰上座部传说，巴利藏是在公元前89～77年国王 Vaṭṭagamaṇī Abhaya 时期写定的。这个传说一般认为是可靠的。估计在印度本土佛典写定时间可能要早一些，可能早到公元前2世纪末。还有一个说法：佛典的写定与梵文化差不多同时并举，[81] 而梵文化又与梵文的复兴有联系。梵文复兴（Sanskrit Renaissance）与帝国的版图扩大有关。阿育王曾使用过当作行政语言的古代半摩揭陀语，后来可能遇到了困难。他以后的皇帝还有宗教界人士想再挑选一个比较能在全国广大地区为人民所接受的语言，那就只有梵文。中国的秦始皇推行"书同文"、"车同轨"的政策，其用意也不外是想有利于对大帝国的统治。在印度梵文复兴的时代一般认为是从公元前2世纪开始。《大疏》的作者波颠阇利就生在这个时期。《大疏》的出现表明梵文势力的抬头。梵文的影响越来越大，各部派、各地区原来口头流传的俗语的佛典，开始梵文化起来。

关于梵文化和通过梵文化而形成的语言，所谓"混合梵文"（Hybrid Sanskirt）或佛教梵文，有几点还需要说明一下。第一，梵文化不是全盘搬用，而是一点一点地渗透进来。比如 bhiksu（比丘）这个字，它的单数属格按照古典梵文应该是 bhiksoh；但是梵文化的结果却成了 bhiksusya，–sya 是以 –a 收尾的名词或形容词单数属格的语尾；它的复数体格应该是 bhiksavah，经过梵文化却成了 bhiksū，巴利文是 bhikkhū，古代半摩揭陀语同。又比如以 –r 收尾的名词单数间接格的语尾"化"成了 –are。第二，梵文化不是一蹴而就，不是毕其功于一役，而是逐渐前进，越来越接近梵文，但最终也没完全梵文化。F. Bernhard 说："大家都知道，流传下来的佛教梵文经典在语言上从没有完全固定下来。"[82] Roth 引用西藏佛教史家 Buston 的《佛教史》中的话，说大众部的语言是俗语，而这种俗语又是一种"过渡方言"（intermediate dialect）。[83] Buston 的意思是否是指的向梵文过渡呢？据 Roth 的估计，梵文化过程可能是从公元前1世纪直至公元后1世纪。[84] 第三，Roth 把梵文化的语言称作"超地域性的"（super-regional），实际上并没能完全超地域，而是仍有地域性的尾巴，比如有的有 –am> –o，–u 的变化，这是印度西北部方言的特点；有的就没有。第四，F. Edgerton 主张，混合梵文性质是统一的，这不符合实际情况，混合梵文并不统一。拿《妙法莲华经》来做例子，本子越古老，俗语成分就越多。这一部佛经的梵文化就可以分出许多层次，怎么能说是统一呢？第五，C. Regamy 主张，有一些佛典从一开始就是用混合梵文写成的。[85] 这是完全不可能的，我在上面谈到的所有的情况都与这种主张抵触。

我在上面从释迦牟尼创立佛教起按历史的顺序谈到佛典的写定和梵文化，系统地谈了自己的看法。但是对在哥廷根座谈会上提出来的一些意见还没有完全加以评价。下面我再分别地谈几个问题。

（一）什么叫"原始佛典"

在哥廷根座谈会上许多学者不同意原始佛典的提法。我觉得，产生意见分歧的根源主要是由于对"原始佛典"的理解不同。原始佛典，吕德斯称之为 Urkanon，John Brough 称之为 Primitive Canon。吕德斯可能是使用这个名词的第一个人，但是他并没有下一个明确的定义。他并没有说，原始佛典是一部系统而完整的像后世的三藏那样的经典。他有时候也使用 Schriften（作品）这个词儿，这可以透露其中的消息。攻击他的人却偏偏扭住这一点不放，岂不是非常可笑吗？如果需要举一个代表的话，那就是 Lamotte。他说，在孔雀王朝结束以前，不可能有 canon（经典，系统的经典？），也不可能有三藏。[86] 这话可能是正确的。但是，难道吕德斯这样主张过吗？参加哥廷根座谈会的学者中也不乏明智之士。比如 John Brough 说："从现在的情况来看，更谨慎的做法是，把'原始佛典'理解为只不过是一些有潜在能力成为经典的（也就是有权威的）韵文和散文作品，而不使用这个可能暗示经典已经写定或编定的名词。"[87] 这个说法是符合实际情况的，因而是通情达理的。

（二）耆那教经典给我们的启示

耆那教的创始人大雄（Mahāvīra），根据巴利文佛典的记载，是释迦牟尼同时的人。在几十年内，二人在同一地区漫游传教；但是我们却找不到二人见面的记载。大雄死于 Pāvā，时间大概是在公元前 477 年，他活了七十二岁。有人主张，佛活过了大雄；但是这都是一些争论很多的问题，还没有大家一致承认的结论。在思想体系方面，二人同属于沙门体系，都是反婆罗门教的新思潮的代表人物。二人同出身于刹帝利种姓，宣传的教义基本上相同，甚至绝大多数的术语也完全一样。可见两个教门关系之密切。可是，二者之间却有一点不同之处：耆那教明确地说，它的一派，白衣派的经典是用古代半摩揭陀语写成，[88]佛教却没有这种说法。

人们不禁要问：没有这种说法，难道就没有这种事实吗？

耆那教把经典称作悉昙多或阿含，后者佛教也使用。耆那教最初的经典包括十四 Puvvas（古典），是大雄用之以教弟子的。大雄逝世后二百年，摩揭陀大饥馑，一直持续了十二年。此时正是孔雀王朝旃荼罗笈多统治时期。耆那教主是 Thera Bhadrabāhu。他率领弟子赴南部，Sthūlabhadra 留在摩揭陀为教主。这种遭逢俭年分张弟子的做法，佛典中也屡有记载。Sthūlabhadra 在华氏城召开会议，纂成了十一部 Aṅga，十四 Puvva 的残余部分汇为第十二部 Aṅga。后来，Bhadrabāhu 的追随者们又回到摩揭陀来。于是形成了两大部派：外出返回的不穿衣服，以天为衣，号称天衣派；留守没走的穿白色衣服，号称白衣派，天衣派否认白衣派编纂的经典的权威性，他们说，Puvva 和 Aṅga 早已佚失。后来白衣派的经典确实面临佚失的危险。公元 5 世纪中叶此派首领 Devarddhi Ksamāśramana 在古吉拉特 Vallabhi 地方召开了会议，搜罗并写定经典。当时第十二部 Aṅga 已经佚失，所以我们只有十一部 Aṅga。悉昙多不成于一时，Devarddhi 搜集的经典最古部分可以追溯到大雄门弟子，至晚可以至教主大雄逝世后 2 世纪旃荼罗笈多时期；最新部分成于 Devarddhi 时期。同巴利文一样，经中诗歌部分从语言方面来看比较古老，可见耆那教经典同佛教经典一样，也有一个形成的过程。[89]我在这里还要加上一句：白衣派经典本身没有梵文化，但是注疏却有梵文法的痕迹。[90]

耆那教白衣派经典形成的情况就是这样。谁都可以看到，这对于我们研究佛典的形成以及原始佛典的语言，都是很有启发性的。在哥廷根座谈会上，Alsdorf 强调了这一点，[91]这是非常正确的。但可惜的是，他的意见丝毫也没有引起注意。只有贝歇特提过一句：对白衣派经典的研究能够帮助我们理解佛教经典是怎样发展以至于写定的，白衣派经典的语言，古代半摩揭陀语是怎样形成的。[92]他的想法也是正确的，但也同样地可惜：他只在这里蜻蜓点水似地一提，便立即飞走。白衣派经典的经验同他那些标新立异、朝三暮四的理论，形同水火，如不立刻飞走，永不返回，理论的柱子一垮，情况就不妙了。

总之，我认为，问题是非常清楚的：释迦和大雄。同时、同地、同一出身、同一思想体系、同一教义内容，甚至用同样的术语，佛教与耆那教真可以说是难兄难弟。但是为什么耆那教能有一个原始经典（虽然纂成时间稍晚），能有一个原始经典的语言，而佛教偏偏就不行呢？我在标题中用了"启示"二字指的就是这个意思。愿同行的学者们共同深思。

（三）摩揭陀语残余的问题

把在西部方言中以 –e（梵文 –as）收尾的词看作摩揭陀语残余（Magadhismus，māgadhism），由来已久。Kuhn，V. Trenckner 都是这样。W. Geiger 在他著的 Pāli Literatur und Sprache § 66.2a；80；82.5；98.3；105.2；110.2 举了大量摩揭陀语残余的例子，比如 pure，sve，suve，bhikkhave，bhante，seyyathā，ye 等等。吕德斯又扩大了范围，在他著的 Beobachtungen über die Sprache des buddhistischen Urkanons 列举了更多的例子，而且还不限于以 –e 收尾的字。从那以后，学者们普遍承认有摩揭陀语残余这个现象。在世界上其他一些语言中也有比较古老语言残留的现象。看来摩揭陀语残余确有其事，已经不容抹煞了。

然而，在这次哥廷根座谈会上却吹起了一股否定的风。因为想根本否定一个原始经典，从而似乎连东部方言也想否定掉，所以对东部方言摩揭陀语的残余也就有点半推半就：有时候承认有，有时候又想否认，或者挖空心思，划定圈圈，来加以限制。

我举几个例子。

第一个例子是 bhikkhave。

在 Majjhima-Nikāya 中有下列这样的话：

> tatra kho Bhagavā bhikkhū āmantesi：bhikkavo ti. bhante tite bhikkhū Bhagavato paccassosum. Bhagavā etad avoca：sabhadhamma-mulapariyayam vo bhikkhave dessāmi......[93]

文中的 bhikkavo 和 bhikkave 两个字都是 bhikkhu（比丘）这个词的复数呼格。前者出现于故事的叙述中，后者出现于佛的说法中，并且由于其语尾是 –e 被认为是摩揭陀语的残余。但是贝歇特却提出了不同的说法。他援引 Berger 的他认为行之有效的新方法（上面第一部分第三节已经讲过），说是要探寻异方言保留下来的条件。探寻的结果怎样呢？bhikkhave 存在于重复形式（Dublette）中，只存在于固定不变的同义语系列（Stereotype Synonymreihe）中和诗歌中。在诗歌中，如果用巴利文语言形式，则破坏韵律他认为 bhikkhave 就是刻板形式的条件决定它的存在的。条件也许是重要的，但是，我认为，更重要的是结果。不管在什么条件下，以 –e 收尾的摩揭陀语的残余反正保留下来了，这就是结果。决不能用条件不同来否定它那摩揭陀语的性质。贝歇特又说，这种摩揭陀语的残余的出现对原来的语言不提供任何情况。[94] 多么奇怪的逻辑！它既然是东部方言的残余，对它原来的语言怎么能不提供情况呢？这个道理是非常容易了解的。在诗歌中道理也一样。不管是否怕破坏韵律。东部方言毕竟是东部方言。必须承认这个事实，承认这个结果。吕德斯和其他学者曾多次强调，诗歌中保留的较古的语言形式之所以多，就是因为受了韵律的限制，不容易"化"为新的形式。贝歇特大声疾呼："如果人们完全从语法形式出发而不注意前后文，就能够走入歧途。"[95] 研究语言现象不从语法形式出发又从什么出发呢？难道注意了前后文就能改变巴利文中以–e 收尾的摩揭陀语残余的性质吗？我看"走入歧途"的不是别人，正是贝歇特等人。

第二个例子是 pure。

这也是 W. Geiger 举过的例子。但是贝歇特却处心积虑来否认这是一个摩揭陀语的残余。他先主张，这是受了锡兰俗语的影响，遭到了反对，遂一变而主张这是一个类推法形成的形式，又遭到 Norman 的反对。[96] 他于是又引 Berger 为同调，这我在上面第一部分第三节已经谈过，请参阅。但是 Berger 的那一段话也是站不住脚的。如果他举的 tato, bahuso 等等例子都变成了 tate，bahuse，那么，这就是完整的摩揭陀语，而不是什么残余了。因为没有都保留原来的东部方言的形式，所以才叫残余。这道理难道还不清楚吗？

例子就举这两个，但是问题还要说下去。正如上面所说的那样，贝歇特虽然再三碰了钉子，可是他并不甘心。Norman 反对他的说法，他无法正面回答，却硬拉 Norman 为同调，说什么，不管怎样，反正这些字不是"摩揭陀语的残余"。[97] 他又别出心裁，提出什么"真正的摩揭陀语残余"（Wirklicher Magadhismus）。他说："那么，我们能够以巴利文中出现的以 -e 代替 -o 的现象为例，在实际上把已经建立起来的方法论原则贯彻始终地来使用，同时，我们把不是'摩揭陀语残余'的形式根据确凿令人信服的论证剔除出去，然后再把'真正的摩揭陀语残余'扒拉出来。"[98] 我们不禁要问：什么叫确凿可靠、令人信服的论证呢？我上面举出的他们的论证法难道能令人信服吗？如果不是的话，所谓"真正的摩揭陀语残余"仍然只能看作是一个肥皂泡。

可是一些学者在"摩揭陀语残余"的问题上仍然不肯善罢甘休，这个问题真好像成了他们的眼中钉，必欲去之而后快。Norman 说，以 -e 收尾的单数体格使用范围并不限于东部方言。[99] 幸而他在他那篇论文的结论中说，巴利文中以 -e 收尾的单数体格可能是借自摩揭陀语、锡兰俗语或西北俗语。[100] 总算笔下留情，没有把摩揭陀语完全排挤出去。在 Norman 之前，John Brough 已经提出了这个理论。他认为，在阿育王碑铭中，除了 Girnār 和 Shāhbāzgarhi 以外，以 -e 收尾的形式是经常出现的。Mansehra 的 -e 不是像平常所说的那样是"摩揭陀语的残余"，而是键陀罗语（西北方言）。[101] 他的意见，我在上面第三部分已经谈了一些。这里我再补充几句：如果只有 -e 一个形式的话，他们的意见就是正确的，我们确实不能确定这是东部方言的残余。但是，问题并不是这样子。一方面，印度古代语法学家都同声说，-e 是东部方言的特征之一。另一方面，吕德斯在他那本巨著里，除了举 -e 的形式之外，还列举了大量的其他东部方言的特征。因此，我只能说，Norman 意见的一半和 Brough 意见的全部是不能成立的。

最后还有一点要说一下。对以 -e 收尾的形式的解释一向分歧很多。[102] 其中之一说，在巴利文中之所以保留这个形式，其目的是想让外道头子说的话听起来让人发笑。贝歇特是赞成这种解释的。但是 A. L. Basham 却以明白无误、令人信服的论证说明了，这是材料来源的不同所造成的结果。–o 资料和 –e 资料来源不同。[103] 于是这一段公案也就得到了公正的判决。贝歇特的论据又落了空。

（四）所谓"新方法"

贝歇特和 Gaillat 等人郑重其事地提倡"新方法"。研究任何学问，新方法都是必要的。我满怀期望，然而他们的"新方法"使人失望。

究竟什么是"新方法"呢？我在上面第一部分第五节中已经详细地加以介绍，并对。"新方法"之一的对于小品词和虚词的研究提出了我的意见。但是意犹未尽，这里再补充几句。我研究他们的"新方法"的结论是：他们的方法并不新。我在上面举了七十多年前 H. Oldenberg 的研究情况，证明这是"老"方法。我只举了他研究 Mahāvastu 的例子。现在再举他研究佛典历史的文章：Studien zur Geschichte des buddhistischen Kanon。[104] 前者研究的是一部佛典，后者研究的则是整个佛典的历史，两者探讨的对象都是小品词。这哪能算是什么"新"方法呢？贝歇特把对"摩揭陀语的残余"bhikkhave 也归入"新方法"的研究范围。结果如何，本部分第三节中已经谈过了。

总之，他们提出来的新方法一点也不新。[105]

（五）关于不能用"翻译"这个词儿的问题

我在上面第一部分第六节中谈了一些学者对"翻译"的看法，又在第四部分第三节中谈了对巴利文āropemā等字的正确理解。现在总起来谈一谈我对"翻译"的看法。

佛典在随着佛教的传播而逐渐形成的过程中，确实有"翻译"的问题，这个事实是谁也否认不掉的。所谓"梵文化"实际上也是翻译的一种特殊形式。贝歇特是在那里咬文嚼字，一会儿说不敢用"翻译"这个词儿，一会儿又半推半就地承认有翻译这个事实，态度极其暧昧。专就德文而论，贝歇特不愿意用 übersetzen 这个字，而

用 übertragen。对德国一般老百姓来说，这两个字的字义差别实在是微乎其微。对专门研究德文字义学的人来说，其间当然是有一点差别的。我现在把 Duden, Vergleichendes Synonymwörterbuch 的解释抄在下面：

> übersetzen：用笔（文字）或嘴（语言）把一个文件翻成另一种语言，把内容和含义尽可能忠实地保留下来。
>
> übertragen：翻译一本重要的，多半是文字的作品，使它的本质、它的特点保留下来，以至于即使在翻译中也能有流行的、独立的语言形式；这个字表示对一部作品的形式，译者也付出了创造性的努力。

把这样细致的意义上的区分应用到佛典的"翻译"上有什么意义呢？贝歇特对 übertragen 这个字的理解难道是这样吗？恐怕不是。他只是想否定原始佛典，否定东部方言，但又无法完全否定掉，其结果就是咬文嚼字，无中生有，这不是务实的态度。

（六）汉译律中一些有关语言的资料

最后，我还想引一点汉译律中的资料：

《五分律》卷一，㊆，22，4b：中国语向边地人，边地语向中国人，舍戒。

《摩诃僧祇律》卷四，㊆22，261c：若比丘以中国语向边地说，若以边地语向中国说……得偷兰罪。

同书，卷十三，㊆22，337b 同。

《十诵律》卷四，㊆23，26b：或啸谬语、诸异国语。

同书，卷三十一，㊆23，223b；卷四十，㊆22，290a 同。

《十诵律》卷四，㊆23，27a：乃至诸异国语，僧与作，驱出羯磨。

同书，卷四十九，㊆23，360a 同。

《十诵律》卷五十三，㊆23，392a～b：以中国语教边地人诵，是边地人不解是语；以边地语教中国人诵，是中国人不解是语。……得突吉罗。

《萨婆多部毗尼摩得勒伽》卷十，Ⓣ23，622c：中国人语边地人，边地人语中国人，不解，突吉罗。

《根本说一切有部苾刍尼毗奈耶》卷二，Ⓣ23，931b：若中方人对边方人作中方语，舍不成舍，若解成舍；若边方人对中方人作边方语，若中方人对中方人作边方语，舍不成舍，若解成舍；若边方人对边方人作中方语，准上应知。

以上这些条款，内容是一致的，含义是清楚的：对边地人讲中国话，对中国人讲边地话，都是犯罪的行为。为什么这样呢？我猜想，其基本原因是：佛（还有他的继承人）对语言的态度是讲求实效的，抱着"实用主义"的态度。他们的最高目的就是要宣传教义，弘扬大法。谁听懂什么话，就用什么话向他宣传。违反这个规定，对牛弹琴，就是犯罪。语言只是工具，没有什么高低之分。这种语言政策从释迦牟尼起，一直到他灭度后极长的时间内，都在执行。佛教之所以能在印度传播，而且传出国外，我认为，这种实用主义的语言政策起了很大作用。

我在上面详尽地探讨了原始佛教的语言问题，在最后的最后，我还想拖上一条尾巴：对贝歇特下面一段话提出不同的看法。他写道："如果任何人怀疑，在研究这个问题的专家中意见不一致的话，读了这个座谈会上论文之后，他要改正他的意见。"[106]很遗憾，我不要改正我的意见，因为他们的意见也并不一致，而且即使是一致的话，学术问题也不能少数服从多数，自己认为意见已定于一尊，是非常危险的。

1984 年 2 月 12 日写毕

注释

[1] Heinz Bechert, Allgemeine Bemerkungen zum Thema "Die Sprache der ältesten buddhistischen Überlieferung", 见 Die Sprache der ältesten buddhistischen Überlieferung, Göttingen 1980, P 24.

[2] Observations sur une langue précanonique du Bouddhisme, JA. ser. 10, t.

20，1912，P 495 f. . Schawer 也用过 Precanon.

    [3] 见注 [1] 引书，第 13 页。

    [4] 同上书，第 28 页。

    [5] 同上书，第 27 页。

    [6] 同上书，第 26 ~ 27 页。

    [7] 同上书，第 57 页。

    [8] 见注 [1] 引书，第 32 页。

    [9] 同上书，第 33 页。

    [10] 同上书，第 73 ~ 74 页。

    [11] Bechert，Notes on the Formation of Buddhist Sects and the Origins of Mahāyāna，见 German Scholars on India，vol. I，Varanasi 1973，P 9 ~ 10.

    [12] 见注 [1] 引书，第 13 页。

    [13] 同上书，第 32 页。

    [14] 同上书，第 13 页。

    [15] 同上书，第 33 页。

    [16] 同上书，第 15 页。

    [17] 同上书，第 75 页。

    [18] Histoire du Bouddhisme Indien，Louvain-la-Neuve，1976.

    [19] 见注 [1] 引书，第 14 页。

    [20] 同上书，第 14 页。

    [21] 同上书，第 14 ~ 15 页。

    [22] 同上书，第 12 页。

    [23] 同上书，第 28 页。

    [24] 同上书，第 29 页。

    [25] 同上书，第 30 ~ 31 页。

    [26] K. R. Norman，Pādi and the Language of the Heretics，Acta Orientalia XXX VII，Munksgaard Copenhagen，1976，P 118 ff.

    [27] 同上书，第 26 页。

    [28] 同上书，第 26 页。

    [29] 同上书，第 13 页。

    [30] 同上书，第 28 ~ 29 页。

    [31] 同上书，第 30 页。

    [32] 同上书，第 57 ~ 58 页。

［33］Hermann Oldenberg, Kleine Schriften, Wiesbaden 1967 年，1037 ff.

［34］见注［1］引书，第 12 页。

［35］同上书，第 75 页。

［36］见 Buddhist Hybrid Sanskrit Grammar, New Haven 1953，P 3 n. 8 参阅注［1］引书，第 70 页。

［37］同上书，第 75 页。

［38］同上书，第 69 页。

［39］Fr. Weller, Über die Formel der vier edlen Wahrheiten, OLZ 43（1940）col. 73～19。转引自 Gustav Roth，见注［1］引书，第 91 页。

［40］关于上面这一段叙述，参阅注［1］引书，第 63，66，67 页。

［41］参阅 Heinrich Lüders, Beobachtungen über die Sprache des buddhistischen Urkanons, herausg. von Ernst Waldschmidt, Berlin 1954, P 6～7.

［42］见注［1］引书，第 20 页。

［43］Bruchstücke buddhistischer Dramen, Berlin 1911, P 38.

［44］参阅第二部分 Norman 的话，注［2］。

［45］见注［1］引书，第 78 页。

［46］主要根据 E. Waldschmidt 给 Lüders, Beobachtungen über die Sprache des buddhistischen Urkanons 写的引言，第 5～6 页。

［47］见注［1］引书，第 65 页。

［48］同上书，第 64 页。

［49］同上书，第 69 页。

［50］The Role of pāli in early Sinhalese Buddhism, Buddhism in Ceylon and Studies on Religious Syncretism in Buddhist Countries, Abhandlungen der Akademie der Wissenschaften in Göttingen, 1978, P 33.

［51］The Gāndhārī Dharmapada, London, 1962, P 115, 注［2］。

［52］讨论文献请参阅本书《原始佛教的语言问题》；John Brough, Sakāya Niruttiyā：Cauld kale het, 见注［1］引书，第 35～42 页；K. R. Norman, The Dialects in which the Buddha preached, 第 61～17 页。

［53］The Vinaya Pitakam ed. by Hermann Oldenberg vol. Ⅱ. The Cullavagga, London 1880，P 139 前面的一段没有抄。

［54］㊀24，846c。

［55］见注［1］引书，第 35～36 页。

［56］以下这些数字代表的经与本部分的（一）下数字后所列的经同，下面不

再写出经名。

[57] 见注［1］引书，第 61 页。

[58] Norman 在几篇文章里讲到这个问题：

1，Middle Indo-Aryan Studies Ⅷ，Journal of the Oriental Institute（Baroda），vol. XX，P 329 ~ 331；2，The Language in which the Buddha taught，Proceedings of the Seminar on Buddhism sponsored by the Institute of Oriental and Orissan Studies，Cuttack，Jan. 1976；3，The Dialects in which the Buddha preached（第二篇论文的重订本，注意：他把单数 language 改为复数 diatects），见注［1］引书，第 61 ~ 77 页。

[59] 见注［1］引书，第 35、37 页。

[60] 同上书，第 12 页。

[61] ⊛6，232c。

[62] John Brough 转引，见注［1］引书，第 36 页。

[63] 同上书，第 35 页。

[64] 同上书，第 36 页。

[65] Book of the Discipline，Vol. V，London 1952，P 194 n. 1.

[66] 见注［1］引书，第 61 ~ 63 页。

[67] 吐火罗文 A 中也有亿耳故事，见 Sieg 和 Siegling，Tocharische Sprachreste，Berlin und Leippzig 1921，Nr. 340，341。但其中没有与此有关的段落，所以不引。

[68] ⊛23，1052c。

[69] ⊛23，181b。

[70] ⊛22，144b。

[71] ⊛22，845c。

[72] ⊛22，416a。

[73] Gilgit Manuscripts，Vol. III，Part IV，Calcutta 1950，P 188.

[74] 见注［1］引书，第 34 页。

[75] 参阅注［1］引书，第 78 页 Gustav Roth 的意见。他说，薄伽梵佛在王舍城和摩揭陀其他地区游行说法时，对人民讲话自然要用古代摩揭陀语或古代半摩揭陀语。

[76] 记载初转法轮的经典比比皆是。请参阅 H. Oldenberg，Buddha，Stuttgartund Berlin 1923，S. 142 ff. ；A. K. Warder，Indian Budhism，Delhi，Varanasi，Patna，1980，P 52。

[77] Bechert，Notes on the Formation of Buddhist Sects and the Origin of

Mahāyāna，见 German Scholars on India，Varanasi 1973，P 7。参阅 E. Frauwallner 的意见，他认为：部派分裂源于教义。律条的分歧从吠舍离结集才开始。见所著 The Earliest Vinaya & the Beginnings of Buddhist Literature，Roma，1956，P 5.

[78] 见注 [77] 引书第一种，第 8 页。

[79] 见注 [1] 引书，第 75 页。

[80] 参阅 G. Roth 的意见，见注 [1] 引书，第 79 页。Alsdorf 意见相同，同上书，第 17 页。

[81] 见注 [1] 引书，第 80 页。

[82] Gab es einen Lokativ auf–esmim im buddhistischen Sanskrit? Nachrichten der Akademie der Wissenschaften in Göttingen，I. Phil. –hist. K1. 1964，Nr. 4，S. 208.

[83] Gustav Roth，Bhiksunī–Vinaya，Patna 1970，PLV.

[84] Bhiksunīvinaya and Bhiksu–Prakīmaka and Notes on the language，Journal of the Bihar Research Society 52 (1966)，Patna，P 39.

[85] Randbemerkungen zur Sprache und Text überlieferung des Kāraṇḍavyūba，Asiatica，Festschrift Friedrich Weller，Leipzig 1954，S. 514～527.

[86] Histoire du Bouddhisme Indien，P 621.

[87] Gāndhārī Dharmapada，P 33.

[88] 请参阅 Walther Schubring，Die Lehre der Jainas，Grundriss der indoarischen Philologie und Altetumskunde，III Band，7. Heft，Berlin und Leipzig 1935，§ 19.

[89] 上面这一段叙述，主要根据 Winternitz，Geschichte der Indischen Litteratur. II. Band，Leipzig 1920，S. 291 ff. 。

[90] 参看 Ludwig Alsdorf，Ardha–Māgadhī，见注 [1] 引书，第 17 页，注 [1]。

[91] 同上引文。

[92] 见注 [1] 引书，第 34 页。

[93][94] 同上书，第 29 页。

[95] 同上书，第 30 页。

[96] 同上书，第 31 页，注 [3]。

[97] 同上书，第 30 页。

[98] 同上书，第 31 页。

[99] Pāli and the Language of the Heretics，P 117.

[100] 同上书，第 125 页。

[101] Gāndhārī Dharmapada，§ 76.

[102] K. R. Norman，Pāli and the Language of the Heretics，P 117 ff.

［103］ History and Doctrines of the Ājīvikas Delhi, Varanasi, Patna, 1981 P 24 ~ 25.

［104］ Kleine Schriften，S. 975，985.

［105］ 我还有一点小想法，看遍了全文，都觉得摆不上，就在这里说一说吧! 贝歇特解释东部方言阳性复数业格的语尾 –āni，认为是从 –ān i（t）变来。但是体格也是 –āni，总不能解释为 –ās（h）i（t）吧。见注［1］引书，第 185 页。在他心目中，语法现象好像小孩玩积木，可以任意摆弄。

［106］ 见注［1］引书，第 11 页。